Soft Skills

George Pennington

Bewusst Leben

Psychologie für den Alltag

Beruf – Familie – Schule

Veröffentlicht im Lenzwald Buch- und Medienverlag, D-84570 Polling
1. Auflage 2014

Satz und Umschlaggestaltung: Lydia Luczay, trend label die WerteAgentur
Grafik Titel: Lydia Luczay
Druck: SDL digitaler Buchdruck, Berlin

ISBN: 978-3-9815643-1-0

Bibliografische Information der Deutschen Bibliothek
Die Deutsche Bibliothek verzeichnet diese Publikation in der deutschen Nationalbibliographie; detaillierte bibliografische Daten sind im Internet unter http://dnb.ddb.de abrufbar.

Vorwort

Ein alter Indianer sagte mir einmal, im Leben käme es darauf an, Hindernisse in Quellen der Kraft zu verwandeln. Mein grösstes Hindernis war, dass ich in meiner Kindheit und Jugend niemanden hatte, der mir die Welt und das Mensch-Sein erklärt hätte. Ich verließ die Schule mit 18 Jahren (nach meiner „Reifeprüfung") trotz des ganzen angelernten Wissens ziemlich ahnungslos und gänzlich unvorbereitet auf das Erwachsenenleben. Die ersten Fragen, die sich mir stellten, waren: „Was läuft hier überhaupt?", „Was will ich?" und „Wie mache ich es richtig?"

Vom Studium der Soziologie und der Psychologie erhoffte ich mir, herauszufinden, wie Menschen funktionieren, im sozialen Verbund und jeder für sich. Die akademische Perspektive erwies sich als sehr interessant, war aber nur bedingt alltagstauglich. Erst als ich in London auf einen Therapeuten stieß, der mir dabei half, mich selber auszusortieren und auf die Reihe zu bringen, bekam Psychologie für mich eine praktische Relevanz. Und eine durchaus lebensbezogene Faszination: Sie wurde zu meinem Lebensthema.

Seither habe ich nicht aufgehört, dieses Gebiet zu erkunden[1]. Viele namhafte Lehrer, Autoren, Wissenschaftler, Psychologen, Therapeuten, Trainer und Schamanen machten mich auf Aspekte der Psyche aufmerksam, die mir ohne sie wahrscheinlich entgangen wären. Ich schulde ihnen Dank. Sie halfen mir, den roten Faden in meinem Leben zu finden und weiter zu verfolgen. Ohne sie hätte dieses Buch nicht entstehen können.

Das Buch ist kein wissenschaftliches Werk. Es enthält meine eigenen (provisorischen; ich höre nicht auf, dazuzulernen) Einsichten in das Getriebe der menschlichen Psyche. Auch wenn diese Einsichten subjektiv sind, so habe ich sie doch Jahrzehnte lang an mir selber und Anderen auf ihre allgemeine Gültigkeit hin überprüft. Alles was ich hier schreibe hat dieser Überprüfung standgehalten.

Erwachsene Teilnehmer meiner Seminare sagten mir wiederholt: „Wenn ich das mit 16 gewusst hätte, wären mir viele Schwierigkeiten erspart geblieben." Nun, ich hoffe sehr, dass auch jüngere Leser in diesem Buch Hilfreiches finden. Sie liegen mir besonders am Herzen. Ich möchte dazu beitragen, dass künftige Generationen von Schulabsolventen nicht mehr so naiv auf die Welt losgelassen werden, wie ich vor 50 Jahren.

[1] Auszüge aus meinen lebenslangen Forschungen auf diesem Gebiet habe ich 2013 veröffentlicht in *Shadowrider - Field Notes of a Psychonaut* (Lenzwald 2013)

Einleitung

In diesem Buch geht es um die Grundlagen unserer Lebenstüchtigkeit. Wir bezeichnen diese Grundlagen als persönliche und soziale Kompetenzen. Im Business-Kontext spricht man von den *Soft Skills*[2] bzw. von *Selbstmanagement*. Diese Fähigkeit, uns unseren eigenen Bedürfnissen und der gegebenen Situation entsprechend zu organisieren und zu verhalten, basiert auf dem Wissen um uns selbst. Wenn ich weiß, dass ich Laktose nicht vertrage, mache ich einen weiten Bogen um Milchshakes. Wenn ich die Erfahrung gemacht habe, dass ich meinen Nachtschlaf unbedingt brauche, um tagsüber fit zu sein, dann nehme ich keinen Job in einer Bäckerei an. So einfach ist das.

Platon erkannte in dieser Art von Wissen eine Form der Weisheit, die *phronesis*, die für gewöhnlich mit „praktische Weisheit" übersetzt wird. Die Anwendung der *phronesis* führt, so sagen Platon und Aristoteles übereinstimmend, zu *eudaimonia*[3], d.h. zu Wohlergehen, und zwar im privaten, ebenso wie im beruflichen Leben.

Die Trennung in „persönliche" und „soziale" Kompetenzen ist eine künstliche. Es geht immer nur um unsere Selbstkompetenz, also darum, wie wir uns selber handhaben, ob alleine oder in einem sozialen Kontext. Ebenso künstlich ist die Einteilung der Soft Skills in viele verschiedene Disziplinen, wie Konfliktfähigkeit, Stressmanagement, Teamfähigkeit, Führungsqualität, Kommunikationskompetenz und noch etliche andere. Wir handhaben keinen Konflikt, keine Führungsrolle, keinen Stress etc. Wir handhaben immer nur uns selbst - unter den jeweils erschwerenden Umständen, die ein Konflikt, hoher Arbeitsdruck, eine Teamsituation oder eine Führungsrolle mit sich bringen. Es geht immer um Selbstkompetenz.

Es dauerte viele Jahre bis ich erkannte, dass diese verschiedenen persönlichen und sozialen Kompetenzen ein gemeinsames Ganzes bilden, ein ineinander verflochtenes System verschiedener Aspekte unseres Mensch-Seins. Für sich genommen ist kaum einer dieser Aspekte von großer Tragweite[4]. Gemeinsam aber bilden sie die Grundlage einer bewussten und eigenverantwortlichen Lebensführung. Sie sind, um ein Bild aus der Computerwelt zu gebrauchen, das Betriebssystem des Menschen.

Eigentlich sollte Selbstkompetenz an unseren Schulen gelehrt werden. Arbeitgeber legen bei Berufsanfängern großen Wert auf die „Soft Skills". 2008 veröffentlichte der Deutsche Industrie- und Handelskammertag einen Bericht über die wichtigsten Kompetenzen, die Arbeitgeber von Bewerbern erwarten. Von den 20 wichtigsten waren 15 (!) Soft Skills. Der erste „Hard Skill" (Fachwissen) kam erst an vierter Stelle.

[2] den ***weichen*** Fertigkeiten
[3] wörtlich: gute Dämonen, gute Geister, *good spirits*
[4] ausgenommen die Wahrnehmung

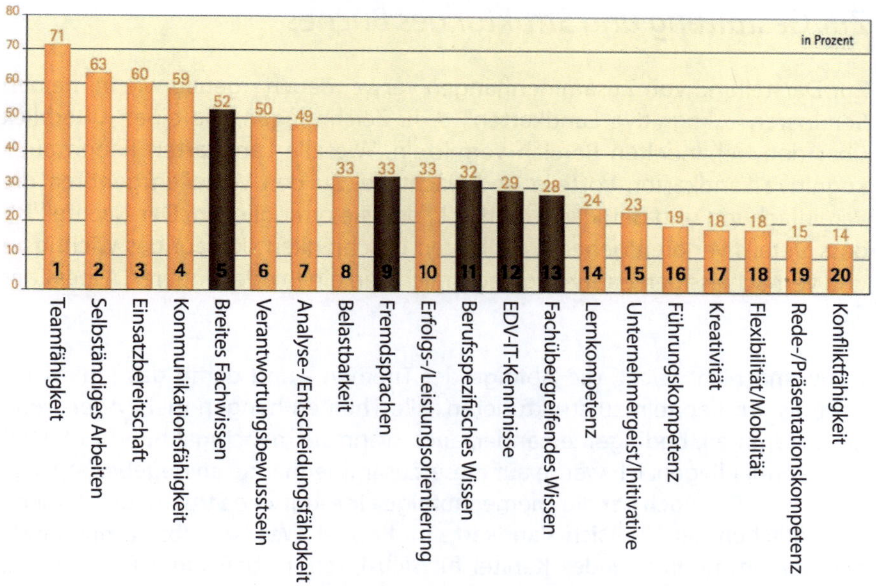

Ergebnisse der Umfrage des DIHK[5] (Soft Skills ocker, Hard Skills braun)

Da unsere Schulen und Hochschulen die von den Arbeitgebern gewünschten Kompetenzen noch nicht gewährleisten können, reichen die Unternehmen ihren Angestellten die fehlenden *Soft Skills* in internen Weiterbildungsseminaren und Trainings nach. Der glückliche Umstand, dass die Erfordernisse der betriebsinternen Weiterbildung genau das Gebiet betrafen, das ich lebenslang erkundet hatte, erlaubte es mir schon in den 80er Jahren, mich in diesem Kontext nützlich zu machen. Ich bin den unzähligen Teilnehmern meiner Seminare dankbar für ihre kritischen Fragen, ebenso wie für ihren Zuspruch. Mit ihrer Hilfe konnte ich über 20 Jahre lang mein bisheriges Verständnis für das Getriebe unserer Psyche überprüfen, vertiefen, systematisieren und didaktisch verfeinern. Auch diese Menschen sind am Zustandekommen dieses Buches maßgeblich beteiligt.

Bei meinem Thema geht es allerdings um wesentlich mehr als nur um die Tauglichkeit für einen Arbeitsplatz. Es geht um unsere Lebensqualität schlechthin, bei der Arbeit ebenso wie im privaten Bereich. Es geht um die persönlichen Voraussetzungen für ein bewusstes, eigenverantwortliches und letztlich erfülltes Leben. Ich halte es für unerlässlich, dass die Grundlagen dieser Lebenstüchtigkeit in die Lehrpläne unserer Schulen eingebunden werden. Das würde den Unternehmern die teure Nachsorge ersparen und bei den Schülern frühzeitig die Voraussetzungen schaffen für eine Reife, die durch bloßes Sachwissen niemals zustande kommen kann.

[5] *Die Studienreform zum Erfolg machen!, Erwartungen der Wirtschaft an Hochschulabsolventen,* Dr. Franziska Pankow, DIHK Januar 2008

Zur Gestaltung und Struktur des Buches

Zur Darstellung von Zusammenhängen verwende ich - genau wie in meinen Seminaren - „kognitive Landkarten", d. h. Zeichnungen, die einen Überblick über den behandelten Bereich vermitteln. Wie alle Landkarten haben auch kognitive Landkarten Vorteile und Nachteile. Zu den Vorteilen gehören die Vereinfachung und der klare Überblick, den sie ermöglichen. Der Nachteil ist, dass Details verloren gehen. Landkarten beschränken sich auf das Wichtigste und vernachlässigen dadurch gelegentlich den einen oder anderen Aspekt der Sache.

Es fiel mir nicht leicht, die Abfolge der Themen - und damit das Inhaltsverzeichnis - in Kapiteln zu strukturieren. Alle Themen hängen mehr oder weniger zusammen, bedingen einander, auch wenn sie manchmal hundert Seiten auseinander liegen. Ich werde auf diese Zusammenhänge an gegebener Stelle hinweisen. Dennoch hat die Themenabfolge eine logische Struktur und folgt im Wesentlichen der Übersichtslandkarte im Kapitel „Was ist Selbstkompetenz?". Sie können natürlich jedes Kapitel für sich lesen, in beliebiger Reihenfolge. Trotzdem schlage ich vor, dass Sie der Struktur des Buches folgen.

Und Sie werden bemerken, dass ich Pink-Floyd-Fan bin. Die Songtexte dieser Band bringen viele meiner Themen auf den Punkt.

Ich wünsche Ihnen eine anregende Lektüre.

Orientierung

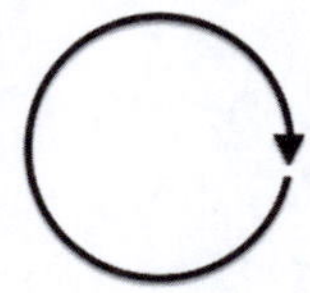

In früheren Zeiten war die Orientierung im Leben noch einfacher als heute. Man orientierte sich an zyklischen Prozessen. Die Zyklen der Jahreszeiten und des Kirchenjahres hatten eine immer gleich bleibende Abfolge und gaben dem Leben eine klare Struktur. Man war Teil des ewigen Kreislaufs von Geburt, Kindheit, Jugend, Heirat, Lebensblüte, Alter und Tod. Manchmal lebten bis zu vier Generationen unter einem Dach. Familienmitglieder hatten eine starke Bindung zueinander. Der Ratschlag der Älteren war für die Jüngeren Gesetz. Auch Kirche und Gemeinde gaben Orientierung. Es war keine Welt, die den Menschen Sicherheit bot, aber mit ihren ewig wiederkehrenden Zyklen war sie immerhin einigermaßen überschaubar und verlässlich.

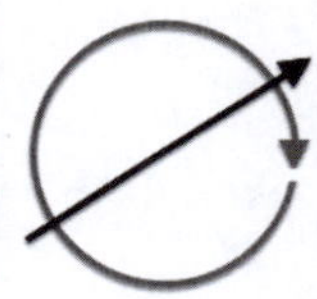

Dann lernten wir, einer linearen, zielgerichteten Denkweise den Vorzug zu geben. Wir setzten uns Ziele und verfolgten sie gemeinsam. Zyklische Denkmuster wurden mit Stagnation gleichgesetzt. Worte wie *mehr, grösser, besser, schneller* gaben uns eine neue Richtung. Das „management by objectives“[6] war eine der letzten populären Manifestationen dieser Denkweise. So lange sie sich hielt war sie sicher eine praktische Art zu denken.

Heute sind die zyklischen Prozesse, die unseren Vorfahren Orientierung gaben, in den Hintergrund gerückt. Und der linearen Denkweise sind wir uns auch nicht mehr sicher. Langsam wird uns bewusst, dass es nicht ewig so weitergehen kann. Wir bezweifeln die Segnungen immer währenden Wachstums. Mögliche Katastrophen, ökologische, soziale, wirtschaftliche oder medizinische, drohen am Horizont. Wir sind nicht mehr sicher, wer eigentlich wofür zuständig ist. Die gestrigen Gewissheiten haben sich als Irrtümer, Fehlentwicklungen oder Illusionen erwiesen. Der arme Schlucker von gestern ist heute Millionär, während es nicht ungewöhnlich ist, dass Universitätsabsolventen Taxi fahren. Nichts ist mehr gewiss. Alles kann jederzeit passieren. Die Welt ist chaotisch geworden. Wie sollen wir in ihr noch Orientierung finden?

Es gibt einen Zweig des Islam, in dem die Hinwendung zu Gott auf recht unorthodoxe Weise gepflegt wird. Bei den Türkischen Sufis sind das Musizieren und der Tanz Teil der religiösen Übung. Der Tanz ist kreisförmig. Endlos drehen sich die Tänzer um sich selber, begleitet von der Musik und dem Gesang ihrer Mitbrüder. Dieses Drehen ist eine mutwillige Desorientierung: Das visuelle Bild verschwimmt in der Bewegung, das ständige Drehen macht eine akustische Orientierung unmöglich. Wie können sie sich so lange drehen, ohne dass ihnen dabei übel wird?

Ich habe einen Sufi gefragt. Er sagte, dass es in der Mitte dieses desorientierenden Drehens eine vertikale Achse gibt, die dem Tänzer immer bewusst ist. Diese Achse geht vom linken Fuß (der kaum einmal den Boden verlässt) durch den

[6] Führen durch Zielvereinbarungen

ganzen Körper senkrecht nach oben. So lange der Tänzer diese Achse spürt, gibt sie ihm eine klare Orientierung, sogar in dem Chaos, welches das schnelle Drehen mit sich bringt. Niemandem wird übel[7].

Die Antwort des Sufi gab mir zu denken. Wenn die ganze Welt chaotisch wird, dann sollten wir vielleicht eine solche innere Achse in uns selber entwickeln, um im zunehmenden Chaos nicht unsere Orientierung und Klarheit zu verlieren. Wenn es außen keine Gewissheiten mehr gibt, in denen wir zuverlässige Orientierung finden können, dann müssen wir wohl lernen, uns auf uns selber zu besinnen und eine innere Orientierung suchen. Es sieht ganz so aus, als wären Eigenverantwortlichkeit und eine gute Selbstkompetenz heute wichtiger denn je[8].

Orientierung in einer chaotischen Welt

[7] Ich habe es selber versucht: Es funktioniert.
[8] Die Anregung zu diesen Gedanken verdanke ich meinem Freund und Kollegen Peter Claus.

Persönliche Grundlagen

Was sind nun die Grundlagen einer guten Selbstkompetenz? Im Laufe der Jahre habe ich drei Vorbedingungen gefunden:

1. **Ich muss mich kennen.**
   Über mich selber darf ich keinerlei Illusionen haben. Meine Licht- und Schattenseiten, Stärken und Schwächen, Vorlieben und Abneigungen, Körper, Geist und Emotionen, Werte, Hoffnungen und Ängste müssen mir zutiefst vertraut sein. Selbstreflexion öffnet diese Tür. Aber auch unsere Reflexion im Spiegel, den uns die Umwelt jeden Tag vorhält. Und natürlich die Meditation. Wenn wir mit uns selber nicht wirklich gut vertraut sind, können wir auch nicht bewusst und eigenverantwortlich leben. Sich selbst zu kennen ist die Grundlage, ohne die es nicht geht. Dieses Sich-Kennen-Lernen ist ein lebenslanger Prozess. Und je besser wir uns selber kennen, desto leichter fällt es uns auch, Andere zu verstehen.

2. **Ich muss mich mögen.**
   So wie ich bin, mit all meinen Höhen und Tiefen, muss ich mich mögen. Ich muss mir selber mein bester Freund sein. Nicht unkritisch, aber prinzipiell wohlwollend. Das ist für viele Menschen nicht einfach. Viele von uns haben die negativen Urteile unserer Eltern und Lehrer so verinnerlicht, dass der Selbstzweifel sich in ihnen ein Hausrecht erworben hat. Ein Mensch, der mit Selbstzweifeln oder Minderwertigkeitsgefühlen lebt, hat keinen sicheren Stand. Auch eigene negative Gefühle den Eltern gegenüber spielen hierbei eine Rolle. Wir *haben* keine Eltern; wir *sind* unsere Eltern. Und wenn es uns nicht gelingt, sie wenigstens zu *ehren*[9], dann haben wir dort, wo unser Selbstwertgefühl sein sollte, ein Loch.

3. **Ich muss mich so organisieren, dass ich nicht zu klagen habe.**
   Hier geht es um bewusste und eigenverantwortliche Lebensführung. Die Inhalte dieses Buches können dabei helfen.

[9] Das vierte Gebot sagt es deutlich: *„Du sollst Vater und Mutter ehren, auf dass Du lange lebest und es Dir wohl ergehe auf Erden."*

Was ist Selbstkompetenz?

Ich definiere Selbstkompetenz als die Fähigkeit zu gutem Selbstmanagement. Es ist die Kompetenz, sich selbst so zu organisieren und zu verhalten, wie es uns selber und der gegebenen Situation entspricht.

Das Leben ist so vielfältig, dass der Einsatzbereich der Selbstkompetenz unüberschaubar, ja schier unendlich zu sein scheint. Wo sollen wir mit dem Erlernen dieser Kompetenz beginnen, wo sie anwenden? Bei sorgfältigerer Betrachtung jedoch stellen wir erleichtert fest, dass das Ganze relativ einfach ist. Es geht um uns als Menschen. Und dieses Gebiet ist, wie wir gleich sehen werden, durchaus überschaubar.

Menschen haben, wie alle anderen dynamischen Systeme auch, ob es nun Gänseblümchen sind, Autos oder Galaxien, drei klar definierte funktionale Ebenen:

1. eine Input-Ebene, auf der etwas in das System hereinkommt,
2. eine Ebene, auf der innere Prozesse stattfinden, und
3. eine Output-Ebene, auf der etwas aus dem System herauskommt.

Die kompetente Handhabung von körperlichen Funktionen wie Stoffwechsel, Flüssigkeits- und Wärmehaushalt etc. gehören natürlich auch zur Selbstkompetenz. Sie sind jedoch nicht mein Fach. Und es gibt hierzu eine Menge ausgezeichneter Literatur. Uns interessieren hier in erster Linie die psychologischen Aspekte.

Unsere **Wahrnehmung** entsteht in einer Reihe von Organen, mit denen wir Reize aus unserer Umwelt aufnehmen, auch soziale. Sie ist der Generalschlüssel zur Selbstkompetenz, weil sie nicht nur unsere wichtigste Schnittstelle zur Außenwelt und zu unseren Mitmenschen ist, sondern (als Innenwahrnehmung) auch das Instrument unserer konstruktiven Selbstreflexion.

Die **inneren Prozesse**, die wir zu verwalten haben, können mental, emotional oder auch körperlicher Natur sein. Meist hängen diese drei Bereiche eng zusammen, ja bedingen einander sogar. Gemeinsam beinhalten Sie das Bewusstsein unserer eigenen Stärken und Schwächen, unserer Zu- und Abneigungen, unserer Werte und Ziele, also der Kräfte, die uns von innen her Sinn und Richtung im Leben geben. Die Verwaltung der mentalen und emotionalen Prozesse, das Abwägen zwischen Alternativen und das Entscheiden, finden auf dieser Ebene statt. Im Hinblick auf ein möglichst bewusstes, selbstbestimmtes und erfülltes Leben, im Hinblick auf das Wohlergehen, das uns Platon verspricht, sollten wir diese inneren Prozesse so bewusst und so kompetent wie nur möglich verwalten.

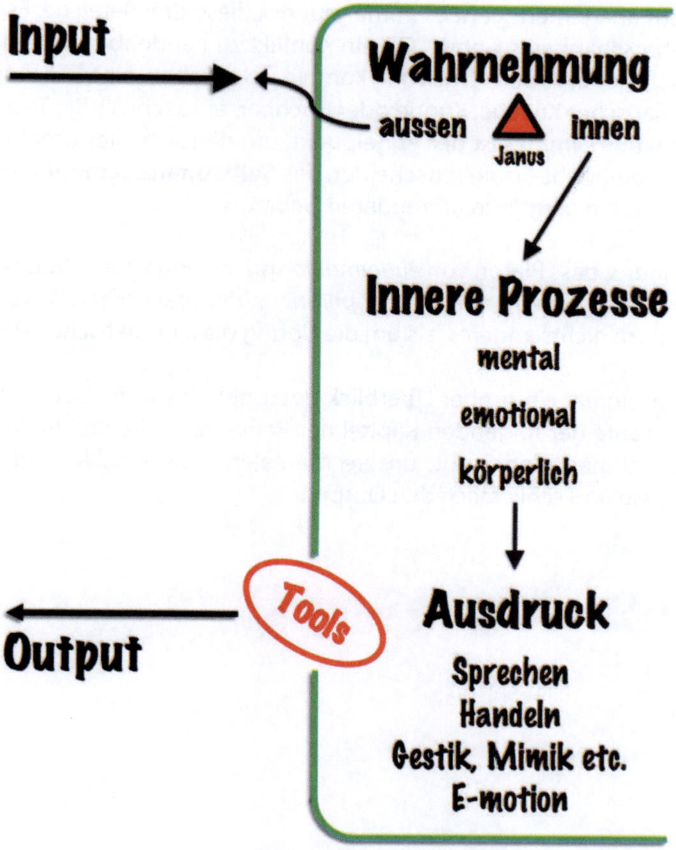

Übersicht über den Bereich, in dem unsere Selbstkompetenz zum Tragen kommt [10]

Der **Ausdruck**, die Output-Ebene, ist unsere zweite Schnittstelle zur Außenwelt. Unser Ausdruck bekommt seine Kraft und seine Authentizität aus der bewussten und kompetenten Handhabung der ersten beiden Bereiche (Wahrnehmung und innere Prozesse) und nicht aus der Befolgung vorgegebener Werte und Verhaltensschablonen. Wer aus sich selber heraus agiert und interagiert, wird im Ausdruck klarer und überzeugender in Erscheinung treten, als einer, der sich lediglich anpasst und nur die entsprechenden *tools* anwendet.
Tools (Hilfsmittel und Verfahren, die man lernen kann) dienen in der Regel der Output-Optimierung. Wenn wir uns aber einen Menschen vorstellen, der zwar alle Tools kennt, aber seine Wahrnehmung nicht geübt hat und infolgedessen weder nach aussen wirklich aufmerksam, noch seine inneren Prozesse kompetent zu verwalten in der Lage ist, so wird das Ergebnis immer recht dürftig ausfallen. Wer aus sich selbst agiert, bedarf keiner Tools. Und wenn er dennoch einige Tools kennt und anwendet, so wird das für den Eindruck, den er macht, vielleicht vorteilhaft, aber nicht ausschlaggebend sein.

[10] Die Themen dieses Buches sind in dem grün umrandeten Bereich. Der Janus-Punkt (siehe S. 20) ist mit einem roten Dreieck markiert.

Beim Selbstmanagement geht es immer nur um diese drei Bereiche. Es ist also ein recht überschaubares Gebiet. Ob ein Konflikt zu handhaben ist, ein kniffliges Gespräch, hoher Arbeitsdruck und komplexe Aufgaben, eine Führungsrolle, ein problematischer Kollege, Kunde oder Nachbar, eine schwierige Team- oder Familiensituation - immer ist der Angelpunkt, um den sich alles dreht und der über Erfolg oder Nicht-Erfolg entscheidet, das **Selbstmanagement der Beteiligten** und zwar in dem grün umrandeten Gebiet.

Erinnern wir uns, dass Platon von *eudaimonia* spricht, von einem Wohlergehen, das sich einstellt, wenn man sich in der *phronesis*, der praktischen Weisheit übt. Hier geht es um nichts anderes, als um die Übung dieser praktischen Weisheit.

Das war erst einmal ein grober Überblick. Jetzt gehen wir ins Detail. Wir werden uns im Laufe der folgenden Kapitel der Reihe nach alle drei funktionalen Ebenen vornehmen: den Input, unsere mentalen, emotionalen und körperlichen Prozesse und schliesslich den Output.

Die Wahrnehmung

Kaum eine Fähigkeit ist für den intellektuellen Fortschritt des Menschen von größerer Bedeutung als die Fähigkeit der Aufmerksamkeit.
Charles Darwin

Angeblich haben wir fünf Sinne: sehen, hören, schmecken, riechen und tasten. Aber es gibt auch andere, subtilere Sinne, wie unseren Sinn für Gleichgewicht, für Temperatur, für Schmerz, für Wohlbefinden oder Unwohlsein. Rudolf Steiner sprach von zwölf Sinnen, von denen er manche als „eher körperlich" und andere als „eher geistig" bezeichnete. Und tatsächlich, wer seine Wahrnehmung genauer beobachtet, kann es zunehmend schwer finden, mit den fünf Sinnen unserer Lehrbücher auszukommen. Hier soll uns allerdings nicht die Systematik sondern nur der alltägliche Gebrauch unserer Sinne beschäftigen.

Außen- und Innenwahrnehmung

Unsere Wahrnehmung kann sich in zwei Richtungen orientieren:

1. **nach außen**, zum Aufnehmen von Reizen aus der Umwelt, die für uns von Bedeutung sind;
2. **nach innen**, wenn es um unsere Selbstwahrnehmung[11] geht, d.h. um das Beobachten und Handhaben von inneren Prozessen.

Normalerweise alterniert unsere Wahrnehmung zwischen innen und außen, genau wie ein Radfahrer sich abwechselnd nach rechts und links neigt, um letztendlich geradeaus zu fahren. Wer eine der beiden Seiten bevorzugt, wird nur im Kreis herumfahren und nirgendwo hingelangen. Aber der Geist kann etwas, was der Radfahrer nicht kann: Er kann gleichzeitig in beide Richtungen „fahren", bzw. im Falle der Wahrnehmung sich gleichzeitig nach außen und nach innen richten. Den alten Römern war diese Gleichzeitigkeit so wichtig, dass sie einen Gott hatten, um sie zu symbolisieren: Janus. Er hat zwei Gesichter, eines vorne (nach außen gewandt), und eines hinten (nach innen). *Janua* ist das lateinische Wort für *Schwelle*, für die Grenzlinie zwischen dem Außen und dem Innen eines Hauses. Von dieser Schwelle unserer Wahrnehmung aus können wir beide Welten am besten erleben, die äußere und die innere. Auch gleichzeitig wie Janus.

Während Sie diese Zeilen lesen, tun Sie wahrscheinlich genau das: Ein Teil Ihrer Wahrnehmung ist auf die bedruckten Seiten gerichtet und nimmt Worte und Bilder auf, während der andere Teil Ihrer Wahrnehmung nach innen gerichtet ist und das Gelesene geistig verarbeitet, es mit eigenen Ideen und Erfahrungen

[11] In der Psychologie Propriozeption genannt.

anreichert, vergleicht und bewertet. Die Aufmerksamkeit in beide Richtungen gleichzeitig zu lenken, ist im Prinzip nicht weiter schwer.

Manchmal jedoch, besonders in emotionalen Situationen, kann uns diese Janus-Perspektive abhanden kommen. Dann wird unsere Aufmerksamkeit entweder von innen oder von außen so vereinnahmt, dass wir den Überblick verlieren. Beim Ansehen eines spannenden Films ist das gänzliche Vereinnahmt-Sein harmlos bzw. sogar gewollt, bei der Begegnung mit einem wirklich guten Handelsvertreter oder in einer Prüfungssituation ist es unter Umständen gefährlich.

Unsere Wahrnehmung ist der Schlüssel zu unserer Bewusstheit. Wozu soll Leben gut sein, wenn wir es nicht wirklich bewusst er-leben? Wie wollen wir auf Umweltreize angemessen reagieren, wenn wir sie nicht wahrnehmen? Wie können wir unsere inneren Prozesse bewusst und kompetent verwalten, wenn wir nicht mitbekommen, was in uns vorgeht? Es ist sicherlich möglich, mit einer eingeschränkten Wahrnehmung zu leben, indem wir uns auf Konzepte, Theorien und andere mentale Konstrukte verlassen. Dennoch meine ich, dass für ein bewusstes, eigenverantwortliches und erfülltes Leben eine gut geschulte Wahrnehmung eine unverzichtbare Voraussetzung ist. Sie versetzt uns in die Lage, uns selber und die Welt um uns herum bewusster und daher auch kompetenter, zu handhaben. Dadurch steigen unsere Chancen, in unserem Leben Erfolg und Erfüllung zu finden.[12]

Achtsamkeit

Die Energie, die wir in unsere Wahrnehmung investieren, bezeichnen wir als Aufmerksamkeit, Wachsamkeit oder Achtsamkeit. Ihre Quantität und Qualität sind bei verschiedenen Menschen und zu verschiedenen Zeiten unterschiedlich. Wenn die Energie gering ist, sprechen wir von"Unachtsamkeit" oder „Geistesabwesenheit", ist sie stark ausgeprägt, dann bezeichnen wir sie mit dem schönen Wort „Geistesgegenwart". Beide Ausdrücke weisen auf den Geist als den unmittelbaren Nutznießer unserer sinnlichen Wahrnehmung. Achtsamkeit (oder Geistesgegenwart) kann durch Übung trainiert und verfeinert werden.

Ein interessierter Besucher fragte einen Zen Meister:
„Worum geht es bei der Meditation?"
Der antwortete: „Um Achtsamkeit."
„Und wie lernt man das?"
„Durch die Übung der Achtsamkeit", antwortete der alte Mann.
„Und wohin führt das?" fragte der Besucher weiter.
„Zu noch mehr Achtsamkeit" war die Antwort.

[12] In Gesprächen habe ich festgestellt, dass viele Menschen das Gefühl haben, nicht selber zu leben. Das Leben scheint Ihnen zu widerfahren. Das ist nicht, was man ein erfülltes Leben nennen kann.

Formen der Wahrnehmung

Konzentration
Unsere Wahrnehmung ist sehr variabel. Die einfachste Unterscheidung, die wir treffen können, ist die zwischen einem engen, exklusiven Fokus, der einem Objektbezug dient, und einer weicheren, weiteren, inklusiven Art der Wahrnehmung. Der enge Fokus ist der Modus, den zu entwickeln uns nahe gelegt wurde als wir Kinder waren. Das Wort, das wir dafür verwenden ist „Konzentration". Es bezieht sich immer auf das Fokussieren der Aufmerksamkeit auf eine bestimmte Person, einen Gegenstand, ein Thema oder ein Verfahren.

Der Drill der Konzentration beginnt schon im Kindergarten. Kinder, die nur herumsitzen und vage in die Luft schauen, werden ermutigt, in einen fokussierten Objektbezug zu treten, mit einem anderen Kind, mit einem Spielzeug, mit irgend etwas. Der Objektbezug gilt als wünschenswerter als ein Zustand nicht fokussierter Wahrnehmung. Während unserer Schulzeit wurden wir häufig von unseren Lehrern ermahnt: „Konzentriere Dich!" Mit anderen Worten: Schließe alle anderen Wahrnehmungen aus zugunsten der Konzentration auf das aktuelle Thema (Mathematik, Geographie, Geschichte oder was auch immer). Durch diesen jahrelangen Drill sind wir heute in der Lage, konzentriert unseren beruflichen Aufgaben nachzugehen, unsere Steuererklärung zu machen, die Zeitung zu lesen oder Bücher zu schreiben. Konzentration ist eine sehr nützliche Art der Wahrnehmung, die in vielen Situationen unseres Lebens wertvoll ist. Die konzentrierte Wahrnehmung ermöglicht es uns auch, zu denken.

Bevor wir uns aber dem Denken zuwenden, wollen wir uns den Zustand voller Konzentration genauer ansehen. In diesem Zustand gibt es keine periphere Wahrnehmung. Unsere gesamte Aufmerksamkeit ist auf ein einziges Objekt gerichtet.

Volle Konzentration nach außen

Die volle Aufmerksamkeit ausschliesslich auf ein externes Objekt zu richten, kann gefährlich sein. Kinder, die einem Ball über eine Strasse nachlaufen, sind das klassische Beispiel für diesen Zustand. Sie sehen nur den Ball. Rundum sehen und hören sie nichts.

Diese exklusive Art voller Konzentration kann auch nach innen gerichtet sein. Wir können das mit folgendem Symbol darstellen:

Volle Konzentration nach innen

Zahnschmerzen, die Sorge um ein krankes Kind oder Ähnliches können unsere Aufmerksamkeit so sehr nach innen ziehen, dass alles andere ausgeblendet wird.

Volle Konzentration ist ein nicht-dualistischer Zustand des Geistes, der in bestimmten Formen der Meditation zur Anwendung kommt. Dort hat er sicher seine Vorzüge, aber für die praktischen Belange unseres täglichen Lebens ist er eine wenig hilfreiche Form der Wahrnehmung. Genau genommen ist volle Konzentration ein Zustand weitestgehender Geistesabwesenheit. Zudem kann man mit nur einem Objekt im Brennpunkt unserer Aufmerksamkeit auch nicht denken.

Konzentration und Denken

Der Prozess des Denkens ist dualistischer Natur und setzt mindestens zwei Objekte voraus. Er besteht aus der Prüfung von Ähnlichkeiten und Unterschieden zwischen ihnen und erlaubt uns Schlüsse zu ziehen und Entscheidungen zu treffen.

Die einfachste Variante des Denkens:
Eine äußere Beobachtung wird mit einem inneren Konzept verglichen.

Bei der einfachsten Variante des Denkens teilen wir unsere Aufmerksamkeit zwischen zwei Objekten, zum Beispiel dem Wetter draußen und dem uns bekannten Inhalt unseres Kleiderschranks. So können wir uns beim Blick aus dem Fenster überlegen, ob heute ein leichter Pullover genügt, oder ob nicht doch eher eine Regenjacke angesagt ist.

Wenn Lehrer sagen „Ich möchte Ihre volle Konzentration!" meinen sie nicht wirklich die volle, exklusive Konzentration. Was sie meinen ist: „Richten Sie Ihre Aufmerksamkeit ausschließlich auf die verschiedenen Aspekte des momentanen Themas - und auf sonst nichts." Oder einfach „Fahren Sie Ihre Aufmerksamkeit hoch!" [13]

[13] Leider werden die Begriffe Konzentration und Aufmerksamkeit im täglichen Sprachgebrauch nicht deutlich unterschieden. Konzentration meint den Fokus, während wir mit dem Wort Aufmerksamkeit die Intensität unserer Wahrnehmung bezeichnen, ob konzentriert oder nicht. Auch in diffuseren, nicht fokussierten Zuständen unserer Wahrnehmung kann die Aufmerksamkeit sehr hoch sein.

Hier sind die Symbole für komplexere Formen des Denkens:

Komplexere Variante des Denkens, die drei Objekte miteinander verknüpft: zwei externe (Beobachtungen) und ein inneres (Konzept, Theorie, Bild)

Hoch-komplexe Variante des Denkens, die vier Objekte miteinander verknüpft: zwei externe Beobachtungen und zwei innere (Konzepte, Theorien, Bilder)

Vier verschiedene Kanäle gleichzeitig: Komplexer können wir nicht denken. In meinen eigenen Experimenten mit komplexem Denken habe ich festgestellt, dass schon die gleichzeitige Wahrnehmung von drei verschiedenen Eindrücken über längere Zeit (die visuelle Umgebung meines Gartens, Vogelgezwitscher und der Rhythmus meines Atems) ziemlich schwierig ist. Sobald ein vierter Eindruck hinzu kam (z. B. eine Katze) und Gedanken in mir auslöste, begann ich, den Überblick über die anderen Kanäle zu verlieren. Es ist ein wenig einfacher, wenn die drei Wahrnehmungen thematisch verknüpft und Teile eines einzigen koordinierenden Gedanken sind. Dennoch, vier gleichzeitige Wahrnehmungen sind in jedem Fall mein Limit. Amerikanische Neurophysiologen (bitte verzeihen Sie mir, wenn ich vergessen habe, wer es war) haben Tests durchgeführt, um herauszufinden, wie viele Kanäle unser Denken gleichzeitig handhaben kann. Sie fanden heraus, dass die Obergrenze bei vier liegt, was mit meiner Selbst-Beobachtung übereinstimmt. Alles, was über vier hinaus geht, führt zu Priorisierung und dem Verlust der Wahrnehmung auf einem oder mehreren der anderen Kanäle.

Die gedankliche Verarbeitung der Inhalte mehrerer Wahrnehmungskanäle geschieht sequentiell, in einer logischen Kette, einen Schritt nach dem anderen. Diese sequentielle Arbeitsweise macht den Geist ziemlich langsam. Sie macht es notwendig, die Wahrnehmungen, die am momentanen logischen Prozess nicht beteiligt sind, fallen zu lassen und wieder aufzunehmen, wenn sie dran sind, berücksichtigt zu werden. Es ist eine Art geistiges Jonglieren, was verständlich macht, warum die Zahl der möglichen Elemente begrenzt bleiben muss.

Daraus ergibt sich die nächste Frage. Was passiert jenseits der maximalen vier Inputs? Wie können wir komplexere Wahrnehmungen geistig verarbeiten?

Wenn unsere konzentrierte, geistige Aktivität auf vier gleichzeitige Wahrnehmungen oder Ideen beschränkt ist, wie gehen wir mit einer Situation um, in der sieben, fünfzehn oder noch mehr Aspekte berücksichtigt werden müssen? Welche Art von Wahrnehmung braucht ein Samurai auf dem Schlachtfeld, wenn er von 20 Gegnern umringt ist? Wie soll ein Geschäftsmann seine vielen und komplexen Aufgaben wahrnehmen, ohne den Überblick zu verlieren? Wie behält eine Mutter von mehreren Kindern den Überblick? Würden diese Künstler der Komplexität ihre Inputs sequentiell (nacheinander) abarbeiten, sie wären auf jeden Fall verloren. Der Samurai würde sich auf die vier Gegner ihm gegenüber konzentrieren und durch einen der anderen getötet werden. Der Manager würde schnell Anzeichen von Stress entwickeln und irgendwann einen Nervenzusammenbruch erleiden. Ebenso die Mutter. Welche Art der Wahrnehmung ist für die Handhabung hoher Komplexität geeignet, d.h. für die gleichzeitige und erfolgreiche Handhabung einer Vielzahl von Objekten oder Aufgaben?

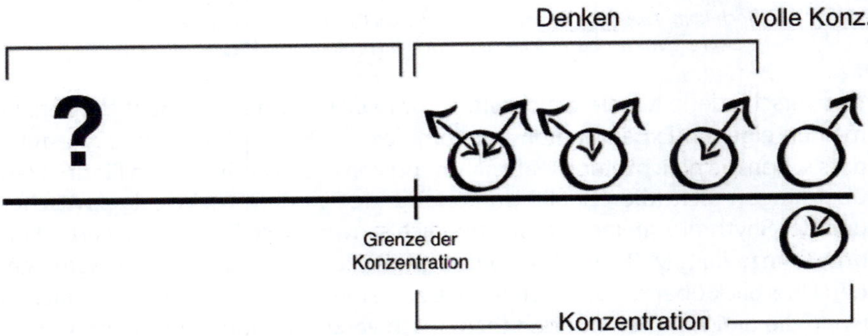

Das Spektrum der verschiedenen Wahrnehmungsmodi: Rechts sind die konzentrierten Formen der Wahrnehmung. Welche Art von Wahrnehmung liegt links davon?

Vom Denken zur weichen Aufmerksamkeit

Ein erfolgreicher Samurai, ob im Geschäft, im Haushalt oder auf dem Schlachtfeld, muss einen anderen, einen weicheren, inklusiveren Wahrnehmungs-Modus nutzen, um die Komplexität seiner Situation erfolgreich zu handhaben. Die Begrenzung der konzentrierten Wahrnehmung und des Denkens auf maximal vier gleichzeitige Inputs und deren sequentielle Abarbeitung ist definitiv keine geeignete Grundlage für den Umgang mit hoher Komplexität. Wir müssen uns fragen, ob das alleinige Training der Konzentration, das an unseren Schulen so forciert wird, ausreicht, um unsere Kinder auf die erfolgreiche Bewältigung dieser immer komplexer werdenden Welt vorzubereiten.

Zeit für einen Ausfallschritt. Denken Sie an die letzte geniale Idee, die Sie hatten. Wann und wo ist sie Ihnen gekommen? Dies ist eine Frage, die ich oft in meinen Trainings stelle. Die Antworten sind immer die gleichen: Während der

Nacht, beim Aufwachen, unter der Dusche, in der Badewanne, beim Zähneputzen, auf dem Klo, auf einem Spaziergang, beim Joggen, beim Autofahren und so weiter. (Das Badezimmer scheint in dieser Hinsicht sehr produktiv zu sein!) Niemals in all den Jahren hat jemand gesagt, dass eine geniale Idee das alleinige Ergebnis konzentrierten Denkens gewesen wäre. Brillante Ideen scheinen uns in erster Linie dann zu kommen, wenn wir nicht denken, wenn wir uns in einer weicheren Art der Wahrnehmung befinden. Jeder, der seiner Kreativität eine Chance geben will, ist gut beraten, auch die weicheren Zustände der Wahrnehmung zu pflegen.

Dennoch sind die weichen Wahrnehmungszustände an unseren Schulen verpönt. *„Träumst Du schon wieder?" „Baust Du Luftschlösser?" „Schick mir doch eine Ansichtskarte aus Wolkenkuckucksheim!"* oder einfach *„Schau nicht so blöd!"* Es gibt eine ganze Reihe umgangssprachlicher Ausdrücke für sie, alle abwertend. Ich hörte ein Interview im Radio. Der Interviewer fragte eine 18-jährige Abiturientin, was sie während ihrer Schuljahre am besten gelernt habe. Ohne auch nur eine Sekunde zu zögern, antwortete sie: *„Jederzeit und überall intelligent und interessiert dreinzuschauen."* Der Druck, Interesse zu zeigen und Intelligenz durch hohe Konzentration zu demonstrieren, war an ihrer Schule so hoch, dass sie gelernt hatte, so zu tun, als ob - und die weicheren Formen der Wahrnehmung für sich zu behalten.

Eine der Auswirkungen unseres jahrelangen, schulischen Drills auf das Denken, d.h. auf die konzentrierte Art der Wahrnehmung, ist, dass diejenigen, die den Drill verinnerlichen, kaum jemals aufhören zu denken. Eigentlich ist *denken* nicht das richtige Wort für das ständige Geplapper im Kopf. Es ist ein kontinuierlicher Strom von Worten und Gedanken, oft begleitet von den entsprechenden Emotionen und körperlichen Reaktionen. Dieses innere Geplapper hört nie auf. Oft frage ich in meinen Trainings: *„Ist jemand hier in der Lage,* ***nicht*** *zu denken?"* Immer wieder bekomme ich unter den überwiegend negativen Antworten auch die Gegenfrage zu hören: „Das geht doch gar nicht, oder?" Menschen, die nicht mehr willentlich aufhören können zu denken, haben in sich keine Stille, keinen geistigen Freiraum, keine Gemütsruhe, nur ständigen mentalen Lärm. Es macht sie verrückt, ohne dass sie es bemerken.

Ich vermute, dass dieser Zustand mehr als 90% der mitteleuropäischen Bevölkerung befallen hat. Zwanghaftes Dauerdenken ist so verbreitet, so selbstverständlich geworden, dass seine pathogene[14] Natur gar nicht mehr erkannt wird. Es ist eine regelrechte Volkskrankheit, die so verbreitet ist, dass sie als „normal" gilt. Die meisten Wissenschaftler und Ärzte, die Alarm schlagen könnten und sollten, sind wahrscheinlich selber zwanghafte Dauerdenker. Sie werden sich kaum selber als solche zu erkennen geben wollen. Stattdessen steigen die Zahlen der Stressgeplagten, Fehlzeiten und Suizide nehmen zu und die Pharmaunternehmen machen gute Umsätze mit ihren Psychopharmaka.

[14] krankmachende

Viele von uns haben einfach vergessen, wie man über das Denken hinaus kommt, wie man auf die weicheren Zustände der Wahrnehmung zugreift. Wir bilden uns ein, wir müssten dazu „abschalten". Nichts könnte falscher sein. Denken ist ein exklusiver Wahrnehmungszustand, in dem die meisten Wahrnehmungskanäle ohnehin abgeschaltet sind. Anschalten ist angesagt. Die Wahrnehmung muss wieder geöffnet werden, nicht noch weiter geschlossen.

Wie man die weiche Aufmerksamkeit herstellt

Der beste Weg, die weicheren Arten der Wahrnehmung zu erlernen und zu verstehen, ist sie zu erleben. Hier ist eine einfache Anleitung, die Ihnen helfen wird, die weiche Wahrnehmung herzustellen. Lesen Sie und merken Sie sich die Anweisungen zuerst, dann legen Sie das Buch beiseite und probieren Sie es aus. Oder lassen Sie sich die Anleitung vorlesen.

Schritt 1: Das visuelle Panorama
Setzen Sie sich bequem hin.
Richten Sie Ihre Augen auf etwas, das geradeaus vor Ihnen ist.
Entspannen Sie Ihre Augen und lassen Sie sie während der gesamten Übung dort.
Benutzen Sie Ihre Hände, um die Richtung Ihres Blicks locker rechts und links zu umrahmen. Der Rahmen sollte breit genug sein, dass beide Augen bequem durchschauen können.
Dann beginnen Sie langsam, den Rahmen zu erweitern, indem Sie ihre Hände auseinander bewegen, bis an den äussersten Rand Ihres Sichtfeldes und schließen alles, was innerhalb des Rahmens erscheint, ganz bewusst in Ihre visuelle Aufmerksamkeit ein.
Am Ende wird Ihr gesamtes Sichtfeld zwischen Ihren Händen sichtbar sein.
Sie senken Ihre Hände wieder, behalten aber die panoramische Aufmerksamkeit bei.
Nehmen Sie sich Zeit, sich an diese Art der Betrachtung zu gewöhnen.
(Die Augen sind immer noch entspannt und ruhen geradeaus.)

Schritt 2: Das akustische Panorama
Machen Sie dasselbe für Ihr Gehör. Lassen Sie alle Geräusche gleichzeitig in Ihr Bewusstsein.
Auch hier nehmen Sie sich ein wenig Zeit, um sich daran gewöhnen.
Sie nehmen jetzt alles bewusst wahr, was es zu sehen und zu hören gibt.
Gleichzeitig.

Schritt 3: Das sensorische Panorama
Fügen Sie nun alle Ihre körperlichen Empfindungen zu den visuellen und akustischen Panoramen hinzu: Körperhaltung, Gleichgewicht, Druck, Temperatur, Geruch, Geschmack, Wohl- oder Unwohl-Sein - was auch immer zu spüren ist.

Wenn Sie angespannte Körperteile finden, entspannen Sie sie so gut Sie können. Etablieren Sie das Gewahr-Sein der spür- und hörbaren Atmung als feste und gleich bleibende Mitte dieser körperlichen Wahrnehmungen.
Lassen Sie sich Zeit, sich an die panoramische Qualität Ihrer gleichzeitigen visuellen, akustischen und körperlichen Wahrnehmungen zu gewöhnen.
Sie sind nun in der „Weichen Aufmerksamkeit".

Das Symbol, das ich für die weiche Aufmerksamkeit verwende, sieht so aus:

Die weiche Aufmerksamkeit

Aufhören zu denken

Wenn es Ihnen gelungen ist, dieser Anleitung zu folgen, werden Sie bemerkt haben, dass während der schrittweisen Öffnung Ihrer Wahrnehmung Ihr Denken immer mehr nachließ um schließlich ganz aufzuhören. Durch die Überfülle der gleichzeitigen Eindrücke aus den drei sensorischen Panoramen ist unser mentaler „Benenner" schlicht überfordert. Da aber unser Denken die Namen braucht, die wir den Dingen geben, läuft es leer. Was bleibt ist ein stilles Gewahr-Sein.

Aber es wird nicht lange still bleiben. Bald wird irgend ein Reiz Ihren Geist stimulieren, ihn zu benennen und denkend darauf Bezug zu nehmen. In der weichen Aufmerksamkeit können wir leicht beobachten, wie der Geist beim geringsten Anlass anspringt, die Bandbreite der Wahrnehmungen reduziert und seinen Job des objektbezogenen Denkens wieder aufnimmt. Um diesen Prozess zu verdeutlichen, löse ich ihn in meinen Trainings gerne selber aus. Sobald alle Teilnehmer gut in ihrer weichen Wahrnehmung verankert sind, stelle ich die Frage: *„Wie viel sind 214 weniger 37?"* Viele Teilnehmer sind in ihrer weichen Aufmerksamkeit nicht mehr in der Lage, die Frage überhaupt zu verstehen. Aber manche von ihnen verlieren auf diese Frage hin sofort die panoramische Qualität ihrer Wahrnehmung, verengen sie auf den Denk-Modus und rechnen das Ergebnis aus. Die zum Denken notwendige Reduzierung der Bandbreite der Wahrnehmung kann dabei genau beobachtet werden. Wir können alles in unsere weiche Aufmerksamkeit einschließen, aber wir sind außerstande in diesem Zustand logisch zu denken, geschweige denn zu rechnen.

Viele von uns kennen Decartes's Spruch „Ich denke, also bin ich". Darum werden manche vielleicht in dem Moment, in dem das Denken aufhört, eine Art

Schrecksekunde erleben. Wenn ich damit aufhöre, mir durch mein Denken ständig zu beweisen, dass ich bin, was geschieht dann mit mir, wenn ich nicht mehr denke? Woher soll ich wissen, dass ich tatsächlich hier und hellwach bin, wenn ich es mir nicht denkend beweise? Ich könnte ja in einer Art Tagtraum sein, weggedriftet oder geistesabwesend. Aber mit ein bisschen Übung werden Sie feststellen, dass die Intensität Ihrer Wahrnehmung in der weichen Aufmerksamkeit nicht nachgelassen hat. Ganz im Gegenteil: Sie hat zugenommen. Aber da ist kein Kommentator mehr in ihrem Geist, der Ihnen davon erzählt. Die weiche Aufmerksamkeit ist, genau wie ihr Gegenteil (die volle Konzentration) ein nicht-dualistischer Zustand des Geistes.[15]

Der zum Denken notwendige Wahrnehmungsmodus ist eng. Das Wort eng kommt aus dem Lateinischen *angustia*, die Enge. Die *Angst* hat den selben Wortstamm, wie auch die *angina pectoris*. Angesichts des weit verbreiteten zwanghaften Dauerdenkens und unserer Stress- und Herzinfarkt-Statistiken ist diese Wortverwandtschaft mehr als nur interessant.

Die Balance halten

Einiges von unserem zwanghaften Dauerdenken ist sicherlich hilfreich bei der Bewältigung unseres Alltags. Die meisten dieser Gedanken allerdings sind irrelevant und unnütz.[16] Sie füllen nur unseren inneren Raum und lassen uns keinen Moment der Ruhe. Wenn wir dann gelegentlich in die weiche Aufmerksamkeit gehen, lösen wir uns von diesem zwanghaften Denken (ob relevant oder nicht) und finden Zuflucht und Erholung in kurzen Zeiten innerer Stille.

Ich sage keineswegs, dass die weiche Aufmerksamkeit der „bessere" Wahrnehmungszustand ist. Zu viel weiche Wahrnehmung ist ebenso wenig wünschenswert, wie zu viel denkende Konzentration. Wir müssen unser mentales Gleichgewicht zwischen den beiden Zuständen finden. Die weiche Achtsamkeit ist nicht irrational, sie ist transrational, jenseits von Gedanken und Konzepten. Ihre stille Präsenz lässt im denkenden Geist Ruhe einkehren. Für diejenigen von uns, die im dualistischen Denk-Zustand festgefahren sind, ständig Gedanken und Kommentare produzierend, ständig auf dies oder jenes konzentriert, ist der weiche Wahrnehmungsmodus so etwas wie eine Ferieninsel mitten im Trubel.

[15] Einer unserer ältesten Mythen erzählt, dass das dualistische Denken zustande kam, als Adam und Eva vom Baum der Erkenntnis aßen. Seither sind wir in einer dualistischen Welt gefangen, die von der Unterscheidung zwischen richtig und falsch, gut und böse, uns und den Anderen, für und wider usw. geprägt ist.
Seng-ts'an († 606, dritter Patriarch des Chan-Buddhismus in China) kommentierte den dualistischen Geisteszustand folgendermaßen:

Wenn Du die Wahrheit klar erkennen willst, sei nie für oder gegen.
Der Kampf zwischen „für" und „gegen" ist des Geistes schlimmste Krankheit.

[16] Wenn Sie herausfinden wollen, wie viel von diesem „Denken" tatsächlich relevant ist, schreiben Sie alles, was Ihnen durch den Kopf geht, fünf Minuten lang mit. Anschließend markieren Sie mit einem gelben Marker alles, was in irgendeiner Weise relevant war. Ich sage voraus, dass ungefähr 85% Ihrer Gedanken absolut irrelevant waren. Nur Lärm im Kopf, „noise" wie die Funktechniker es nennen.

Als ich in Heidelberg studierte, hatten wir zwei Mal die Woche eine Vorlesung bei Professor Topitsch, einem Soziologen und Existentialphilosophen. Wenn wir seinen hochkomplexen Gedankengängen folgen wollten, mussten wir uns 90 Minuten lang extrem konzentrieren. Danach fühlte ich mich mental gestresst. Um diesen Stress auszugleichen, ging ich in ein kleines Café, in dem ein recht guter Flipperautomat stand, und spielte eine halbe Stunde lang. Heute weiß ich, dass ich damit lediglich Professor Topitsch durch eine silberne Kugel ersetzte. Mein konzentrierter Geisteszustand blieb mehr oder weniger derselbe. Ich hätte besser daran getan, mich auf eine Parkbank zu setzen und meine Wahrnehmung weich werden zu lassen, den Wind auf der Haut zu spüren, mich den Vogelstimmen und Stadtgeräuschen zu öffnen, mich selber wieder zu spüren... Das wäre ein weit besserer Ausgleich gewesen, als die zusätzliche Verengung der Wahrnehmung durch das Flippern.

So wie mir damals geht es heute vielen Menschen. Sie bekämpfen Stress mit Stress. Aber man kann einen Stress nicht durch einen anderen ausgleichen. Um seelisch und körperlich gesund zu bleiben, brauchen wir eine gesunde Balance zwischen der gerichteten Konzentration und der weichen Aufmerksamkeit. Viele Menschen haben diese Balance nicht, kennen sie gar nicht mehr. Ich nehme an, neben dem jahrelangen, schulischen Drill könnte auch soziale Angst eine gewisse Rolle dabei spielen. Ein gestresster IT-Experte, der zum Coaching gekommen war, gestand mir, dass er sich manchmal nichts mehr wünschte, als seinen Bürostuhl zum Fenster zu drehen, seinen Blick weich werden zu lassen und ihn im Grün der Linde draußen zu „baden". *„Nun, ich hoffe, Sie tun das von Zeit zu Zeit"*, sagte ich. *„Das geht nicht"*, antwortete er, *„stellen Sie sich vor, es käme in diesem Moment jemand herein. Für ihn würde es so aussehen, als hätte ich nichts zu tun. Das kann ich mir in meiner Position nicht leisten."* Wie ein Schüler hatte er Angst, sich in einem weichen Wahrnehmungszustand erwischen zu lassen. Also brachte ich ihm bei, wie er die weiche Aufmerksamkeit herstellen konnte, ohne seinen Stuhl zum Fenster zu drehen, ganz unauffällig.

Geistesgegenwart

Beim Denken befinden wir uns in einer Art „Denktunnel". Wir sinnieren über Vergangenes, planen die Zukunft, befassen uns mit diesem und jenem, nur nicht mit dem Hier-und-Jetzt. Die Sinne, die das Hier-und-Jetzt, d.h. unsere Lebensgegenwart bewusst erleben könnten[17], sind weitgehend abgeschaltet. Zwanghafte Dauerdenker schalten ihre periphere, sinnliche Wahrnehmung dauerhaft in den Standby-Modus.

Es geht ja nicht darum, die ganze Zeit in einem weichen Hier und Jetzt zu schwelgen. Wir wären dann kaum lebensfähig. Es geht um die oben besprochene Balance: Denken wenn denken angesagt ist, weiche Wahrnehmung wann

[17] Pink Floyd: ***„All you touch and all you see is all your life will ever be."*** (Breathe/Dark side of the moon)

immer wir sie zum Ausgleich brauchen. Die weiche Wahrnehmung erinnert uns daran, dass es noch eine andere, stillere Art gibt, uns selber und die Welt zu erleben, als aus der mental-rationalen Perspektive. Wir müssen das gesamte Spektrum der Möglichkeiten nutzen, das unsere Wahrnehmung bietet, die weiche Aufmerksamkeit, ebenso wie die Konzentration.

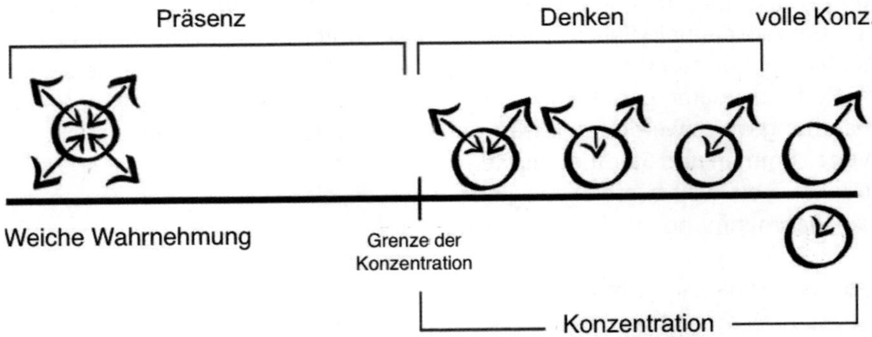

Das Gesamtspektrum der Wahrnehmungsmodi

Wenn in der weichen Aufmerksamkeit das Denken aufhört, entsteht Präsenz, ein Zustand der Offenheit und Empfänglichkeit für das tatsächliche Hier-und-Jetzt auf allen Kanälen der Wahrnehmung. Ohne *Tun*. In Anlehnung an das Chinesische Weltbild können wir diese aufnahmebereite Gegenwärtigkeit des Geistes in der weichen Aufmerksamkeit als das YIN der Wahrnehmung bezeichnen, Konzentration und Denken als das YANG. Während die Konzentration eindeutig der geeignetere Zustand ist um Dinge zu erledigen (*Tun*), ist die weiche Aufmerksamkeit eher dem *Sein* zuzuordnen.[18] Sie ist nicht so sehr auf die Objekte mentaler Aktivitäten gerichtet, sondern auf das friedvolle Erleben eines rational unergründlichen So-Seins[19] im Hier-und-Jetzt. Im konzentrierten Wahrnehmungsmodus haben wir kein solches Gewahr-Sein. Tatsächlich erleben wir, während wir denken, herzlich wenig von der Welt um uns herum. Konzentration ist ein Zustand weitgehender geistiger Abwesenheit, in dem unsere Wahrnehmung von einer sehr begrenzten Anzahl von Objekten vereinnahmt ist. In diesem Zustand nehmen wir wohl die Zeit, aber nicht den Raum um uns herum wahr. Im weichen Wahrnehmungsmodus ist es umgekehrt. Er ist zeitlos.

Zum Vergleich einige Qualitäten der verschiedenen Wahrnehmungsmodi:

<u>weiche Wahrnehmung</u>	<u>Konzentration</u>
wahrnehmungsbezogen	objektbezogen
einschließend	ausschließend
stille Präsenz	Denken
zeitlos	raumlos
Sein	Tun
YIN	YANG

[18] Ich stimme Descartes nicht zu. Aus meiner Sicht müsste es heissen: „Ich denke, also tue ich." Sein ist etwas anderes und eher auf der linken, gedankenfreien Seite des Wahrnehmungsspektrums zu finden.

[19] Tathata (Sanskrit तथाता tathātā)

Neurologen haben die linke und die rechte Gehirnhemisphäre und ihre verschiedenen Arten, sich auf die Welt zu beziehen, untersucht. Sie sagen uns, dass im konzentrierten Modus die linke Hemisphäre dominant ist, im weicheren Modus die rechte. Wenn das so ist, dann fördert die Balance zwischen diesen beiden Zuständen auch das Gleichgewicht zwischen unseren Gehirnhemisphären.

Praktische Anwendungen der weichen Aufmerksamkeit

Es mag so aussehen, als sei die weiche Aufmerksamkeit ein ziemlich unnützer Zustand der Wahrnehmung. Nicht einmal eine einfache Subtraktion ist in diesem Zustand machbar. Aber sie ist überhaupt nicht unnütz. Sie gibt uns Ruhe nach der intensiven Aktivität geistiger Konzentration, eine Pause in dem unaufhörlichen inneren Dialog, der den Geist so vieler Menschen füllt. Sie ist für unsere geistige Ausgeglichenheit unverzichtbar. Zudem hat sie viele praktische Anwendungsbereiche:

Die **genialen Ideen**, die wir gelegentlich haben, fallen uns fast ausschließlich in diesem Zustand ein. Es stimmt zwar, dass gute Ideen selten ohne vorhergehendes Denken zustande kommen. Aber dieses Denken ist nicht genug, es ist nur die Vorbedingung. Bevor unser Unbewusstes eine geniale Idee generieren kann[20], muss es das zuvor Bedachte erst verdauen. Bei einem zu hohen mentalen Lärmpegel im Kopf ist das schwer. Deshalb geschieht dies vor allem nachts, wenn wir schlafen. Wenn sich das Unbewusste schließlich zu Wort meldet, tut es das mit einer sehr leisen Stimme. Das ist wohl der Grund dafür, dass wir unsere Inspiration vor allem in jenen Momenten bekommen, in denen unsere Aufmerksamkeit weich und unser Geist ruhig ist.

Mannschaftssport kann ohne die weiche Aufmerksamkeit nicht funktionieren. Stellen Sie sich einen Fussballspieler vor, der in dem Moment, in dem er den Ball zugespielt bekommt, beginnt sich umzusehen (in konzentriertem Modus), wer für einen Pass in Frage käme. Wirklich gute Spieler nutzen den weichen Modus und haben ein durchgehendes Gewahrsein ihrer Umgebung. Ohne darüber nachzudenken, wissen sie in jedem Moment genau, wer gut gedeckt und wo gerade ein Korridor offen ist. Das ist es, was die Magie eines wirklich guten Fussballspiels ausmacht. Dasselbe trifft auf andere Teamsportarten zu, aber auch auf manche Individualsportarten wie Tennis, Tischtennis oder die Kampfkünste.

Ich erinnere mich an einen japanischen Skispringer aus den späten Siebzigern. Während Andere sich bemühten, am Ende der Schanze zu „springen" (einige ein bisschen zu früh, einige ein bisschen zu spät, einige genau richtig), schien er übergangslos von der Schanze zu *fließen*. Mühelos setzte er die Kurve fort. Seine Eleganz war so außergewöhnlich, dass das Österreichische Fernsehen alle seine Sprünge dieser Saison zeigte, einen nach dem anderen. Ich musste dabei

[20] siehe das Kapitel über das Unbewusste

an Herrigel's Buch „Zen in der Kunst des Bogenschießens" denken, in dem es darum geht, mit Bogen, Pfeil und Ziel eins zu werden. Der Japanische Skispringer war auch eins geworden mit seiner Aufgabe. Das ist nur in einem weichen Wahrnehmungsmodus zu bewerkstelligen.

Handhabung komplexer Aufgaben über komplexe Situationen. Ob Fluglotsen, Hausfrauen, Manager oder Samurai - sie und alle, die hochkomplexe Aufgaben zu bewältigen haben, brauchen neben der Fähigkeit, konzentriert zuzupacken, auch die weiche Wahrnehmung, um den Überblick zu behalten.

Die Samurai waren im alten Japan eine Berufsgruppe, die ohne weiche Wahrnehmung nicht überleben konnte. Der Film „Die sieben Samurai" von Akira Kurosawa zeigt die Leiden eines Dorfes, das regelmäßig von Räubern überfallen wird. Als die Bauern sich schließlich entscheiden, in der nächsten Stadt professionelle Hilfe zu holen, sehen sie sich mit der Frage konfrontiert: „Wie unterscheidet man einen guten Samurai von einem schlechten?" Die Räuber waren so gut, dass gegen sie nur die besten Samurai eine Chance hatten. Die Bauern ließen sich einen genialen Samurai-Test einfallen, mit dem Sie die Wahrnehmung der Samurai prüften.

Auf der Straße suchten sie nach einem geeigneten Kandidaten, köderten ihn mit einem Job-Angebot. Er wurde eingeladen, in eine Scheune zu kommen, wo man ihm dann die Details sagen würde. Allerdings wusste er nicht, dass er in eine Falle ging. Hinter dem Torpfosten erwartete ihn ein Bauer mit einem schweren Knüppel.

Die Samurai, deren Wahrnehmung von dem Köder so vereinnahmt war, dass sie den plötzlichen Angriff nicht kommen sahen, wurden verprügelt und ohne Bedauern entlassen. Man darf die Attraktivität eines Job-Angebotes für einen arbeitslosen Samurai nicht unterschätzen. Zu kämpfen war seine Einnahmequelle, eine Gelegenheit seine Schwertkunst zu demonstrieren und ein starker Ego-Booster. Ein solcher Köder kann einen Menschen blind machen für Gefahr.

Neben den Kandidaten, die den Knüppel zu spüren bekamen, gab es auch solche, die blitzschnell reagierten und den Hieb abwehrten. Der eine Kandidat, der am Ende überlebte, ließ sich von dem Köder überhaupt nicht vereinnahmen. Am Scheunentor schon blieb er stehen, erkannte die Falle und weigerte sich, mit einem breiten Grinsen im Gesicht, darauf hereinzufallen. Erst als der Mann mit dem Knüppel aus seinem Versteck gekommen war, ging er daran, Details zu besprechen.

Der Film zeigt, wie diese Dinge am Ende des 16. Jahrhunderts gehandhabt wurden. Aber die Methoden haben sich seither nicht geändert. Vor einigen Jahren bot ich einem großen Deutschen Technologie Konzern meine Dienste an. Der Personalchef hörte sich meine Ausführungen an und sagte dann: „Hier ganz sicher nicht, Herr Pennington". Ich fragte ihn, welche Überlegungen zu diesem kategorischen Nein führten. „Ich werde es Ihnen sagen", erwiderte er. „Wir haben ein System, mit dem wir die besten Absolventen von den Universitäten und Hochschulen anwerben. Wir nehmen nur die Allerbesten. Wenn sie einmal im Haus sind, hängen wir ihnen eine große goldene Karotte vor die Nase[21], an einem Stock versteht sich, gerade außerhalb ihrer Reichweite. Mit dieser Karotte vor der Nase geben sie nicht 100%, sie geben 140%. Es ist nicht vorgesehen, dass sie die Karotte erreichen. Natürlich, von Zeit zu Zeit bekommt sie einer von ihnen. Dagegen haben wir nichts. Das hält den Mythos aufrecht. Aber im Prinzip ist es nicht vorgesehen, und 99% von ihnen begnügen sich damit, der Karotte nachzulaufen". Er machte eine Pause, bevor er fortfuhr. „Wir wissen, dass diese jungen Leute mit 40, spätestens 45 Jahren ausgebrannt sind und dass wir sie dann ersetzen müssen. Aber bis dahin wollen wir, dass sie volle Leistung bringen. Und ich fürchte, Herr Pennington, wenn ich Sie auf unser mittleres Management loslasse, werden die Leute dort aufhören, hinter der Karotte herzulaufen. Das können und wollen wir uns nicht leisten." Ich dankte ihm für seine Offenheit und verabschiedete mich. Das war nicht die Art von Umgebung, in der meine Dienste willkommen waren.

Die goldene Karotte

Ich war mir sicher, dass er nicht „die allerbesten" High Potentials bekam, sondern nur die gierigsten, die seinen Köder schluckten. Genauso sicher bin ich mir, dass seinem Konzern besser gedient wäre mit Mitarbeitern, die über persönliche und soziale Kompetenzen verfügen, als mit geschickt manipulierten Arbeitssklaven am Rande eines Burnout[22]. Aber ich konnte seinen Standpunkt gut verstehen. Ja, wir wollen natürlich, dass unsere Angestellten all diese wünschenswerten Fähigkeiten haben, aber nicht zu viel davon, damit ihnen der Preis nicht bewusst wird, den sie für ihre Jagd nach der goldene Karotte bezahlen.

Jede Verengung der Wahrnehmung kann gefährlich sein. Ein Samurai kann getötet werden, ein Manager kann durch diverse Anreize oder Ängste in Erschöpfung und Burnout getrieben werden, ein Fluglotse kann eine anfliegende Maschine übersehen und eine blinde alte Dame kann den verführerischen Worten eines Verkäufers erliegen und eine Zeitschrift abonnieren, die sie nicht braucht. Verkäufer wissen genau, dass ihre einzige Chance, ein Abonnement, eine Lebensversicherung oder ähnliches zu verkaufen, darin besteht, die Wahrnehmung ihrer potentiellen Kunden so zu verengen, dass sie nur noch die gepunktete Linie sehen, auf der sie unterschreiben sollen. Sie tun es, indem sie den Preis reduzieren („ein Schnäppchen"), das Zeitfenster verengen („nur noch heute") und indem sie alle möglichen Komplimente machen.

[21] Die goldene Karotte bei Pink Floyd: ***„Come in here, dear boy, have a cigar, you're gonna go far, you're gonna fly high, you're never gonna die, you're gonna make it if you try, they're gonna love you."*** (Have a cigar/Wish you were here)

[22] Pink Floyd: ***"Run, rabbit run / Dig that hole, forget the sun / And when at last the work is done / Don't sit down - It's time to dig another one."*** (Breathe/Dark side of the moon)

Ich selber bin einmal auf solche Komplimente hereingefallen und zwar auf eine Art, die mich das Leben hätte kosten können. In den späten Siebzigern waren meine Freunde und ich dabei, auf einem Berg unsere Hängegleiter zusammen zu bauen, als eine alte Frau kam und uns zusah. Mit großen Augen kommentierte sie bewundernd unser Treiben. Hatten wir denn keine Angst mit diesen Dingern zu fliegen? Waren sie auch verlässlich? Und war das nicht gefährlich? Solche Waghalsigkeit, solcher Mut! Sie bedachte mich mit breitem Lächeln und ich fiel prompt auf die Ego-Schmeichelei herein. Während ich weiter meinen Hängegleiter zusammenbaute, erklärte ich ihr etwas gönnerhaft: Nein, wir hätten keine Angst, immerhin hätten wir ja eine exzellente Schulung gehabt, wir wüssten, was wir taten und die Ausrüstung sei ja sehr gut und so weiter. Zum Glück überprüften wir jedes Mal gegenseitig unsere Hängegleiter vor dem Fliegen. Der Freund, der das bei mir tat, machte mich darauf aufmerksam, dass ich zwei Sicherheitsbolzen vergessen hatte. Als Reaktion auf die Schmeicheleien der alten Dame hatte ich meine Wahrnehmung gefährlich verengt. Ich wusste die ganze Zeit, dass ich ihr mehr Aufmerksamkeit schenkte als dem Zusammenbau und fiel trotzdem darauf herein. Ich erzähle diese Geschichte, um zu verdeutlichen, dass eine gewisse Bewusstheit und Kontrolle des momentanen Wahrnehmungsmodus sehr nützlich sein kann, manchmal auch lebensrettend.

Im Oktober 2008 fand ein Schwergewichtskampf im Boxen statt. Die Gegner waren Lamon Brewster, der amtierende Weltmeister und Luan Krasniqi, der Herausforderer. Nachdem die ersten acht Runden an Krasniqi gegangen waren, erwarteten alle seinen Sieg. Aber Brewster gewann in der 9. Runde durch technisches KO. Krasniqi sagte nach dem Kampf, dass er sich nach der achten Runde sicher war: „Jetzt habe ich Dich" und in seiner Aufmerksamkeit nachließ. Kein Samurai kann es sich leisten, allzu siegessicher zu sein, bevor der Kampf zu Ende ist.

Die Übung der weichen Aufmerksamkeit

Um den Zustand der weichen Aufmerksamkeit in Gruppen zu üben verwende ich das „Kissenspiel". Ich habe es 1979 erfunden und seither nicht verändert. Es ist eine wunderbare Übung um interaktive Geistesgegenwart und die Handhabung hoher Komplexität zu trainieren und um Zugang zum mühelosen Zustand des „Flow"[23] zu finden.

Das Kissenspiel
Benötigtes Material: 6-8 weiche Daunenkissen 20 x 20 cm. 8 bis maximal 16 Personen stehen in einem Kreis, ungefähr eine Armlänge auseinander.

Wir beginnen mit einer Simulation des Büro-Alltags. Jedes der Kissen stellt einen Geschäftsvorgang dar. Die Teilnehmer „bearbeiten" diese Vorgänge, indem Sie die Kissen fangen und jemandem Anderen im Kreis zuzuwerfen.
Da solche Vorgänge selten alleine kommen, werden nach und nach 4 oder 5 Kissen in den Kreis gebracht (nicht zu schnell).

Mit zunehmender Kissenzahl werden die Teilnehmer dazu tendieren hektisch zu werden (ganz wie im wirklichen Leben). Da die Teilnehmer die weiche Aufmerksamkeit noch nicht kennen, werden sie beginnen, die üblichen Büro-Spiele zu spielen (Kissen fangen, die für jemanden Anderen gedacht waren, schleudern statt zuwerfen, mit Tricks die eigene Cleverness demonstrieren, werfen ohne zu zielen etc.). Das Ergebnis ist gestresstes Chaos. Viele Kissen verfehlen ihr Ziel oder fallen zu Boden.

Jetzt ist eine Pause zur Reflexion des Erlebten angesagt. Ich frage, wie lange die Teilnehmer dieses Spiel noch durchhalten würden. „Nicht lange" ist die einstimmige Antwort. Ich erkläre, woher der Stress kommt: enge Wahrnehmung, hektisches Denken, („Wem soll ich das Kissen zuwerfen?", „Warum wirft er/sie nie zu mir?"), Urteile („Kann er/sie nicht anständig werfen?" oder „Ich hoffe es hat niemand bemerkt, dass ich daneben geworfen habe."), hektische Kopf- und Augenbewegungen, um den Überblick zu behalten sowie alle möglichen sozialen Spiele. Alle spüren deutlich, dass die Anstrengung kaum auszuhalten und das Ergebnis dürftig ist.

Die Idee des Spiels ist es aber, mit möglichst geringem Aufwand ein gutes Ergebnis zu erzielen. Im Arbeitsalltag geht es um Zusammenarbeit, um Synergien. Niemand produziert Ergebnisse für sich alleine. Für das Kissenspiel bedeutet das, dass mein Job nicht zu Ende ist, wenn das Kissen meine Hände verlassen hat. Wir müssen es dem Nächsten so leicht wie nur möglich machen, es zu fangen. („Dein Erfolg ist mein Erfolg.")

[23] Der „Flow" ist ein Zustand zwischen Über- und Unterforderung, in dem alles leicht geht. Er kommt am leichtesten in einem weichen Aufmerksamkeitsmodus zustande.

Dann schlage ich vor, in die weiche Aufmerksamkeit zu gehen. „Schaut geradeaus, aber erweitert die visuelle Aufmerksamkeit so, dass sie das gesamte Gesichtsfeld umfasst (rundum ca. 210°). Ihr überblickt den ganzen Kreis. Lasst Eure Augen geradeaus ruhen. Geht in die weiche Aufmerksamkeit, jenseits des Denkens. Lasst die Arme einfach das Nötige tun."

Mit etwas Übung wird das Spiel mühelos, auch wenn noch mehr Kissen hinzu kommen. Die Teilnehmer kommen in den „Flow", in dem sie die Kissen fangen und weiterwerfen, ohne auch nur einen Gedanken daran zu verschwenden. Manchmal handhaben sie drei oder vier Kissen auf einmal - mühelos. Die sozialen Büro- und Egospiele hören auf, jeder macht seinen Job und überlässt alles andere den Anderen. Wie Samurai stehen sie in unerschütterlicher Ruhe da und tun, was zu tun ist. Keine Angst (etwas falsch zu machen), keine Absicht, keine Ambition (es gut zu machen) stört den Flow.

Natürlich fallen gelegentlich Kissen zu Boden. Das ist eine gute Gelegenheit über Fehler zu sprechen und wie wir mit ihnen umgehen. Im Zustand des Flow wird derjenige Teilnehmer, der dem verirrten Kissen am nächsten steht, es aufheben und wieder ins Spiel bringen, ohne auch nur einen Moment lang daran zu denken, wessen Schuld es war. Im wirklichen Leben verschwenden wir viel Zeit und Energie auf Schuldzuweisungen und das Führen „schwarzer Listen", auf Schuldgefühle und gute Absichten. Menschen sind nicht unfehlbar. Wenn wir uns diese schlichte Tatsache zugestehen, dann genügt es unser Bestes zu tun.

Vor einer Weile traf ich eine leitende Angestellte, die vier Jahre zuvor an einem meiner Seminare teilgenommen hatte. Als ich sie fragte, was das Nützlichste an diesem Seminar gewesen sei, antwortete sie ohne zu zögern: „Das Kissenspiel. Ich denke jeden Tag daran, wenn ich mit den vielfältigen Aufgaben meiner Arbeit jongliere." Das Kissenspiel bringt die Menschen dazu, über die Art und Weise, in der sie ihre Arbeit machen, nachzudenken. Wenn sie an manchen Tagen schon am Ende des Vormittags erschöpft sind, dann nur, weil ihr Wahrnehmungsmodus zu eng war. An anderen Tagen fühlen sie sich top-fit, wenn sie das Büro am Abend verlassen. Das verdanken sie dem Zustand des Flow, in dem sie ihre Arbeit erledigt haben. Die bewusste Handhabung unserer Wahrnehmungsmodi macht dabei einen enormen Unterschied.

Die Metaebene der Wahrnehmung

Wenn wir unsere periphere Aufmerksamkeit trainieren und lernen, mehr als nur eine begrenzte Anzahl von Objekten in sie einzuschließen, entwickeln wir bald das, was als Metaebenen-Wahrnehmung bezeichnet wird. Der Begriff Metaebene bezieht sich auf eine Art der Wahrnehmung, die uns Einsichten über uns selber gestattet. Anstatt nur auf Objekte zu schauen und uns mit den Inhalten unseres Denkens über sie zu identifizieren, beobachten wir von der Metaebene her den Prozess unseres Schauens auf Objekte. Anstatt uns nur zu freuen oder zu leiden, beobachten wir das Zustandekommen und die Auswirkungen von Freud und Leid. Soft Skills sind Metaebenen-Skills, dieses Buch ist ein Metaebenen-Buch.

Die einfachste Art, Zugang zur Metaebenen-Perspektive zu bekommen, ist gleichsam mental aus sich selbst herauszutreten (tun Sie es jetzt, während Sie jetzt lesen) und sich selbst von der Seite zu betrachten. Sie werden sofort Dinge bemerken, die Ihnen zuvor nicht bewusst waren: Ihre Körperhaltung, der Grad Ihrer Konzentration auf den Text, vielleicht auch die Art, wie Sie den Zeilen mit Ihren Augen folgen, Ihre Atmung und andere Aspekte Ihrer selbst, die Ihnen nicht bewusst waren, so lange Sie lediglich vom Inhalt des Textes vereinnahmt waren.

Während eines Gesprächs oder einer Diskussion findet ein Austausch von Informationen auf der inhaltlichen Ebene statt. Aber von der Metaebene aus können wir eine Menge anderer Dinge beobachten. Die Körperhaltungen können interessant sein, wie viel (oder wie wenig) Augenkontakt gesucht wird, der Ton der Stimmen, wie viel Zeit und wie viele Worte jeder der Anwesenden verwendet, wie viele (oder wie wenige) Fragen gestellt werden. Wie wir im Kapitel über den Dialog sehen werden, können diese Beobachtungen mehr über die Qualität der Beziehungen aussagen, als der tatsächliche Inhalt des Gesprächs. Die bewusste Verwaltung der Metaebene ist ein wichtiger Bestandteil jeder guten Gesprächsführung.

Stellen Sie sich vor Sie säßen auf einem erhöhten Sitz (wie ein Schiedsrichter beim Tennis), oder Sie stünden auf einem hohen Aussichtspunkt und beobachteten, was da unten vor sich geht. Ihre Einsichten und Ihr Verständnis der Situation wird ganz anderer Natur sein, als das der Leute, die auf der Inhaltsebene beschäftigt sind.[24] Es ist definitiv eine gute Idee, sich selber von Zeit zu Zeit auf diese Art zu betrachten. (Sie werden diese Perspektive freilich nicht immer schmeichelhaft finden.)

[24] Die Astronauten, die die Erde erstmals vom All aus sahen, nannten es den „overview effect". Sie bezeichneten das Gefühl, das sie dabei empfanden als „awe" (Ehrfurcht).

Besonders bei Konflikten kann uns die Metaebene Aspekte der Situation enthüllen, die wir sonst übersehen würden. Bin ich zu unfreundlich, um eine positive Reaktion zu bekommen? Wie klingt meine Stimme? Spreche ich respektvoll genug? Spreche ich zu viel, zu schnell? Was sagt meine Körperhaltung aus?

Sie werden durch Beobachtung feststellen, dass das, was einen Konflikt zum Konflikt macht, nie auf der inhaltlichen, der Sachebene, zu finden ist. Sicher, die Sachebene kann zu Meinungsverschiedenheiten führen oder ein Problem verursachen, aber niemals einen Konflikt. Konflikte zwischen Menschen entstehen aus einem (oft gegenseitigen) Mangel an Respekt auf der Beziehungsebene. Manchmal wird das offen kommuniziert, oft jedoch nur impliziert in der Art zu sprechen, der Körperhaltung und anderen Signalen. Von der Metaebene her können wir diese Signale klar erkennen, aber nicht, wenn wir uns mit unserer Rolle identifizieren und nur auf die Inhalte achten.

Die Metaebenen-Perspektive führt zu einer Desidentifikation, zu einem distanzierteren Standpunkt, zu mehr Objektivität und zu wertvollen Einsichten über sich selber. Es lohnt sich, sie zu kultivieren.

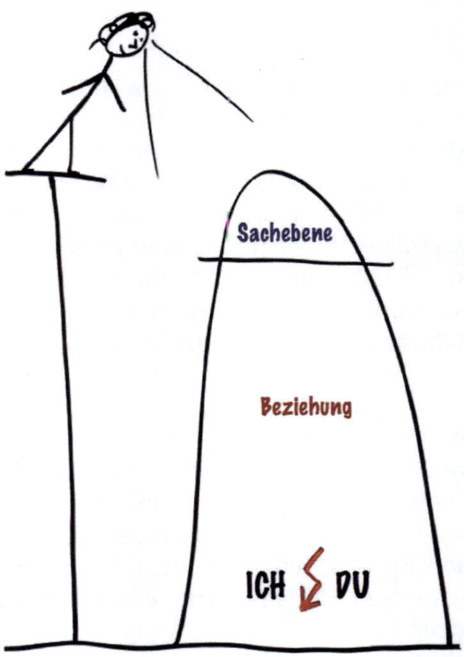

Die Metaebenen-Perspektive bei einem Konflikt

Metaebene und Bewusstsein

Die Wahrnehmung ist der Schlüssel zu allem. Die Außenwahrnehmung gibt uns Zugang zur äußeren Welt, die Innenwahrnehmung macht uns die innere bewusst. Wer es sich zur Gewohnheit macht, diese beiden Welten gleichzeitig zu beobachten, wird nach und nach ein Metaebenen-Gewahrsein entwickeln, das viel Lernen mit sich bringt. Persönliche Entwicklung und Lernen können nur stattfinden, wenn wir beginnen, unsere Identifikationen von der Metaebene her in Frage zu stellen, d.h. wenn unsere Wahrnehmung fest in beiden Welten verankert ist. Das führt notwendigerweise zu einer Vertiefung der Selbstwahrnehmung und der Selbstreflexion.

Hört sich gut an, aber...

Wenn wir beginnen, unsere Identifikationen von der Metaebene her zu erkennen und zu hinterfragen, kann das bisherige Überzeugungen erschüttern und dort zu Fragen führen, wo wir uns zuvor unserer Antworten noch sehr sicher waren. Das ist nicht unbedingt angenehm, aber sicherlich heilsam. Das Kultivieren der Metaebene ist die unverzichtbare Voraussetzung für jegliche tiefere Einsicht in uns selber und in die Welt, in der wir leben.

Mein Sohn Paul hatte seine Einweihung in die Metaebenen-Perspektive im Alter von elf Jahren, als wir einmal zum Einkaufen in München waren. Um die Mittagszeit setzten wir uns in ein Straßencafè, um uns auszuruhen und ein Eis zu essen. Ich beobachtete die Passanten und begann, ihre Körperhaltungen und was sie ausdrückten, zu kommentieren. *„Schau, die Frau da drüben. Sie sieht aus, als trüge sie das Gewicht der ganzen Welt auf ihren Schultern“*, *„Der Mann da drüben scheint Angst zu haben“* und *„Dieser Mann scheint zu denken, er sei der Grösste“*. Dann fing Paul seinerseits an, Körperhaltung und Kleidung der Passanten zu kommentieren. Er war recht gut darin. Nachdem wir dieses Spiel eine Weile gespielt hatten, wurde er still und nachdenklich. Er drehte sich zu mir und fragte: *„Papa, wie sehen WIR eigentlich für die Anderen aus?“* Er hatte seine Lektion gelernt.

Bei Franz Völgyesi[25], einem herausragenden Hypnoseforscher, findet sich der Satz:

> *„Im Laufe des Lebens gibt es weder einen absoluten Wach- noch einen absoluten Schlafzustand. Unser Leben besteht bloß aus den Varianten partiell bzw. stufenweise wogender Schlaf- und hypnotischer Zustände.“*

[25] Dr. Franz Völgyesi, Menschen- und Tierhypnose, Orell Füssli, Zürich 1938, S. 105
vergleiche auch: Stephen Wolinsky, Trances People Live, Bramble Co. 1991

Wir können Völgyesy's Satz in Bezug auf die verschiedenen Zustände der Wahrnehmung etwas umformulieren:

> *„Im Laufe des Lebens gibt es weder einen absoluten Wach- noch einen absoluten Schlafzustand. Unser Bewusstsein besteht lediglich aus den ständig wogenden Variationen und Kombinationen verschiedener Wahrnehmungsmodi."*

Hier führe ich den Begriff des Bewusstseins ein. Als Bewusstsein bezeichne ich die Instanz in uns, die darüber entscheidet, wie viel von unserem Leben wir tatsächlich (bewusst) erleben.[26] Und das ist gänzlich von den Zuständen abhängig, in denen sich unsere Wahrnehmung befindet. Wir haben einerseits die verschiedenen Zustände auf dem Spektrum der Wahrnehmungsmodi zur Verfügung, von der vollen Konzentration bis zur weichen Aufmerksamkeit, und andererseits, gewissermaßen quer dazu, die selbstreferentielle Metaebenen-Wahrnehmung, die diese Zustände begleiten kann, oder auch nicht.

Bewusst zu leben bedeutet, den Zugang zu all diesen Wahrnehmungszuständen gleichermaßen zu pflegen und sie in unserem Alltag in einem ausgewogenen Verhältnis zu benutzen. Viele Menschen, die sich aus beruflichen oder anderen Gründen die meiste Zeit des Tages in engen Wahrnehmungsräumen („Denktunneln") aufhalten müssen, verlieren über kurz oder lang den Zugang zu den anderen Wahrnehmungsmodi, die wir als Kinder noch alle zur Verfügung hatten, und werden möglicherweise auch psychisch daran erkranken.[27] Viele unserer Zeitgenossen sind in diese Falle gegangen.

Gelänge es uns, wenigstens für einen kurzen Moment aus unseren Identifikationen auszusteigen, um uns selber und unsere Gesellschaft nüchtern aus der Metaebenen-Perspektive zu betrachten, dann kämen uns vielleicht Zweifel an unserer kollektiven, geistigen Gesundheit. Wir funktionieren, ja, aber sind wir wirklich *bei Sinnen*?

[26] Es gibt unzählige wissenschaftliche Theorien über das Bewusstsein. Ich halte mich hier an das, was jeder aus der eigenen Erfahrung nachvollziehen kann.

[27] Alle psychischen Erkrankungen sind verursacht und/oder begleitet von einer Einschränkung der Wahrnehmung. Eine interessante Ausnahme bildet jene Art der Psychose, die durch eine plötzliche und simultane Öffnung aller Wahrnehmungskanäle zustande kommt. Das verursacht ein Überlastungsproblem, dem in der Regel durch medikamentöse Einschränkung der Wahrnehmung abgeholfen wird.

Mentale Prozesse

Selektive Wahrnehmung

Wenn Wahrnehmungen unseren denkenden Geist erreichen, findet dort eine Verarbeitung statt. Die erste Beobachtung, die wir machen können, ist, dass verschiedene Menschen das selbe Objekt auf verschiedene Weise wahrnehmen. Wenn ein Architekt einen Raum betritt, wird ihm vielleicht auffallen, dass die Abstände zwischen den Fenstern nicht gleich sind, während ein Gärtner die Fenster wahrscheinlich überhaupt nicht bemerken würde. Er würde lediglich feststellen, dass die Pflanze auf dem Tisch Wasser braucht, was wiederum dem Architekten entgehen würde. Aus dem reichhaltigen Bild, das unsere Sinne liefern, wählen wir unwillkürlich Details aus, für die wir zu irgendeinem Zeitpunkt unseres Lebens eine sinnvolle Kategorie in unserem Geist geschaffen haben. Diese schon vorher entstandenen Kategorien entscheiden darüber, welche Teile unserer sensorischen Gesamt-Wahrnehmung wir zur weiteren Verarbeitung auswählen. Es mag so aussehen, als würden wir bestimmte Dinge überhaupt nicht wahrnehmen. Aber das stimmt nicht: Wir nehmen sie wahr, aber unsere Wahrnehmung findet keine „Andockstellen" (d.h. keine vorgeformte Kategorien) in unserem Geist, in die sie passen.[28]

Wir bezeichnen dieses Phänomen als *selektive Wahrnehmung*. Da diese Selektion nicht willkürlich, sondern spontan erfolgt, gibt sie uns eine sehr authentische Information über die (natürlichen oder erworbenen) Neigungen und Interessen eines Menschen. Wir können sie bei Kindern beobachten und aus ihnen schließen, in welche Richtung sie sich später in ihrem Leben entwickeln werden. Ich weiß von zwei Brüdern, die sich sehr unterschiedlich verhielten, wenn sie als Kinder in ein Restaurant ausgeführt wurden. Während der Eine immer dasselbe Gericht bestellte (Spaghetti und Salat), studierte der Andere die Speisekarte mit großer Sorgfalt, um dann etwas auszusuchen, das er noch nicht kannte (*„Escargots, was ist das?" „Weinbergschnecken." „Kann ich die bestellen?"*). Niemand war erstaunt, als der Zweite später Koch wurde. Er trainierte seinen Geschmacksinn und bildete schon früh im Leben die entsprechenden Kategorien aus, um später seine berufliche Orientierung auf ihnen aufzubauen. Andere Kinder können ästhetische, soziale oder technische Interessen an den Tag legen. Wir entwickeln die Kategorien, an denen sich unsere selektive Wahrnehmung später orientiert, schon sehr früh im Leben. Gelehrtere Forscher als ich mögen darüber debattieren, ob wir unsere Präferenzen (oder einige davon) schon bei unserer Geburt mitbringen. Für unsere Zwecke genügt es, dass wir das Phänomen der selektiven Wahrnehmung in uns selbst und in Anderen beobachten können.

[28] Hier können wir erkennen, dass unsere Bildungsbemühungen nicht so sehr die Anhäufung von Wissen zum Ziel haben sollte, als vielmehr die Bildung von möglichst vielen und differenzierten Kategorien.

Die Projektion[29] unserer eigenen Gedanken, Gefühle und Eigenschaften auf andere Menschen, Tiere, ja sogar Objekte, ist ein weiterer mentaler Mechanismus, der unsere Wahrnehmung trübt. Wir gehen gerne davon aus, dass Andere so denken und fühlen wie wir selber. Wir können sogar verdrängtes Material aus unserem Unbewussten auf die Außenwelt projizieren und davon überzeugt sein, dort Dinge zu sehen, die wir in uns selber nicht wahrhaben wollen. Wenn wir das alles bedenken, können wir uns die Frage stellen, in welchem Maß das, was wir für unsere Wahrnehmung der äußeren Welt halten, tatsächlich auf Beobachtung beruht und wie viel davon unseren eigenen voreingenommenen Zuschreibungen und Deutungen zu verdanken ist. Und was uns alles, unserer selektiven Wahrnehmung wegen, entgeht.

Deutung

Gleich nach unserer unwillkürlichen Wahrnehmungsselektion versuchen wir, das, was wir gesehen, gehört oder gespürt haben, zu deuten. Dieser Prozess der Deutung stützt sich maßgeblich auf frühere Erfahrungen. Nehmen wir an zwei Menschen hören einen lauten Knall, irgendwo draußen vor dem Fenster. Beide haben mehr oder weniger dasselbe Geräusch gehört. Aber hier trennen sich ihre Wege. Der eine von ihnen hat 15 Jahre in einem Land verbracht, in dem es viele Schießereien auf der Straße gab. Er wird dazu neigen, das Geräusch als einen Schuss oder eine kleine Explosion zu deuten. Der Andere hat ein behütetes Leben geführt und kennt das Schießen nur vom Jahrmarkt. Aber er ist ein Motorrad-Enthusiast und so fragt er sich, welche Maschine wohl zu so einer wunderbaren Fehlzündung imstande ist. Derselbe Reiz kann zu sehr unterschiedlichen Deutungen führen, je nachdem auf welche Erfahrungen der Deuter zurückgreift. Keine zwei Menschen haben in ihrem inneren Archiv genau die selben Erfahrungen gespeichert. Deshalb besteht immer die Möglichkeit, dass die Deutungen verschiedener Menschen für denselben Reiz sehr unterschiedlich ausfallen.

Bewertung im Gefühl

Wenn wir ein wahrgenommenes Ereignis gedeutet haben, entwickeln wir sofort ein Gefühl dazu. Auch dabei greifen wir auf zuvor abgespeichertes Material zurück. Die Deutung „Schießen" kann mit (der damaligen) Angst verbunden werden, „Fehlzündung" mit einer alten Begeisterung. Wir meinen, diese Gefühle hier und jetzt zu erleben. In Wirklichkeit sind die meisten dieser Gefühle historisch und beziehen sich gar nicht auf die momentane Situation, sondern auf das frühere Ereignis, das zu ihrer Deutung herangezogen wurde. So kann es sein, dass manche Menschen in gänzlich ungefährlichen Situationen starke Angst und Herzklopfen bekommen, währen Andere nichts dergleichen emp-

[29] Siehe das Kapitel über Projektion

finden. Was jemand heute empfindet hängt weitgehend davon ab, wie er die gegebene Situation deutet und was er zuvor in diesem Zusammenhang erlebt hat. Wenige der durch Deutungen ausgelösten Gefühle entstehen tatsächlich hier und jetzt. Und wir werden dann eventuell unser eigenes Gefühl, ob es zur aktuellen Situation passt oder nicht, auf Andere projizieren (d.h. ihnen unterstellen, sie empfänden dasselbe), auch wenn sie vollkommen andere Gefühle zum selben Ereignis haben.

Das Erfahrungsarchiv, aus dem wir unsere Deutung und die zugehörigen Gefühle abrufen, ist grösstenteils unbewusst. Wir brauchen uns nicht bewusst an den Ursprung unserer Deutung und der aus ihr resultierenden Gefühle zu erinnern.[30] Zudem ist der Inhalt unseres Unbewussten so reich an Erfahrung, dass unsere Gefühle gute Chancen haben, auch heute angemessen zu sein. Wenn wir auch in vielen Fällen mit unserem „Bauchgefühl" richtig liegen, so kann es uns doch gelegentlich in die Irre führen.

Äußere Ereignisse verursachen unsere Gefühle nicht.
Sie lösen nur die Gefühle aus, die wir gewohnt sind.
Gewohnheiten kann man ändern.

Reaktion

Wir neigen dazu, uns für rational zu halten. Wenn wir jedoch genauer hinsehen, stellen wir fest, dass unsere Reaktionen alles andere als rational sind. In den meisten Fällen reagieren wir nicht nachdem wir die Angelegenheit ausgiebig durchdacht und die Argumente dafür und dagegen sorgfältig abgewogen haben. Wir neigen dazu, „spontan" zu reagieren, und zwar auf der Basis von (oft alten) Gefühlen, die auf unserer (möglicherweise falschen) Deutung eines (unweigerlich selektiv) wahrgenommenen Ereignisses beruhen. Das ist alles nicht sehr rational, sondern beruht auf mentalen Mechanismen, die uns nur in den seltensten Fällen bewusst sind.

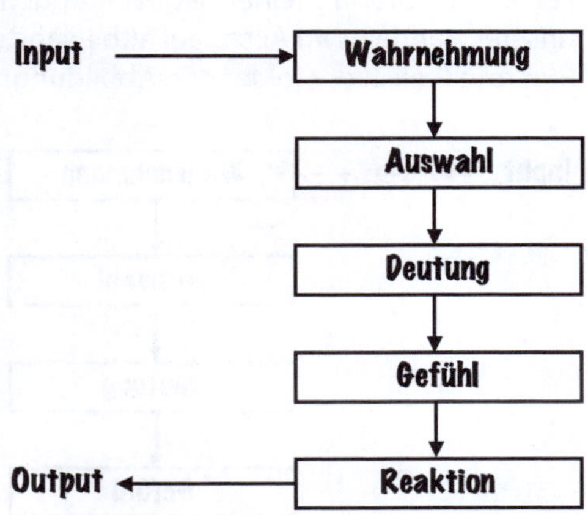

Die Reihenfolge der mentalen Reizverarbeitung

[30] siehe das Kapitel über das Unbewusste
Weiterer Lesestoff: Malcom Gladwell, Blink!, Piper 2007

Der konditionierte Reflex

Spontane Reaktionen erfolgen sehr schnell. Reize rufen alte Erfahrungen und Gefühle in uns wach und lösen konditionierte Reflexe aus, die im Unbewussten schlummern und nur darauf warten, dass ein entsprechendes Ereignis sie abruft. Wie ich schon sagte: In den meisten Fällen werden unsere spontanen Reaktionen absolut angemessen sein. Schließlich basieren sie auf viel Erfahrung, auch wenn wir uns dessen beim Reagieren nicht unbedingt bewusst sind.

Gelegentlich aber werden uns konditionierte Reflexe dazu bringen, Dinge zu tun oder zu sagen, die sich in der gegebenen Situation als kontraproduktiv erweisen. Normalerweise wird uns in solchen Fällen schon Sekunden nach unserer Reaktion bewusst, dass wir besser nicht auf diese Weise hätten reagieren sollen. Dann tut es uns leid, dass wir etwas gesagt, eine Email verschickt, zugestimmt oder Hilfe verweigert haben. Was auch immer es war, jetzt ist es zu spät. Der konditionierte Reflex war schneller als unser rationales Denken. Wir haben uns nicht die Zeit genommen zu überprüfen, ob vielleicht unsere Wahrnehmung des auslösenden Ereignisses zu selektiv, ob unsere Deutung korrekt und unsere Gefühl dazu angemessen war. Stattdessen sind wir einem konditionierten Reflex erlegen, haben „spontan" reagiert und bereuen es.

Es ist nichts falsch an unseren konditionierten Reflexen.[31] Ich bin sicher, dass wir ihnen unser Überleben als Spezies verdanken. Wenn jemand in der Steinzeit ein Knurren aus einem nahen Busch hörte, so blieb er nicht stehen, um zu überlegen, ob das Knurren von einem Säbelzahntiger, einem Bären oder einem anderen Tier kam. Er rannte, ohne erst viel zu denken los und rettete dadurch sein Leben. Auf Grund meiner Beobachtungen vermute ich, dass ein hoher Anteil unseres Handelns im Alltag auf altbewährte konditionierte Reflexe zurückgreift (der rote Pfeil in der folgenden Abbildung).

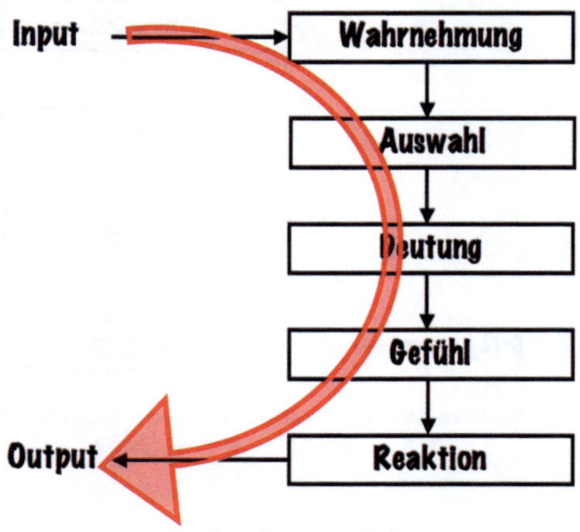

Der konditionierte Reflex

In den meisten Fällen sind wir gut beraten, unseren konditionierten Reflexen, unserer „spontanen Intuition" zu vertrauen. Nur die Gelegenheiten, bei denen wir klar daneben liegen, verdienen unsere besondere Aufmerksamkeit. Sie erfordern bewusstes und aktives Selbstmanagement.

Wenn wir einem konditionierten Reflex folgen, haben wir nicht genug Zeit, die Folge der Stadien, die unser Geist durchläuft (Wahr-

[31] Der Konditionierte Reflex wurde zuerst von dem Russischen Wissenschaftler Ivan Petrovich Pavlov (1849 - 1936) beschrieben, der mit einer Glocke bei seinem Hund starken Speichelfluss auslöste, unabhängig von seinen Fütterungszeiten.

nehmung, Selektion, Deutung, Emotion und Reaktion) bewusst als einen Prozess wahrzunehmen. Dafür ist er viel zu schnell. Unter diesen Umständen ist gutes Selbstmanagement extrem schwierig.

Innehalten

Wenn wir denken „Oh, hätte ich doch meinen Mund gehalten!" ist der Schaden bereits angerichtet. Andererseits bin ich sicher, dass jede(r) schon diese seltenen und kostbaren Momente erlebt hat, in denen wir unseren konditionierten Reflex gerade noch rechtzeitig bremsen konnten und unseren bereits geöffneten Mund wieder geschlossen, die Email erstmal als Entwurf gespeichert oder uns Bedenkzeit erbeten haben. Manchmal ist es von Vorteil, nicht zu impulsiv oder spontan zu sein.

Wann immer Sie in eine „gefährliche" Situation kommen, d.h. eine Situation, in der jemand Ihre „Knöpfe" drücken und so einen ungewollten konditionierten Reflex auslösen könnte, treffen Sie eine feste Vereinbarung mit sich selber, sehr wachsam zu sein und sich rechtzeitig zurückzuhalten. In der nächsten Illustration habe ich den günstigsten Moment dafür mit einem grünen Stern markiert.

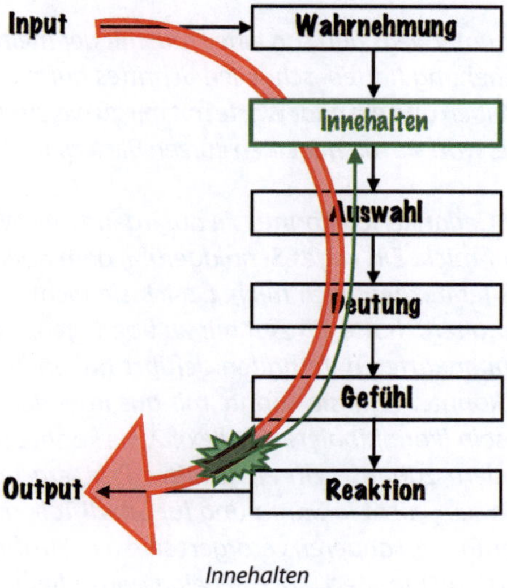

Innehalten

Wenn es Ihnen gelingt, rechtzeitig innezuhalten, können Sie zu Ihrer ursprünglichen Wahrnehmung zurückkehren und die Sache aus der Metaebenen-Perspektive neu überdenken:

1. Habe ich zu selektiv wahrgenommen, irgend ein wichtiges Detail übersehen?
2. War meine spontane Deutung angemessen? Wären andere Deutungen möglich?
3. Welche anderen Handlungsoptionen ergeben sich aus alternativen Deutungen?

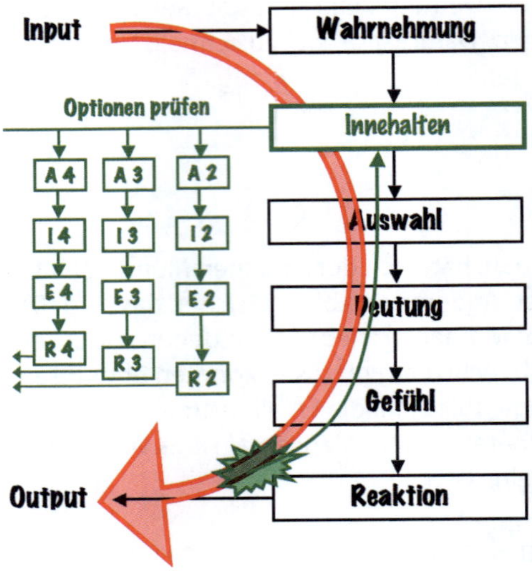

Innehalten, Optionen prüfen

Hier sind ein paar Beispiele:

1. *Ich war in der Stadt unterwegs und sah eine Frau, mit der meine Frau und ich eine sehr freundliche Beziehung hatten, schnellen Schrittes auf mich zukommen. Aber anstatt stehen zu bleiben und ein paar Worte mit mir zu wechseln, wie sie es normalerweise getan hätte, warf sie mir nur einen kurzen Blick zu und eilte vorbei.*

   Sofort kam mir der Gedanke, ich könnte sie auf irgendeine Weise verletzt haben und sie sei sauer auf mich. Ein vages Schuldgefühl, dem aber die Erinnerung an ein solches Ereignis fehlte, beschlich mich. Da ich sie nicht selber fragen konnte (erzwungenes Innehalten), hatte ich Zeit mir zu überlegen, welche anderen Umstände zu diesem unerwarteten Verhalten geführt haben könnten (andere Optionen prüfen). Sie könnte: 1. ja, sie könnte mir aus irgendeinem Grund, den ich nicht kannte, böse sein (konditionierter Reflex); 2. sie könnte auch gar nicht böse auf mich sein, sondern zuhause ein ernsthaftes Problem haben, vielleicht ein krankes Kind, in Eile sein, nicht in Stimmung für Small-Talk auf dem Marktplatz; 3. sie könnte über jemanden anderen verärgert sein (ein Strafmandat, Brieftasche gestohlen, oder was auch immer)... Mir fiel eine ganze Reihe möglicher Gründe für ihr Verhalten ein, aber ich hatte keine Ahnung, was es wirklich war. Als ich sie ein paar Tage später wieder traf, fragte ich sie, was denn los gewesen sei. Sie antwortete: „Da war ein Mann hinter mir her, der mit mir reden wollte. Aber ich wollte nicht mit ihm reden. Also bin ich schnell zu meinem Auto gelaufen." Das war eine Variante, an die ich nicht einmal gedacht hatte. Meine selektive Wahrnehmung hatte offensichtlich nicht das ganze Bild erfasst. Den Mann, der ihr folgte, hatte ich gar nicht gesehen.

2. *An einem schönen Sommertag jäteten meine Frau und ich das Unkraut in unserem Gemüsegarten. Ein Bekannter kam dazu, setzte sich auf unsere Gartenbank und begann uns zu beschimpfen und für alles Mögliche verantwortlich zu machen. Wir waren uns keines Fehlverhaltens bewusst. Als meine Frau sich wehren wollte (konditionierter Reflex), legte ich meine Hand auf ihren Arm und schlug ihr vor ins Haus zu gehen und einen Tee zu trinken (Innehalten). Das taten wir. Während wir unseren Tee tranken, besprachen wir das seltsame Verhalten unseres Besuchers. „Sucht er Streit? Oder lässt er einfach Dampf ab? Sollen wir uns verteidigen? Er scheint vernünftiger Argumentation kaum zugänglich zu sein. Sollen wir uns entschuldigen? Wollen wir uns überhaupt darauf einlassen?" Wir erwogen die Lage von allen Seiten (Optionen prüfen) und beschlossen dann, gar nicht zu reagieren. Schließlich war unsere Absicht gewesen, das Unkraut aus dem Salatbeet zu entfernen. Das war genau was wir taten, als wir wieder hinausgingen. Er saß immer noch da. Kaum waren wir wieder zurück, fuhr er mit seiner Tirade fort. Da wir nicht reagierten, ging ihm irgendwann die Luft aus. Nach einer Weile ging er. Zwei Tage später kam er mit einem Strauß Blumen, um sich zu entschuldigen.*

3. *Während der Teambesprechungen an seinem Arbeitsplatz wurde einer meiner Klienten wiederholt von einem seiner Kollegen lächerlich gemacht. Nach einer Weile wurde er sauer und war schon kurz davor zu explodieren. Da besann er sich auf das „Innehalten". Er überlegte sich verschiedene alternative Reaktionen: Kampf, den Raum verlassen, Verbündete finden, es schweigend ertragen... Schließlich entschied er sich dafür, zu reagieren, nicht aggressiv, nur mit Geräuschen und Bewegungen, so als würde er geschlagen: „Aahhh!", er krümmte sich auf seinem Stuhl. Beim nächsten Mal wieder: „Auuaaah! Das tat weh!", immer begleitet von entsprechenden Körperreaktionen. Nach ein paar dieser Reaktionen musste er lachen, und seine Kollegen lachten schallend mit. Dieses Mal war es seinem Gegner nicht gelungen ihn klein zu kriegen. Das Lachen ging auf seine Kosten.*

4. *Ein letztes Beispiel: 2008 fuhr ich in eine Stadt, die an beiden Enden des Stadtplatzes enge Tore hatte. Autos konnten nur einzeln durch die Tore fahren. Als ich an der Reihe war fuhr ich durch den Torbogen, um auf der anderen Seite einem großen Mercedes zu begegnen, der mir, von rechts kommend, plötzlich den Weg versperrte. Der Fahrer hatte einen eisig-arroganten Gesichtsausdruck, als wollte er sagen: „Wer bist Du schon? Wenn ich komme, bin ich dran!"*

   Es war die Art von Situation, in der ich wütend werden konnte, in der ich früher schon wütend geworden war (konditionierter Reflex). Aber dieses Mal erschien vor meinem inneren Auge eine Art Menüleiste, die mir eine großzügige Auswahl von Reaktionsoptionen anbot. Ganz links waren die eher groben Reaktionen (Vogel zeigen, schimpfen etc.), ganz rechts war die Option, klein beizugeben, d.h. durch den Torbogen zurückzufahren, um dem Mercedes Platz zu machen. Zwischen den Extremen gab es eine reiche Auswahl von milderen Reaktionen jeder Art. Unter ihnen wählte ich, zunächst für 30 Sekunden gar nichts zu tun. Wir stan-

den uns einfach gegenüber. Der andere Fahrer sah unerschütterlich angespannt drein, während ich innerlich grinsten musste. Die dreissig Sekunden schienen ewig zu dauern. Als sie um waren, wählte ich die nächste Option, nämlich zu manövrieren, um dem anderen Platz zu machen, aber gerade nicht genug, so dass er gezwungen war seinerseits zu manövrieren. Das tat er dann auch. Schließlich fuhr er durch das Tor, während ich auf den Stadtplatz fuhr. Die ganze Zeit über war ich ungewöhnlich ruhig gewesen, hatte bedächtig meine Wahl getroffen, wo ich bei früheren Gelegenheiten eher spontan und emotional reagiert hatte. Ich denke das war das Ergebnis jahrelanger Übung. Es fühlte sich an wie ein Sieg, nicht über den anderen Fahrer, sondern über mich selber.

Wahlfreiheit

In der Schule wurde mir gesagt, dass Gott den Menschen einen freien Willen gegeben hat, Wahlfreiheit. Dieses Merkmal, so sagte man mir, sei einer der entscheidenden Unterschiede zwischen menschlichem und animalischem Verhalten. Wenn ich mir allerdings ansehe, wie wir normalerweise entscheiden zu reagieren, nämlich gar nicht, sondern die Wahl irgendeinem konditionierten Reflex überlassen, kann ich keinerlei Wahlfreiheit darin erkennen. Konditionierte Reflexe laufen automatisch ab und erfordern kein Denken, keine bewusste Entscheidung. Der Umstand, dass diese Reflexe in der Regel ganz passend sind, ändert nichts an der Tatsache, dass in ihnen keine Wahlfreiheit liegt.

Wahlfreiheit, so wie ich sie verstehe, beginnt, wenn wir es schaffen, mitten in einem konditionierten Reflex innezuhalten und uns Alternativen zu überlegen. Wir können uns die Zeit nehmen den ursprünglichen Reiz zu überprüfen. Unsere Wahrnehmung könnte zu selektiv oder getrübt gewesen sein. Wir können die uns bekannte Wirkung unserer gewohnten Reaktion bewerten und dann frei entscheiden, ob dies wirklich der bestmögliche Weg ist, den wir unter den gegebenen Umständen wählen wollen, oder ob eine andere Reaktion nicht vielleicht bessere Resultate brächte.

All das klingt so, als ob es in den meisten Situationen zuviel Zeit kostet. Aber mit ein wenig Übung benötigen wir für all diese Überlegungen nur Bruchteile von Sekunden. Wahlfreiheit erfordert nur, dass wir in unserem Handeln kurz innehalten, um ein paar Überlegungen anzustellen. Das zu tun ist ein echter Akt der Emanzipation.

Wie können wir das üben? Konditionierte Reflexe sind sehr stark und umgehen jede bewusste Überlegung. Das effektivste Lernen auf diesem Gebiet erlebte ich vor vielen Jahren bei der Zen Meditation. Meditierende vereinbaren mit sich selber, für die Dauer von 20 Minuten bewegungslos still zu sitzen. Was geschieht ziemlich bald nachdem man sich hingesetzt hat? Unweigerlich fängt es irgendwo an zu jucken. Da aber die Vereinbarung beinhaltet, die ganze Sitzung über regungslos zu sitzen, bleibt dem Meditierenden nichts anderes übrig, als dem Jucken zuzusehen. Der konditionierte Reflex, nämlich zu kratzen, wird durch die Vereinbarung, bewegungslos zu bleiben, unterbunden. Nach einer kurzen Zeit wird das Jucken ganz ohne Kratzen verschwinden, um dann irgendwo anders, möglicherweise noch stärker, wieder auftauchen. Wiederum gilt: Zusehen ist die einzige Art damit umzugehen. Diese wiederholte Erfahrung bringt eine gewisse Distanz zwischen den ursprünglichen Reiz (das Jucken) und die normalerweise automatisch ablaufende Reaktion (das Kratzen). Diese Distanz erlaubt es dem Geist, Gelassenheit zu üben, wo zuvor der konditionierte Reflex das nicht zuließ.

Hier ist der Bericht einer Frau, die in einem meiner Konfliktmanagement-Seminare teilgenommen hatte:

> *Es macht Spaß, die weiche Aufmerksamkeit zu üben und sich unterschiedliche Optionen für Antworten auszudenken, um dann eventuell gar nicht zu antworten. Innerlich muss ich dann schmunzeln. All das ist wohl auch sichtbar, denn mein Chef hat mir beim gestrigen Jahresgespräch deutlich zu spürende Gelassenheit und höhere Souveränität attestiert.*

Es gibt keine „richtige" Reaktion

Die Beispiele oben zeigen, dass wir normalerweise mehr als nur eine Option haben, sowohl beim Interpretieren eines Ereignisses als auch beim Reagieren darauf. Unsere spontane Interpretation kann falsch sein, eine „richtige" Reaktion ist schwer zu erkennen. Also dürfen wir uns ruhig eine pragmatische Interpretation aussuchen, die angemessen scheint und uns gleichzeitig erlaubt, ruhig zu bleiben. Wir können ja später überprüfen, ob unsere Interpretation uns dann noch immer angemessen scheint oder nicht.

Beim Reagieren allerdings machen viele Menschen den Fehler, endlos nach der „richtigen" Reaktion zu suchen. Der Wahn, es „richtig" machen zu müssen, kann lähmend sein. In einem späteren Kapitel werden wir uns detailliert mit dem Treffen von Entscheidungen beschäftigen. Hier genügt es mir, darauf hinzuweisen, dass es keine „richtige" Entscheidung gibt. Fragen Sie so viele Menschen wie Sie wollen. Sie werden eine Vielfalt von Vorschlägen bekommen, je nach den Gewohnheiten, Erfahrungen und Neigungen der Befragten. Die beste Reaktion, die Sie wählen können, ist diejenige, für die Sie bereit sind, hier und jetzt die Verantwortung zu übernehmen. Sie werden selber sehen, wie die Sache ausgeht. Entweder es geht gut. Dann war die Entscheidung eine gute. Oder es geht daneben. Das nennt man dann „Lernen". Und das ist auch nicht schlecht, wenngleich es immer einen Preis gibt, der dafür zu zahlen ist. Wenn Sie auf der sicheren Seite sein wollen, machen Sie eine schnelle Kosten-Nutzen-Rechnung.[32]

Mentale Flexibilität

Meine erste und entscheidende Lektion in mentaler Flexibilität bekam ich von meinem Stiefvater Michel. Und da eine gute Geschichte oft mehr aussagt als gelehrte Theorien und Erklärungen, werde ich Ihnen die Geschichte erzählen.

1968 war in Heidelberg die studentische Revolution in vollem Gang. Militante Studentengruppen verteilten unzählige Flugblätter vor den Gebäuden der Universität. Der Inhalt dieser Flugblätter (linke Ideologie) wurde in dem, was vormals Vorlesungen gewesen waren, ergänzt. Die meisten Professoren waren verjagt, ihre Vorlesungen gesprengt und Seminare von linken Basisgruppen übernommen worden, die versuchten, die Menge der weniger revolutionären Studenten zu indoktrinieren. Ich war einer dieser weniger revolutionären Studenten.

Einige ihrer Ideen gefielen mir. Die Ausbeutung der Arbeiterklasse war offensichtlich, die Rigidität der etablierten Autorität war überall sichtbar, soziale Ungerechtigkeit und veraltete akademische Strukturen konnten wir täglich beobachten. Es war nicht zu leugnen, dass einige Veränderungen sowohl dem Land als auch der Universität gut tun würden. Also begann ich, Teile aus dem linken Gedankengut in mein eigenes Denken zu übernehmen. Und obwohl ich mich niemals als revolutionär oder militant bezeichnet hätte, nahmen meine Überzeugungen zunehmend eine rötliche Färbung an. Die militanten Studenten nannten diesen Prozess „Stärkung des politischen Bewusstseins".

Zu Weihnachten fuhr ich nach Südfrankreich um die Feiertage mit meiner Mutter und meinem Stiefvater zu verbringen. An ihnen wollte ich meine neuen Ideen testen. Meine Mutter war nicht sehr politisch interessiert und deshalb für diesen Zweck ungeeignet. Aber Michel, als aufmerksamer Beobachter und Kommentator politischer und sozialer Entwicklungen, war immer für eine Diskussion zu haben. Also ließ ich meine erst kürzlich erworbenen linken Ideen an ihm aus. Ich wollte ihn provozieren. Er war ein schrecklicher Reaktionär, so dachte ich, während ich ihn mit Marx und Lenin bombardierte, mit Versatzstücken aus dem revolutionären Gedankengut, das ich in Heidelberg aufgeschnappt hatte.

Unsere Diskussion war schon in vollem Gang als Michel sagte: „Du machst das nicht richtig". „Entschuldige bitte," antwortete ich, „ich erkläre Dir gerade die Fehler des etablierten Systems, und Du sagst, ich mache das nicht richtig? Ist das das beste Argument, das Dir dagegen einfällt?" „Versteh' mich nicht falsch," sagte er, „ich meine nur, dass Du Deine Argumente viel besser vorbringen könntest. Warum tauschen wir nicht die Rollen und ich zeige Dir, was ich meine?"

[32] Siehe das Kapitel „Entscheiden"

Ich hielt das für eine ausgesprochen abwegige Idee, gab aber schließlich nach. Wir tauschten unsere Sitze und mit ihnen unsere Rollen. Zu meiner Überraschung erwies sich Michel als ein großartiger Verfechter der Revolution. Hatte ich mich auf Sprüche und plakative Bruchstücke von Ideen beschränkt, so zitierte er Marx, Lenin und Engels im Wortlaut. Wo ich nur Hypothesen vorgebracht hatte, bewies Michel seinen (meinen) Standpunkt, indem er Fakten aus den Medien, Statistiken, die er auswendig kannte, und Reden bedeutender Politiker ins Feld führte. Er argumentierte tatsächlich sehr viel besser als irgendeiner der linken Studentenführer, denen ich in Heidelberg begegnet war. Und ich fürchte, meine Darstellung eines reaktionären Bourgeois war im Vergleich eher schwach.

Sehr nachdenklich fuhr ich nach Heidelberg zurück. Michel hatte mich mit seiner mentalen Flexibilität maßlos beeindruckt. Er war aus freier Wahl konservativ, nicht aus Gewohnheit oder weil ihm Informationen oder sauberes Denken abgingen. Die revolutionären Gruppen im soziologischen Institut erschienen mir vergleichsweise starr in ihrem Denken. In einem der ersten Seminare nach den Semesterferien hatte ich Gelegenheit, die mentale Flexibilität der „Basisgruppe Soziologie" auf die Probe zu stellen. Es war eines jener Seminare, die „umfunktioniert" worden waren und dem alleinigen Zweck dienten, die Werke bedeutender Soziologen auf der Basis des Kapitals von Karl Marx in kleine Stücke zu reißen. Diesmal war Talcott Parsons[33] dran. Das Gemetzel gelang denn auch in der Hälfte der Zeit, die wir zur Verfügung hatten. Da wir noch ausreichend Zeit hatten, beschloss ich, ein Experiment zu machen. Ich meldete mich zu Wort: „Ich möchte eine dialektische Übung für uns alle vorschlagen," sagte ich. „Hört, hört! und „Eine sehr gute Idee, Genosse!" kam das Echo aus der Gruppe. Alle drehten sich zu mir. „Wir haben jetzt das Lebenswerk von Talcott Parsons auf der Basis von „Das Kapital" von Karl Marx kritisiert," sagte ich. „Als dialektische Übung, die unserem intellektuellen Kaliber entspricht, möchte ich vorschlagen, dass wir den Rest der Zeit darauf verwenden, „Das Kapital" auf der Grundlage von Talcott Parson's Lebenswerk kritisch zu analysieren."

Natürlich wusste ich schon vorher, was jetzt kommen musste, aber ich wollte die Reaktion auf meinen Vorschlag selber sehen und hören. Das Gepfeife, der Hohn und Spott, die mir entgegenschlugen, waren sehr aggressiv. Die heilige Kuh durfte nicht geschlachtet werden. Der bloße Gedanke an solch ein Ansinnen war damals ein Sakrileg. Es gab keinerlei mentale Flexibilität, keinen Raum für eine wirklich dialektische Diskussion, keinen Raum für Humor oder intellektuelle Verspieltheit. Diese wohlmeinenden Studenten waren in ihrer dogmatischen Selbstgerechtigkeit genauso eng, wie das Establishment, das sie bekämpften. Von diesem Tag an, und so lange die Revolution andauerte, war ich am soziologischen Institut eine „persona non grata". Für alle revolutionären Zwecke und Ziele war ich zu einer verlorenen Seele geworden. Und für das Establishment auch.

[33] Talcott Parsons (1902 - 1979) war einer der einflussreichsten soziologischen Denker nach dem 2. Weltkrieg. Von 1927 bis 1973 lehrte er in Harward.

Mein Interesse wandte sich vom Verfechten bestimmter Theorien und Ideen der Frage zu, was unseren Geist dazu bringt, eng und dogmatisch zu werden. Was ist so viel lohnender daran, an einer bestimmten Überzeugung festzuhalten, statt jedem Standpunkt unsere Aufmerksamkeit zu schenken, um dann, nach sorgfältiger Überlegung, aus der Fülle der Möglichkeiten eine pragmatische Lösung abzuleiten? Gegen irgendeinen anderen Standpunkt „im Recht zu sein" hatte für mich seinen Reiz verloren. Es schien keinen „richtigen" Standpunkt mehr zu geben, auch keinen „falschen". Alle etablierten und altehrwürdigen „Wahrheiten", ob politisch, philosophisch oder religiös, schienen mir genauso vergänglich und relativ wie ihre Gegenpole. Ich wollte herausfinden, wie unser Geist arbeitet, und warum es so viel verlockender ist, die Opposition niederzuschreien, als miteinander zu reden und voneinander zu lernen. Ohne Gewissheiten war ich eine zeitlang ziemlich verwirrt.[34] Es war wesentlich einfacher gewesen, mir meiner Sache sicher zu sein und sie als persönliche oder kollektive Wahrheit gegen Andersdenkende zu verteidigen, für die gute Sache zu kämpfen. Das konnte ich nicht mehr. Ich beneidete meine revolutionären Kommilitonen um ihre Überzeugungen. Mir waren keine Überzeugungen geblieben, nur ein Nebel aus wirren Fragezeichen.

Nach einer Weile tauchte aus meinem verwirrten Geist eine tiefer gehende Frage auf, die in eine neue Richtung wies: Gibt es irgendeine Wahrheit von unstrittigem Wert, jenseits der verschiedenen Standpunkte, Glaubenssysteme, Überzeugungen und Dogmen? Inzwischen, vierzig Jahre später, weiss ich, dass es sie gibt. Aber diese Wahrheit, und damit die Lösung für viele Probleme und Konflikte, liegt nicht im „was", sondern im „wie".

[34] siehe auch das Kapitel über „Metaebene und Bewusstsein"

Der Umgang mit Idealen
Guter Rat für Perfektionisten

Wer ständig damit beschäftigt ist, es ja richtig zu machen, gilt als Perfektionist. Ich liebe Perfektionisten aus dem einfachen Grund, dass sie in der Regel nicht käuflich sind. Sie haben hohe Ideale und Maßstäbe und leben nach ihnen mit einer Unbedingtheit, der sie zwar nicht gerecht werden können, die ihnen aber eine klare Richtung und Struktur gibt. Was sie gelegentlich zu einer Landplage macht, ist die Tatsache, dass Sie immer und überall darauf bestehen, dass man ihren Maßstäben gerecht wird. Sie erwarten das von sich selber ebenso wie von allen Anderen. Und zwar hier und jetzt. Dass das selten gelingt, frustriert sie sehr.

Was sind Ideale? Jeder hat sie. Denken Sie an den Gerechtigkeitssinn von Kindern. Sie werden auch eine strenge Strafe einstecken, ohne zu murren, wenn sie sie als gerechtfertigt empfinden. Aber sie werden bei jeder noch so kleinen Ungerechtigkeit laut protestieren, egal ob sie selber davon betroffen sind oder jemand anders. Manche von uns haben sich diesen (vielleicht angeborenen) Gerechtigkeitssinn ins Erwachsenenalter hinein erhalten. Hierbei handelt es sich um eine Idealvorstellung. Es gibt noch viele andere. Wir alle können uns eine ideale Mutter vorstellen. Sogar Kinder, die ihre eigene Mutter nie kannten, wissen genau, wie eine ideale Mutter sein müsste. Dasselbe gilt für den idealen Vater. Wir haben eine ziemlich genaue Vorstellung davon, wie unser idealer Partner sein sollte, wie die ideale Kommunikation in der Familie oder am Arbeitsplatz, der ideale Chef, die ideale Regierung... Unter den etwas abstrakteren Idealen finden sich Freiheit, Freundschaft, Vertrauen, Treue, Respekt und Liebe, um nur ein paar zu nennen.[35] Das Problem ist, dass zu wissen, wie wir etwas gerne hätten, nicht ausreicht, um es wahr zu machen.

Wie sollten wir also unsere Ideale handhaben? Sollen wir zugeben, dass sie hypothetische Utopien sind und sie zugunsten einer pragmatischeren Herangehensweise aus unserem Leben entlassen? Ich glaube nicht, dass wir uns damit einen Gefallen täten. Schließlich umgibt viele der Werte, die in unseren Idealen zum Ausdruck kommen, eine Aura des Heiligen, eine fast transzendentale Qualität. Viele Menschen sind für sie gestorben. Ich erinnere mich, 1996 die Ruinen von Montségur in den Pyrenäen besucht zu haben, wo Anfang des 13. Jahrhundert die Katharer eine ihrer sicheren (ségur: sicher) Zufluchtsstätten hatten. Die Sicherheit hatte ein Ende als im März 1244 nach einer langen Belagerung die Mauern fielen und die Häretiker vor die Wahl gestellt wurden, ihrem Glauben abzuschwören, oder auf dem Scheiterhaufen verbrannt zu werden. Sie lehnten ab, alle 205 Katharer gingen in das Feuer. Als ich 1998 den Ort besuchte, an dem sie verbrannt worden waren (den *Prat des Cremats*), war die große Steinplatte,

[35] Sie finden sich auch in nationalen Hymnen und Maximen. Deutschland: Einigkeit und Recht und Freiheit; Frankreich: Liberté, Egalité, Fraternité; USA: Land of the free, home of the brave; Spanien: Brüderlichkeit, Freiheit, Ruhm, Gerechtigkeit, Größe, Demokratie und Frieden; Russland: mächtiger Wille, großer Ruhm, der brüderlichen Völker jahrhundertealter Bund, Weisheit des Volkes, Treue zum Vaterland usw.

die an die Verbrennung erinnert, übervoll mit frischen Blumen. Auch Hunderte von Jahren danach erweisen die Bewohner der umliegenden Dörfer der Standhaftigkeit der Katharer, die für ihre Ideale gestorben waren, ihren Respekt. Man muss kein Katharer sein, um Respekt für sie zu empfinden. Ich empfand ihn auch.

Nein, wir könnten sicherlich nicht ohne unsere Ideale leben und ohne die Werte, die sie verkörpern. Wir würden unsere Orientierung verlieren. Das ist es nämlich, was uns unsere Ideale im täglichen Leben geben: ethische Orientierung. Auch wenn wir ihren Vorgaben nicht ganz gerecht werden können, wären wir ohne sie verloren.

Aus Gründen einer inneren Ökologie schlage ich allerdings vor, dass wir alle unsere Idealvorstellungen in eine gesonderte Schublade unseres Geistes legen, eine Art Allerheiligstes, um zu vermeiden, dass wir sie als eine einforderbare tägliche Pflicht betrachten. Und, das ist wichtig, beschriften Sie die Schublade mit *„Evolutionäre Ziele (5000 Jahre)"*.[36] Das öffnet den Zeitrahmen weit genug, um jeden Stress aus unserem heutigen Bemühen um Perfektion zu nehmen. So können wir Perfektionisten bleiben und unsere Ideale hochhalten„ aber wir sind mit ihrer Verwirklichung nicht in Eile.

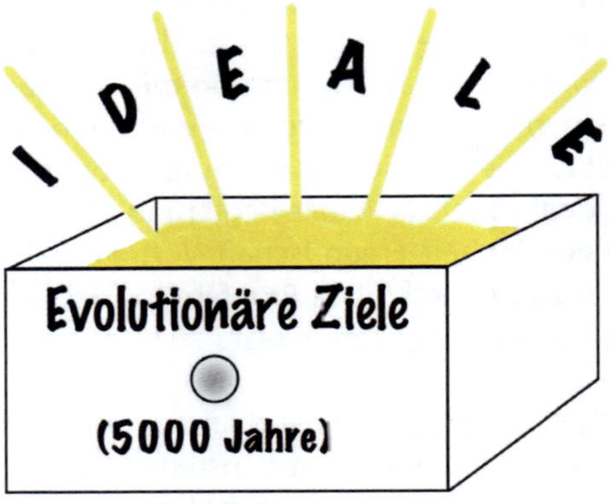

Eine separate geistige Schublade mit erweitertem Zeitrahmen

Erinnern Sie sich an Familienfotos um 1900, an die Gesichter der Kinder? Die meisten von ihnen sahen finster in die Kamera, abgestumpft, so als hätte man alle Kindheitsfreude aus ihnen heraus geprügelt. Wenn wir heute ähnliche Fotos betrachten, ca. 100 Jahre später, sehen wir viel mehr Offenheit in den Augen der Kinder, mehr Lebendigkeit, mehr Funkeln und Freude. Es sieht so aus, als hätten wir während der letzten hundert Jahre kollektiv gelernt, unsere Kinder besser zu behandeln. Unsere Kindererziehung ist sicher noch weit von einem Ideal entfernt, aber die Fotos zeigen doch, dass unsere gemeinsame Bemühung Früchte getragen hat.

[36] Ich wurde verschiedentlich darauf hingewiesen, dass 5000 Jahre eher optimistisch seien, speziell wenn es die ideale Regierung betrifft.

Auch in anderen Bereichen menschlichen Strebens sind wir noch weit davon entfernt, unseren Idealen gerecht zu werden. An der Spitze eines Staates sollte der/die Kompetenteste und Weiseste stehen. Das ist eine Idealvorstellung, die alle, die ich gefragt habe, zu teilen scheinen. Dennoch scheint das nur selten gelingen zu wollen. Partikularinteressen der Parteien und der Wirtschaft geben oft einen anderen Kurs vor. Und natürlich das Geld. In Deutschland gibt es strikte Regeln zur Parteienfinanzierung, die aber immer wieder skandalträchtig umgangen werden. Barack Obama probierte etwas Neues. Angeblich nahm er lieber fünf Dollar von einer Million Wähler als fünf Millionen von einem einzigen, dem er dann verpflichtet wäre. Ein guter Versuch. Aber es wird noch eine Weile dauern (5000 Jahre?), bis wir kollektiv gelernt haben, regelmäßig die kompetentesten und weisesten Anwärter in die höchsten Ämter zu wählen.

Wir können uns im täglichen Leben an unseren Idealen orientieren, aber wir wissen, dass wir Perfektion heute nicht erreichen werden. Das müssen wir auch nicht. Wir üben alle noch. Wenn wir andere Menschen, die unseren Idealvorstellungen nicht gerecht werden, ebenfalls als Übende sehen, werden wir es leichter finden, mit ihren Schwächen Nachsicht zu üben. Anstatt sie für einen Fehler zu verdammen, werden wir eher geneigt sein zu sagen: „Aha, Du übst auch noch? Willkommen im Club. Gestern war mein Lerntag. Heute scheint Deiner zu sein. Mach Dir keine Sorgen. Irgendwann schaffen wir es noch." Auch der Blick in den Spiegel ist nicht mehr so vernichtend, wenn wir uns des erweiterten Zeitrahmens bewusst sind. Da wir noch üben, brauchen wir heute noch nicht perfekt zu sein, nicht der perfekte Ehemann, die perfekte Ehefrau, Vater oder Mutter, Angestellter oder Führungskraft, Autofahrer oder Fussgänger, Nachbar oder was auch immer. Noch nicht. Wir tun unser Bestes, um in unserem täglichen Leben unseren Idealvorstellungen wenigstens nahe zu kommen. Aber nicht mehr zwanghaft.

Im Rahmen der Soft Skills werden keine Werte vermittelt.[37] Aber wir sollten unsere eigenen Werte und Idealvorstellungen genau kennen. Wir finden ihre Spur in jenen Dingen, die uns am meisten erzürnen. Oft liegt einem oberflächlichen Ärger einer unserer persönlichen Werte zugrunde, der verletzt wurde. Mein Tipp: Machen Sie sich eine Liste. Sie wird kurz ausfallen. Aber in ihr werden Sie sich und ihre Verhaltensweisen wie in einem Spiegel erkennen können.

[37] Jede Kultur, jede Religion hat ihre eigenen Wertvorstellungen. Wenn die Soft Skills Werte vermitteln sollen, stellt sich sofort die Frage: Welche? Diese Kontroverse lässt sich vermeiden, wenn die Soft Skills sich auf die Vermittlung von Know-how und Orientierungshilfe beschränken.

Perfektionistenmobbing

Das bringt mich zum letzten Thema, das ich in Bezug auf Perfektionisten ansprechen will. Manche Menschen finden viel Befriedigung darin, Andere zu provozieren. Militante Perfektionisten sind dafür besonders dankbare Opfer. Ihre Intoleranz gegenüber Dingen und Verhaltensweisen, die ihren Vorstellungen und Werten nicht entsprechen, macht sie angreifbar. Das kann zu jenem subtilen Mobbing führen, das nicht so offensichtlich ist, dass man es melden könnte, aber stark genug, um einen eingefleischten Perfektionisten auf die Dauer in den Wahnsinn zu treiben. Mit der strengen Forderung nach Einhaltung ihrer Werte und ihrer zwanghaften Intoleranz gegenüber Abweichungen empfehlen sich Perfektionisten geradezu als Mobbingopfer. Sie reagieren sehr emotional auf Provokationen. Andere machen sich dann einen Sport daraus, mit dem Minimum an gut platzierter Provokation die grösstmögliche Wirkung zu erzielen. Sie erleben dann dieselbe Art von Befriedigung, die Kinder empfinden, wenn sie auf ein Spielzeug drücken, das quiekt.

Wenn Perfektionisten ihren Frieden damit machen, dass die Welt (noch) nicht perfekt ist und heute auch noch nicht perfekt sein muss, dann können sie solche Fallen leicht vermeiden.

Wir üben alle noch!

Der Umgang mit Territorien

Wenn wir unseren Ansprüchen und Idealen einen so hohen Stellenwert einräumen, neigen wir dazu, uns in anderer Leute Angelegenheiten einzumischen. Wir investieren viel Energie ins Besser-Wissen und in den Ärger über Missgeschicke, Schwächen und Fehler anderer Menschen und dringen so in ihr Leben, in ihr Territorium ein. Sich auf die eigenen Angelegenheiten zu beschränken sollte eigentlich einfach sein, aber wenn Werturteile ins Spiel kommen, fühlen wir uns berechtigt, territoriale Grenzen Anderer zu überschreiten. Wir tun es, indem wir ihnen entweder sagen, dass wir mit ihrer Art, Dinge zu handhaben, nicht einverstanden sind. Damit handeln wir uns in den meisten Fällen eine Zurechtweisung ein, manchmal auch einen ausgewachsenen Konflikt. Oder wir gehen gar nicht so weit, es zu sagen, sondern vollziehen die Grenzüberschreitung nur in unserem Kopf. Das ist genau so schlimm wie ein offener Konflikt und führt zu unnötigem Energieaufwand und innerem Stress. Und es vergiftet die Beziehung.

Uns der Territorien und der territorialen Grenzen in unserem Umfeld bewusst zu sein, ist ein wichtiger Teil unserer Sozialkompetenz. Im Tierreich können wir beobachten wie es funktioniert. Wenn ein fremdes Tier in ein besetztes Territorium kommt, wird der rechtmäßige Inhaber es bedrohen, gewöhnlich durch das Zeigen der Zähne oder durch eine andere Kraftdemonstration. Menschen tun genau dasselbe.

Wenn uns ein Anderer sagt, wie wir uns kleiden, unsere Kinder erziehen, unser Wohnzimmer anstreichen oder unseren Geschäften nachgehen sollen, werden wir ihm wahrscheinlich freundlich aber bestimmt zu verstehen geben, dass das unsere Angelegenheit ist und dass er sich um die seinen kümmern soll. Unser anfangs freundlicher Ton wird zwangsläufig deutlicher, wenn der Übergriff wiederholt wird. Andere reagieren ebenso, wenn wir uns zu sehr in ihr Leben einmischen. Wir mögen nicht perfekt sein, aber wir haben alle ein Recht darauf, unser Leben auf unsere eigene Weise zu führen. Und auch darauf, unsere eigenen Fehler zu machen.

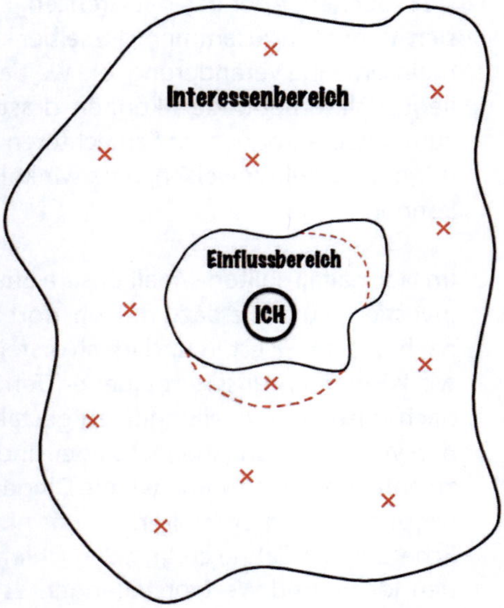

Territorien: Einfluss- und Interessenbereich

Hier geht es um die Unterscheidung zwischen unserem Einflussbereich und unserem Interessenbereich. Der Einflussbereich ist unser eigenes Territorium. Er ist nicht statisch, sondern verändert sich im Laufe unseres Lebens. Mit der Zeit werden einige unserer früheren Einflussbereiche Raum machen für neue Aktivitäten und Verantwortungen. In der Zeichnung ist das durch die rot punktierten Linien dargestellt. Oben wird ein alter Teil unseres Einflussbereiches hinfällig und verschwindet (z. B. unser Sitz im Elternbeirat der Schule, wenn die Kinder aus dem Haus sind), während wir im unteren Bereich einen neuen Einflussbereich hinzugewinnen. Das ist ganz natürlich. Da wir nicht unbeschränkte Mengen von Energie zur Verfügung haben, können wir unseren Einflussbereich nicht beliebig ausdehnen.

Um unseren Einflussbereich herum liegt unser Interessenbereich. Was dort geschieht hat einen Einfluss auf uns und unser Leben (in der Illustration als rote X eingezeichnet). Das Wetter, die Steuern, die wir zahlen müssen, ob eine neue Strasse gebaut wird, die uns täglich 15 Minuten auf dem Weg zur Arbeit ersparen würde, wer in die Nachbarwohnung einzieht, wer in ein bestimmtes Amt gewählt wird. All das interessiert uns sehr und kann erheblichen Einfluss auf unser Leben haben, aber es ist ausserhalb unserer Reichweite. Wir haben keinen Einfluss darauf. Wir können nichts tun um diese Dinge zu ändern.

Wir können natürlich versuchen unseren Einflussbereich etwas zu erweitern, indem wir ein Netzwerk von Freunden pflegen, deren Einflussbereich in unseren Interessenbereich hineinreicht und ihre Hilfe in Anspruch nehmen, wenn wir sie brauchen. Aber das hat Grenzen. Zu seltenen Zeiten in der Geschichte tun sich Menschen zusammen, die selber keinerlei Einfluss haben und bewirken gemeinsam eine Veränderung, die weit ausserhalb ihrer persönlichen Reichweite liegt. Volkserhebungen können drastische Veränderungen herbeiführen, ob zum Besseren oder zum Schlechteren ist anfangs nicht immer klar. Ich will damit nur darauf hinweisen, dass wir kollektiv unseren Einflussbereich erweitern können.

Im Normalfall sollten wir all unsere Energie in unseren eigenen Einflussbereich investieren und sie dazu nutzen, dort unsere Ansprüche zu verwirklichen und nach unseren Werten und Idealvorstellungen zu leben und zu arbeiten so gut wir können. In unserem eigenen Territorium haben wir das Recht die Dinge nach unseren Vorstellungen zu gestalten. Jenseits der Grenzen unseres eigenen Verantwortungsbereichs aber sind wir gut beraten, uns jeder Einmischung zu enthalten, auch wenn wir die Dinge nicht mögen, die dort geschehen. Wenn wir uns einmischen, sollten wir uns nicht wundern, wenn der dort Verantwortliche uns die Zähne zeigt, oder schlimmeres. Manchmal werden unsere eigenen Ideale und Wertvorstellungen es erforderlich machen, dass wir unseren Mund aufmachen. Aber bevor wir das tun, sollten wir eine schnelle Kosten-Nutzen-Rechnung[38] machen. Märthyrertum ist keine attraktive Karriere.

[38] siehe das Kapitel „Entscheiden"

Hier ist, was wir zum gesunden Umgang mit Territorien brauchen:

• den Mut, die Dinge zu verändern, die wir verändern können
(im eigenen Territorium),

• die Geduld, zu ertragen, was wir nicht verändern können
(im Territorium Anderer) und

• die Weisheit, zwischen den beiden zu unterscheiden
(die eigenen Grenzen kennen und akzeptieren).

Wer bin ich?
Neigung, Eignung, Begabung, Motivation

Eigenartig
wie das Wort eigenartig
es fast als fremdartig hinstellt
eine eigene Art zu haben
Erich Fried

Was für eine Art Mensch bin ich? Was sind meine Begabungen? Was motiviert mich? Was begeistert mich? Was stösst mich ab? Wie finde ich meine Orientierung im Leben? Für die Beantwortung dieser Fragen hätten wir in unseren frühen Jahren viel gegeben. Eltern stellen diese Fragen über ihre Kinder. Viele versuchen ihre Kinder nach den eigenen Ideen und Erwartungen zu formen, um dann festzustellen, dass das in den meisten Fällen nicht gelingt.

1985 fragte mich ein Freund, der in einer Versicherungsgesellschaft für die Weiterbildung verantwortlich war, ob ich nicht etwas tun könnte, um seine Angestellten besser zu motivieren. Ich bat ihn um etwas Bedenkzeit.

Motivation war bis dahin nicht mein Thema gewesen. Also erkundigte ich mich nach den besten Büchern über Motivation und besorgte sie mir. Das erste Buch, das ich las, fand ich faszinierend, das zweite interessant, das dritte etwas langatmig, das vierte... Ich las das vierte Buch nicht fertig, weil mir inzwischen dämmerte, dass Lektüre mich nicht schlauer machen würde.

Nach kurzer Überlegung beschloss ich, selber ein Experiment zu machen. Ich kaufte mir einen Stapel Schreibblöcke (die schmalen, die in eine Hemdtasche passen) und begann, alles aufzuschreiben, was ich den ganzen Tag lang tat, und meine Gründe dafür, sofern sie mir bewusst waren.

Küche, Tee machen - Durst, Lust auf Süßes
Gesicht waschen - erfrischend
Fred anrufen - Party organisieren, nach M. erkundigen
Auto tanken, waschen - Vorbereitung für Fahrt, soll auch besser aussehen
Einkaufen - Vorräte anlegen
im Auto Nachrichten hören - wie lief die Wahl?
und so weiter...

Ich machte mir eine ganze Woche lang Notizen und hatte am Ende einen ansehnlichen Haufen Zettel beschrieben. Die mussten sortiert werden. Also nahm ich mir eine Schere und verwandte eine Nacht darauf, die einzelnen Dinge, die ich getan hatte, zu ordnen, für jede Art von Motivation einen Haufen. Die sechs Haufen, die ich am Ende hatte, befriedigten mich noch nicht. Ich ging alles noch einmal durch und um fünf Uhr morgens hatte ich drei Haufen kleiner Papierschnipsel. Und drei primäre Motivatoren, die mich dazu gebracht hatten, all das zu tun.

Die drei Primär-Motivatoren

Der erste Motivator, den ich identifizieren konnte, war das **Interesse**: Neugier, das Bedürfnis, über praktische Dinge, die in meinem Leben eine Rolle spielten, informiert zu sein, ebenso wie über Ideen, Konzepte und Neuigkeiten fachlicher, politischer, ökonomischer, ökologischer oder sozialer Art, der Wunsch, ein Buch oder eine Zeitung zu lesen, mich über etwas zu erkundigen, das mit meiner Arbeit oder meiner Familie zu tun hatte, mich über etwas, das anderswo passierte, zu informieren. All das fasste ich unter dieser Überschrift zusammen.

Der zweite Haufen war etwas schwieriger zusammenzufassen. Ich fand heraus, dass ihr gemeinsamer Nenner ein sozialer Faktor war. Ich nannte diesen Motivator **Freude**. Freude ist natürlich etwas, was man ganz für sich alleine erleben kann. Aber wir machen auch Anderen gerne eine Freude, wir teilen unsere Freuden gerne mit ihnen und wollen auch an ihren Freuden teilhaben. Freude hat definitiv einen sozialen Aspekt. Wenn ich einem Freund etwas erzähle, das mir Freude gemacht hat, und ich sehe seine Augen aufleuchten, wenn er es hört, verstärkt das meine eigene Freude noch einmal. Ich fand, dass viele Dinge, die ich getan hatte, diesen sozialen Aspekt hatten. Erfahrungen mitzuteilen, Freundschaften und Geschäftsbeziehungen zu pflegen, jemanden anzurufen oder zu besuchen, all das war Teil meines normalen sozialen Lebens. Aber wenn ich mich fragte, was mich dazu motiviert hatte, fand ich in diesen Aktivitäten immer wieder dieses Element der geteilten Freude.

Der dritte Motivator betraf in erster Linie mein sinnlich/körperliches Wohl-Sein: **Lust**. Es ging dabei nicht in erster Linie um sexuelle Lust (um die natürlich auch), sondern um praktische Dinge, wie zum Beispiel um die Wahl eines bequemen Stuhles, das Aufhängen eines Bildes an der Wand meines Schlafzimmers, das Öffnen der Fenster, um frische Luft hereinzulassen, Lust auf eine kühle Dusche und meine Auswahl von Speisen und Kleidung. Viele der Dinge, die ich während der Woche getan hatte, waren stark lustbetont, d.h. sie dienten in erster Linie dem Zweck, mich wohl zu fühlen.

Ich stellte fest, dass meine drei Haufen unterschiedlich hoch waren. Daher stellte ich mir die Frage, wie sich diese drei Primärmotivatoren in meinem Leben und in dem Leben anderer Menschen verteilten. War bei allen einer der Haufen dominanter als die anderen? Ich begann Tortendiagramme zu zeichnen. Das erste entsprach den relativen Höhen meiner Stapel und gab ein recht klares Bild. Das Interesse hatte den größten Anteil, dann kam mein körperliches Wohl-Sein, und die sozialen Aspekte meiner Motivation (Freude) als dritte. Ich begann, ähnliche Tortendiagramme für Mitglieder meiner Familie zu zeichnen, für Freunde und Kollegen, wobei ich mich auf meine Erfahrungen mit ihnen verlassen musste, da ich keine Papierstapel zur Orientierung hatte. Es war eine faszinierende Erfahrung, die mir mehr über Motivation beibrachte, als all die gelehrten Bücher. Sie gab mir über die individuelle Einzigartigkeit jeder dieser Personen zu denken. Motivation, so schien es mir, basierte in erster Linie auf der natürlichen Begabung und der Neigung eines Menschen und weniger auf der Stimulation durch Incentives und anderer motivierender Maßnahmen.

Der Einfachheit halber kürze ich die drei primären Motivatoren im Folgenden ab. **I** steht für Interesse bzw. intellektuelle Begabung, **F** für Freude bzw. soziale Begabung und **L** für Lust/Wohlsein bzw. sinnlich/sensorisch/handwerkliche Begabung.

Der I-Typ

Es gibt Menschen, bei denen die Verteilung der Motivatoren klar von ihren Interessen dominiert wird. Als Kinder lesen sie lieber ein Buch (I) als mit anderen Kindern zu spielen (F). Wenn sie eine praktische Begabung mitbringen (L) sind sie imstande, das Telefon auseinander zu nehmen um nachzusehen, was drin ist. In der Schule haben diese Kinder keine Probleme. Ihr Gehirn ist gut organisiert und sie sind leidenschaftlich am Lernen interessiert. In ihrem späteren Leben ergreifen sie wahrscheinlich einen Beruf, der ihren speziellen Interessen entspricht. Manche stellen ihr ganzes Leben in den Dienst eines speziellen Interesses: Medizin, Astrophysik, Umweltschutz, Geologie oder Archäologie...

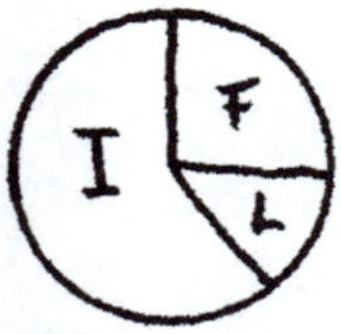

Der I-Typ

In meinem Beispiel habe ich den L-Teil recht klein gezeichnet. Das wäre typisch für den Professor, der so tief in Gedanken oder im Gespräch ist, dass er vergisst zu essen, bevor die Kantine schließt. Wäre der F-Teil noch kleiner, dann könnte er ein Eigenbrötler sein, ein Schreiber gelehrter Bücher vielleicht, aber nicht sehr interessiert an Gesellschaft.

Nicht alle I-Typen funktionieren auf dieselbe Art. Visuelle Denker denken in Bildern. Sie können ausgezeichnete Analysten oder Planer sein, aber schlecht in Algebra. Andere denken in Mustern. Sie können wiederkehrende Muster in der Musik, der Mathematik oder in der Natur erkennen, die anderen brillanten Köpfen völlig entgehen. Andere wiederum denken in Worten und Sätzen. Sie formulieren brillant, sind aber nicht sonderlich gut darin etwas zu visualisieren. Jede Art hat ihre Besonderheiten und Schwächen, je nach ihrer zerebralen Spezialisierung. Eltern sollten sich auf die besonderen Begabungen ihrer Kinder konzentrieren und sich keine Sorgen machen um die Dinge, die sie nicht so gut können.

Je nach ihrer speziellen Begabung sind I-Typen gute Analysten, Theoretiker, Planer, Strategen, Denker, Spezialisten, Forscher, Erfinder und Entwickler. Sie passen gut in jeden wissenschaftlichen oder unternehmerischen Beruf, der Verwendung für Ihre Talente hat.

Gelegentlich finden wir einen verirrten I-Typen, einen hoch qualifizierten, intellektuellen Spezialisten, der die Personalverantwortung für eine große Abteilung hat. Als er anfing war seine Leistung so herausragend, dass er befördert und befördert wurde, bis er die Ebene seiner Inkompetenz erreichte[39], auf der er dann blieb. Eine Führungsposition braucht eine Sozialbegabung, die nicht jeder I-Typ in ausreichendem Maße mitbringt. Zum Glück ist das Problem inzwischen den meisten Unternehmen bewusst. Viele bieten Karrieren an, die nicht unbedingt Personalverantwortung mit sich bringen (Linienkarriere/Fachkarriere). Viele Personalabteilungen unterstützen jetzt die interne Job-Mobilität um sicherzustellen, dass alle ihren bevorzugten Arbeitsplatz finden.

Der F-Typ

Diese Leute haben die Begabung Andere glücklich zu machen. Als Kinder werden sie eher am Telefon oder in einem Internet-Chat die nächste Party oder einen Kinobesuch mit Freunden organisieren, als ein Buch zu lesen. Sie gehen gerne in die Schule, nicht so sehr zum Lernen, mehr wegen der Gesellschaft, die sie dort finden. Lehrer erkennen ihre soziale Begabung nur selten als ein besonderes Talent. Auch Eltern können sich damit schwer tun sie zu erkennen und wertzuschätzen, speziell wenn sie selber keine sonderliche Sozialbegabung haben. Da sie in herkömmlichen Schulfächern oft nicht so gut sind, werden sozialbegabte Kinder oft als Versager gebrandmarkt. Der Schaden, den die Schule hier anrichten kann, ist immens.

Für sozialbegabte Menschen eignet sich jede Beschäftigung, die sie in einen relevanten Kontakt mit anderen Menschen bringt: Gastronomie, Gesundheits- und Sozialberufe, Unterricht. Sie sind gute Ein- und Verkäufer und für Führungsaufgaben deutlich besser geeignet als der I-Typ. Und für die Kundenbetreuung.

Der F-Typ

Eine Mercedes-Niederlassung hatte für ihren Kundendienst von ihren Kunden schlechte Noten bekommen, obwohl der Service exzellent war. Es erwies sich, dass der Kundenbetreuer ein brillanter Techniker war (ein I-Typ), der den Kunden haargenau erklärte, was an ihrem Auto nicht funktionierte und warum die Reparatur so lange dauerte. Die Kunden wollten all die technischen Details gar nicht wissen. Ein paar mitfühlende Worte, eine Tasse Kaffee und ein attraktives Ersatz-

[39] Laurence Peter and Raymond Hull, Das Peter Prinzip, Rowohlt 1970

fahrzeug hätten sie vollauf zufrieden gestellt. Sobald der Techniker durch einen sozialbegabten F-Typ ersetzt wurde, schossen die Bewertungen für den (selben) Service wieder steil nach oben.

Noch ein Beispiel:

Ich kenne einen jungen Mann, der sich im Alter von sechzehn Jahren strikt weigerte, weiterhin zur Schule zu gehen. Sein Vater war Akademiker, also war für ihn klar, dass sein Sohn später auch an einer Universität studieren sollte. Der Junge aber war in seinem Entschluss nicht umzustimmen. Er beschloss, eine Gastronomielehre zu machen, spezialisierte sich als Barkeeper und sammelte Erfahrungen in verschiedenen Betrieben. Im Alter von 24 Jahren wurde er Barchef, d.h. Abteilungsleiter in einem der besten Frankfurter Hotels. Seine Sozialbegabung war sein grösstes Kapital. Wenn ein Gast kam, den er zwei Jahre nicht gesehen hatte, grüßte er ihn nicht nur mit seinem Namen, sondern hatte auch seinen bevorzugten Drink schon bereit, noch bevor sich der Gast gesetzt hatte und darum bat. Er wusste, wie man Gästen das Gefühl vermittelt, willkommen zu sein. Hätte sein Vater (der die soziale Begabung seines Sohnes nicht erkannt hatte) auf einer akademischen Karriere bestanden, hätte er den Sohn todunglücklich gemacht. Und sich selbst wohl ebenfalls.

Der L-Typ

Das L bezieht sich nicht nur auf das körperliche Wohlsein. Es schließt auch alles ästhetische mit ein. Diese Leute wissen einfach, wie die Dinge sein sollten. Sie können selten erklären, warum, sie haben einfach dieses Gefühl. Als Kinder würden sie das Telefon niemals auseinander nehmen, aber sie würden es vielleicht grün anmalen, wenn sie meinen, so sähe es besser aus. Sie schmecken, riechen, sehen differenzierter als die Anderen. Und oft fühlen sie sich unwohl, weil die Dinge nicht so sind, wie sie meinen, dass sie sein sollten.

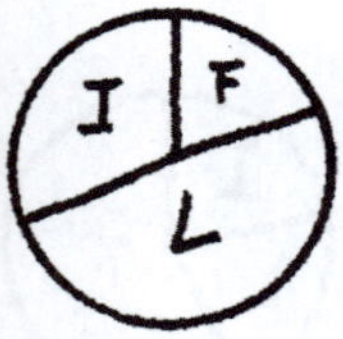

Der L-Typ

Beruflich liegt ihnen alles was mit Kreativität und Gestaltung zu tun hat. Sie können Handwerker sein, Musiker, Maler oder Bildhauer, Produkt- oder Modedesigner, Innendekorateure, Köche, Konditoren, Gärtner, Architekten, Poeten, Masseure, Köche, Werbefachleute, ... Ihr Können basiert auf ihren Gefühlen und macht den Unterschied aus zwischen einem funktionalen Produkt und einem Lifestyle-Objekt, das einen Designerpreis gewinnen kann. Der Junge, den ich zuvor erwähnte (*escargots...*) ist ein typischer L-Typ.

Der Misch-Typ

Der Misch-Typ

Manche Menschen scheinen keine dominante Begabung zu haben. Sie sind die Generalisten mit einem gutes Verständnis für alle drei Bereiche, ohne sich jedoch in einem von ihnen besonders auszuzeichnen. Das ist genau die Verteilung, die unabhängige Geschäftsleute brauchen: freiberufliche Unternehmer, Gründer kleiner oder großer Unternehmen, Leiter von Teams und Projektgruppen. Sie kennen ihre Grenzen und beschäftigen (und schätzen) Spezialisten mit den Talenten, über die sie selber in diesem Maße nicht verfügen.

Intrinsische Motivation

Mein Experiment zum Thema Motivation erwies sich als sehr fruchtbar. Ich fand heraus, dass es gar nicht notwendig ist, Menschen zu motivieren. Auf die eine oder andere Art sind alle von innen her motiviert. Wir nennen das *Intrinsische Motivation*. Die intrinsische Motivation eines Fisches ist es zu schwimmen. Setzen Sie einen Fisch auf eine Weide und sagen Sie ihm, er solle Gras fressen und abends Milch produzieren. Keine Motivationsmaßnahme wird ihn dazu bewegen diese Leistung zu erbringen. Tun Sie ihn in einen Teich, dann wird auch eine Gehaltserhöhung oder ein Incentive ihn nicht bewegen, besser oder mehr zu schwimmen. Seine Leistung wird perfekt sein.

Das ist heute das Drama vieler Menschen. Sie sind sehr talentiert, finden sich aber als Fisch auf einer Weide wieder, wo man eine Leistung von ihnen erwartet, für die sie nicht wirklich geeignet sind. Bei ungünstiger Arbeitsmarktlage werden sie einen ungeliebten aber sicheren Job nicht gefährden, um sich auf die Suche nach ihrem „Teich" zu machen. Abgesehen von einigen Ausnahmen[40] können wir sicher sein, dass ein Mitarbeiter, der unterdurchschnittliche Leistung bringt, am falschen Ort eingesetzt ist.[41] In den USA gab es eine Umfrage um herauszufinden, welche Leute in ihrem Job am zufriedensten waren (*job-satisfaction*). Das Ergebnis: Geld war nicht weiter wichtig, so lange sie den ganzen Tag lang das tun konnten, was sie am liebsten taten und am besten konnten.

Wir sollten versuchen, die intrinsische Motivation unserer Kinder möglichst frühzeitig zu erkennen und unser Bestes tun sie darin zu ermutigen und zu unterstützen, anstatt das Prinzip von Prokrustes' Bett auf sie anzuwenden: Abschneiden, was lang ist und strecken, was zu kurz ist. Leider ist das genau die Art wie unsere Schulen funktionieren. Alle Kinder werden an dem selben akademischen Maß gemessen. Wenn sie an der Schule schlecht sind, ist es nicht unbedingt ihre Schuld. Es wäre die Aufgabe der Schulen, nach ihren Talenten zu suchen, sie zu erkennen, wertzuschätzen und zu fördern, und nicht auf ihren Schwächen herumzureiten. Es gibt keine faulen Kinder. Geben Sie einem Kind etwas zu tun, das nicht seinen Begabungen und Interessen entspricht

[40] *low-performer* aus psychologischen Gründen, bei Konfliktsituationen oder Mobbing, bei Krankheit oder häuslichen Sorgen

[41] Immer vorausgesetzt, dass er oder sie mit Respekt behandelt wird. Respektlosigkeit kann verheerende Auswirkungen auf die Motivation haben. Siehe auch das Kapitel über Negative Urteile und Gefühle.

und seine Leistung wird schwach sein. Es fehlt ihm die Begeisterung. Stellen Sie aber einem Kind eine Aufgabe, die genau seinen speziellen Begabungen und Fähigkeiten entspricht, so wird es sich stundenlang mit ihr beschäftigen. Dann bedarf es keines Antreibens, keiner Ermutigung und keiner Motivation von aussen.

Keine Konfiguration der drei primären Motivatoren (I, F, L) ist besser als irgendeine andere. In unserem westlichen Wertesystem allerdings neigen wir dazu, die I-Typen, die sich für akademische Studien eignen, höher zu bewerten.[42] Es wäre schön, wenn wir alle Begabungen gleichermaßen schätzen und respektieren könnten. In einem späteren Kapitel werde ich noch auf den Respekt zu sprechen kommen, den wir einander entgegenbringen oder verweigern.

Mir ist durchaus bewusst, dass mein dreifaches System von primären Motivatoren extrem einfach und keineswegs wissenschaftlich ist. Es gibt eine ganze Anzahl von Tools zur Beurteilung von Persönlichkeit und Charakter (*personality profilers*), die wissenschaftlicher sind und mehr Differenzierung bieten, gleichzeitig aber komplizierter und teurer sind. Sie arbeiten mit 4 (oder mehr) grundlegenden Charaktermerkmalen, die schließlich 16 (oder mehr) Persönlichkeitstypen ergeben. Um sie zu nutzen, muss man 80 (oder mehr) Fragen beantworten, eine Gebühr zahlen und zwei Wochen warten, bis man die komplette wissenschaftliche Analyse seiner Stärken und Schwächen in der Hand hält. Ihr Anspruch ist es, die individuelle psychologische Landschaft so realistisch wie nur möglich darzustellen.

Meine Landkarte ist viel einfacher. Der Nachteil jeder allgemein gehaltenen Landkarte ist, dass Details verloren gehen, während zu detaillierte Landkarten die klare Einfachheit des Überblicks verlieren. Ich mag Einfachheit. Der französische Pilot und Autor Antoine de St. Éxupery schrieb einmal: *La vérité c'est ce qui simplifie.*[43] Ich würde sagen: Wenn es zu kompliziert ist, hilft es nicht. Meine Absicht ist es, den Menschen, mit denen ich arbeite, Stoff zum Nachdenken und zur Selbstreflexion zu geben. Nicht mehr. Sie scheinen auf der Basis der (nur) drei Motivatoren viel Verständnis für sich selber und ihre Lebenssituation, für ihre Familien, Lebenspartner, Freunde und Kollegen zu entwickeln.

Vor ein paar Jahren, als gerade die drei Motivatoren im Fernsehen ausgestrahlt worden waren, sprach mich in München ein Mann auf der Straße an. Er erzählte mir wie seine Frau vor dem Fernseher in Tränen ausgebrochen sei, weil sie die Erziehungsirrtümer erkannte, die sie an ihrem Sohn begangen hatten. Daraufhin hatten die beiden ein langes Gespräch über die Begabungen, Eignungen und Neigungen ihrer Kinder und beschlossen gemeinsam, die selben Fehler mir ihrer (jüngeren) Tochter nicht zu wiederholen.

[42] Kinder, die nicht mit sozialen Kompetenzen ausgestattet sind, gelten als „schwierig". Ärzte diagnostizieren bei ihnen manchmal ernsthafte Störungen, obwohl sie in Wahrheit nur hoch spezialisierte I-Typen sind. Anstatt ihre speziellen Begabungen wertzuschätzen und ihnen Aufgaben zu geben, die sie schulen und ihr Spektrum erweitern, geben wir ihnen Pillen und stecken sie in Sonderschulen. Dabei liegen nicht sie, sondern wir falsch. Wir müssen lernen, ihre Eigenarten zu verstehen und ihnen dabei helfen, sie zu ihrem und aller Anderen Nutzen zu entwickeln.

[43] (franz.): Die Wahrheit ist das, was vereinfacht.

Das ist genau die Wirkung, die ich anstrebe: Selbstreflexion und bei Bedarf eine auf einem neuen Verständnis basierende Veränderung der Einstellung und der daraus resultierenden Handlungsweisen. Dafür genügen meine drei primären Motivatoren vollauf.

Jeder ist anders

Die Neigungen von Menschen kann man leicht an der Art von Fragen erkennen, die sie stellen. Der I-Typ wird Fragen stellen in der Absicht, sein oder ihr Wissen und Verständnis zu erweitern, der F-Typ wird wahrscheinlich mehr an den sozialen Aspekten interessiert sein, während der L-Typ eher Qualitäten und Annehmlichkeiten betonen wird. Auf einer Party wird der I-Typ dazu neigen Sie in einen Dialog über irgend ein Sachthema zu verwickeln, während die mehr sozial Begabten Neuigkeiten über gemeinsame Freunde und Bekannte austauschen. Der L-Typ wird eher an der Qualität der Speisen und Getränke, an der Dekoration des Raumes oder der Schönheit eines Kleides interessiert sein und diese kommentieren. Wenn die verschiedenen Typen zusammen kommen, kann es sein, dass sie eine gewisse Inkompatibilität feststellen. Jeder hat eben seine eigene Art.

Empfohlene Hausaufgaben

Ich schlage vor, dass Sie, der Leser/die Leserin, sich ein Stück Papier nehmen und damit beginnen, ein Tortendiagramm für sich selber zu zeichnen. Denken Sie daran: Das ist kein wissenschaftliches Verfahren, nur eine subjektive Selbsteinschätzung. Dann zeichnen Sie je ein Diagramm für Ihren Vater, Ihre Mutter, Ihre Brüder und Schwestern, für Ihren Lebenspartner und Ihre Kinder. Mit welchen Talenten und Begabungen sind sie ausgestattet? Was treibt sie an? Sie können das auch für Ihre Kollegen tun, Ihren Chef, Ihre Freunde und Feinde. Es ist immer interessant die unterschiedlichen Neigungen, Begabungen und Motivationen zu vergleichen und zu beobachten, welche verständlichen Auswirkungen sie auf das tägliche Zusammenleben haben.

Wenn Sie Kinder haben, besprechen Sie sich mit Ihrem Partner, bevor Sie ihre Tortendiagramme zeichnen. Es kann sein, dass Sie sich von einigen Erwartungen und Hoffnungen für sie verabschieden müssen. Wenn die F- und L-dominanten Kinder in der Schule nicht so gut sind, unterstützen Sie sie so gut sie können. Das Problem ist nicht, dass sie nicht gut genug sind für die Schule. Es sind die Schulen, die ihre speziellen Talente nicht allzu gut berücksichtigen. Helfen Sie Ihren Kindern auf jede erdenkliche Art, ihre Stärken zu entwickeln und versuchen Sie nicht zu sehr, ihre Schwächen zu stärken. Fische geben keine Milch!

Und was Sie selber betrifft: Zeichnen Sie auch ein Tortendiagramm mit den Spezifikationen Ihres Arbeitsplatzes. Welche Begabungen und Fähigkeiten würden Sie von der idealen Besetzung Ihres Jobs erwarten? Wie viel intellektuelle, soziale und sinnlich-praktische Begabung werden dort gebraucht?

Dann vergleichen Sie Ihr eigenes Tortendiagramm mit dem Ihres Arbeitsplatzes. Sind sie halbwegs ähnlich? Wenn sie es sind, dann haben Sie offensichtlich Ihren Fischteich gefunden. Sollten sie sich deutlich unterscheiden, dann haben Sie wahrscheinlich schon vorher bemerkt, dass Sie dort nicht wirklich zufrieden sind. Dann sollten Sie über Ihre Situation nachdenken und sich gegebenenfalls um einen Arbeitsplatz bemühen, der besser zu Ihnen passt.

Eine kurze Überprüfung der Lebenserfüllung

Ein weiterer Nutzen der IFL-Tortendiagramme besteht darin, dass sie es ermöglichen, unsere momentane Lebenserfüllung auf einfache Weise zu überprüfen. Ich weiß, dass Lebenserfüllung eine hochkomplexe Sache ist, die persönliche, zwischenmenschliche, emotionale, körperliche, monetäre und metaphysische Aspekte einschließt und somit nicht wirklich geeignet ist für eine „kurze Überprüfung". Trotzdem werden Sie sehen, dass es einen einfachen Weg gibt, nicht nur die momentane Lebenserfüllung zu überprüfen, sondern auch Schwächen zu identifizieren und notwendige Veränderungen einzuleiten, um die Situation zu verbessern.

Überlegen Sie sich Ihre Interessen, Ihre sozialen und körperlichen Bedürfnisse. In welchem Maße werden sie in Ihrer aktuellen Situation befriedigt? Wahrscheinlich werden Sie zu einem Ergebnis kommen, das etwa so aussieht:

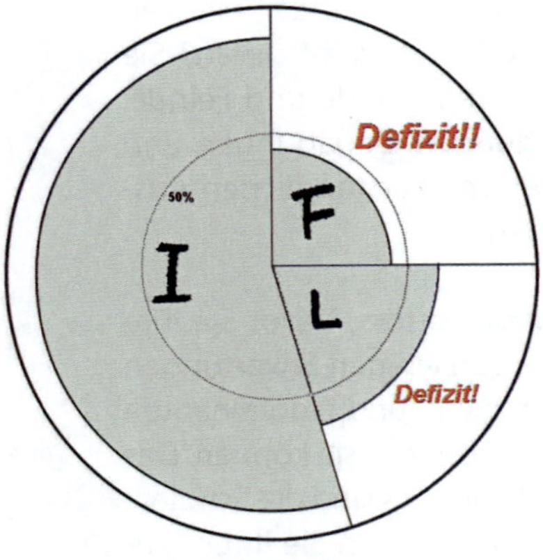

Defizite identifizieren

I (Interessen etc.)	zu 90%
F (soziale Bedürfnisse)	zu 45%
W (körperlich-sinnliches Wohlsein)	zu 70%

Für mein Beispiel habe ich eine Person gewählt, die einen intellektuell recht befriedigenden Job hat, der aber sehr zeitaufwändig ist und wenig Raum für die Familie oder Freunde lässt, ebenso wie für die eher sinnlichen Annehmlichkeiten des Lebens. Wenn wir die prozentualen Werte visualisieren, bekommen wir das Tortendiagramm links.

Die Verteilung der Segmente entspricht dem IFL-Diagramm dieser Person. Das I füllt nahezu den ganzen Raum, der ihm zur Verfügung steht (85%) und ist ganz in Ordnung. Defizite sehen wir im L-Bereich (körperlich-sinnliche Bedürfnisse) und besonders im F-Bereich (soziale Bedürfnisse). Hier muss dringend etwas geschehen. Wenn dieser Mensch stirbt, wird ihm niemand eine Verdienstmedaille an sein letztes Hemd heften, als Anerkennung für die andauernde Vernachlässigung von Familie und Freunden zugunsten der Arbeit, und auch nicht für lebenslangen Verzicht auf sinnliche Annehmlichkeiten. Das Leben zu genießen, während es stattfindet, macht es lebenswert. Die Person in meinem Beispiel sollte Wege finden, mehr Zeit mit der Familie und mit Freunden zu verbringen. Tut sie das nicht, könnte es ihr später leid tun. Und sie sollte sich um ihre sinnlichen Bedürfnisse bemühen, die sie offenbar ebenfalls vernachlässigt.

Als ich vor Jahren ein ähnliches Ergebnis hatte, kaufte ich mir ein neues Sofa und zwei Paar bequeme Schuhe. Ich hatte mein körperliches Wohl-Sein vernachlässigt. Nach sich selber zu schauen braucht nicht teuer sein. Eine Frau in einem meiner Seminare beschloss, sich jede Woche ein Mal ausgiebig in ihrer Badewanne zu „suhlen" (mit Badesalz, Schaum und dem ganzen Drum und Dran). Sie liebte das, aber bis sie die Defizite im Tortendiagramm erkannte, hatte sie sich immer nur Zeit genommen für eine „schnelle Dusche". Sie beschloss, das zu ändern.

Die persönlichen Bedürfnisse sind von Mensch zu Mensch verschieden. Wie auch immer sie sind, niemand außer uns selber wird sicherstellen, dass wir auch bekommen, was wir brauchen. Ich kenne einen jungen Mann, 23 Jahre alt, der die Uni mit guten Noten abgeschlossen hatte und sich mit Geld ködern ließ, einen Job anzunehmen, bei dem er viel reisen und jede Nacht in einem anderen Hotelzimmer verbringen musste. Seine Begabung war sozialer Art. Er nutzte sie für seinen Chef und seine Kunden, aber dabei er vergaß sich selber vollkommen. Obwohl die Wochenenden frei waren, war er dann zu müde, seine Freunde zu sehen. In seinem Alter hätte er mit seinen Freunden ausgehen und sich nach einem Partner umsehen sollen. Er wurde schnell reich, aber durch die Vernachlässigung seiner sozialen Bedürfnisse immer unglücklicher. Das letzte, was ich von ihm hörte war, dass er den Job aufgegeben hatte, zugunsten eines sesshafteren Lebens. Gut für ihn!

Emotionen

Emotionen sind Energie

Rufen Sie auf Wikipedia den Artikel über Emotionen auf und lesen Sie alles, was da steht. Es ist eine interessante Erfahrung. Trotz der wissenschaftlichen Sorgfalt, die dort zum Ausdruck kommt, (oder vielleicht gerade wegen ihr), werden Sie am Ende bestenfalls verwirrt sein.
Um gleich zur Sache zu kommen: **Emotionen sind Energie**. So einfach ist das.

Wenn Emotionen Energie sind, können uns die thermodynamischen Gesetze vielleicht mehr über ihre Natur und über den Umgang mit ihnen verraten, als psychologische Theorien. Der zweite Hauptsatz der Thermodynamik besagt (in meinen Worten):

Energie kann weder geschaffen noch zerstört werden. Sie kann nur ihre Form ändern. In einem geschlossenen System bleibt die Gesamtenergie immer dieselbe.

Das trifft auch auf emotionale Energie zu.[44]

Sind sie jemals im Dunklen mit bloßen Füßen gegen eine Tür gestossen oder gegen ein Tischbein? Wenn Sie diese Erfahrung gemacht haben - und das hat wohl jeder - dann wissen Sie genau, was dann folgt. Schon bevor Sie den Schmerz spüren, denken Sie so etwas wie *„#@ QM :-(N!! Das war dumm!"* Und während Sie das denken, spüren Sie, wie die Energie von Ihren Zehen die Nervenbahnen entlang durch Ihren Körper hochschießt, bis sie das Schmerzzentrum in Ihrem Gehirn erreicht hat - und erst dann beginnen Sie vor Schmerz aufzuschreien oder herumzutanzen. Die Intensität der hochschießenden Energie ist proportional zur Intensität der Kollision. Ein schwacher Zusammenstoß mit dem Hindernis wird einen schwachen Energiefluss auslösen. Je stärker die Kollision war, desto stärker wird die Energie sein, die in Ihrem Schmerzzentrum ankommt.

Wie reagiert ein Kind, das den Prozess der Sozialisation noch nicht durchlaufen hat, auf einen solchen Schmerz? Es schreit einfach, d.h. es lässt die Energie ohne jede Hemmung, ohne Filter heraus. Wenn der Energiefluss sich erschöpft hat, lässt das Schreien nach und das Leben geht weiter wie gewohnt. Das System hat eine Öffnung, durch die sich die Energie entladen kann. Danach bleibt keine Spur des Traumas.

In meinem Beispiel von dem Fuß, der gegen eine offen stehende Tür stösst, verwandelt sich die kinetische Energie in thermische Energie, die wiederum eine komplizierte Folge von neuronalen Ereignissen auslöst und schließlich in dem

[44] So wie es keine gute oder schlechte, keine positive oder negative Energie gibt, gibt es in meinen Augen auch keine positiven oder negativen Emotionen. Alle Emotionen sind natürliche menschliche Ausdrucksformen.

Phänomen mündet, das wir als Schmerz erleben. Dieser Schmerz versucht sich zu entladen, indem die Energie, aus dem er besteht, *e-moviert.*[45] Bei Kindern verwandelt sich ein solcher Schmerz in kinetische und akustische Energie und entlädt sich in dieser Form. Wird der emotionalen Energie die Entladung verwehrt (geschlossenes System), dann muss die Energie irgendwo innerhalb des Systems gespeichert bleiben.

Kinder speichern sehr wenig. Sie bringen die meisten ihrer Emotionen sehr unmittelbar zum Ausdruck (e-motio) und neigen daher nicht dazu, einen Rückstau aus nicht entladener Energie anzusammeln.[46]

> *An ihrem vierten Geburtstag lief eine meiner Töchter durch unser Wohnzimmer, um sich zu den anderen Kindern zu gesellen, die auf dem Rasen spielten. Dabei stieß sie mit ihrem Knie sehr heftig gegen eine Ecke unseres (sehr harten) Couchtisches. Sie brüllte vor Schmerzen. Ihre Mutter nahm sie in den Arm und tat all die Dinge, die Mütter in solchen Fällen tun, während ich in der Küche Eis in einem Handtuch zerkleinerte, um es auf ihr Knie zu legen. Das Geschrei war so herzzerreißend, dass wir es kaum aushielten. Als nach zehn oder fünfzehn Minuten das Schlimmste ausgestanden war, humpelte das Mädchen hinaus zu den anderen Kindern.*
>
> *Nach etwa zwanzig Minuten ging ich hinaus und fragte sie: „Wie geht es Deinem Knie?" Worauf meine Tochter mit einem verwirrten Gesichtsausdruck zurückfragte: „Welches Knie?" Die Energie ihres Schmerzes war so vollkommen entladen, dass sie das Erlebnis vergessen hatte.*

So funktionieren Emotionen bei Kindern. Ob es ein körperlicher Schmerz oder eine subtilere Verletzung ist, ihr System ist noch offen, die emotionale Energie kann sich ungehindert entladen. Und hinterher bleibt kein Rest übrig.

Das ändert sich, wenn sie etwas älter werden. Früher oder später verstehen Kinder, dass sie als *„Weicheier"* oder *„Waschlappen"* angesehen werden, wenn sie weiterhin ihre grösseren und kleineren Schmerzen ungefiltert zum Ausdruck bringen. Also lernen sie, den bis dahin natürlichen Ausdruck ihrer Emotionen zu unterdrücken. Sie verlieren gewissermaßen ihre emotionale Unschuld. Aber die Energie eines Schmerzes verschwindet nicht einfach, wenn sie sie unterdrücken. Sie wird im System als erhöhte mentale und/oder muskuläre Anspannung gespeichert. Hier ist ein Beispiel:

> *Einer meiner Freunde, David, ist Augenarzt. Eines Tages kam eine türkische Familie in seine Praxis, eine Mutter, ihr Bruder und ein kleines Mädchen von etwa fünf Jahren. Das Mädchen hatte ein ständiges Zittern in den Augen, einen Tremor, und war nicht in der Lage, sie still zu halten, geschweige denn ruhig auf irgendetwas zu richten. „Seit wann ist das so?" fragte David das Mädchen. Die Mutter ant-*

[45] „aus dem Lateinischen e(x): heraus und movere: bewegen; Emotion ist Herausbewegung: Ausdruck

[46] Außer es ist mehr Energie da, als sie entladen können. Dann verdrängen Sie das Erlebnis und speichern die dazugehörige Energie als latente bzw. unbewusste Spannung ab. (Siehe auch das Kapitel über das Unbewusste.)

wortete: „Seit ungefähr sechs Monaten." Davids's nächste Frage war: „Was ist vor sechs Monaten geschehen?" „Nichts besonderes," antwortete die Mutter, die Wert darauf legte, für ihre Tochter zu sprechen. „Na ja," sagte der Onkel, „unsere Mutter, ihre Großmutter, ist vor sechseinhalb Monaten gestorben." „Das stimmt," sagte die Mutter, „aber das hat ja nichts mit dem Zittern der Augen zu tun." Woraufhin sich David an das Mädchen wandte und sie fragte: „Hast Du Deine Großmutter sehr lieb gehabt?" Das Mädchen brach in Tränen aus. Sofort mischte sich die Mutter ein: „Mach kein solches Theater. Hör auf zu weinen. Wir sind nicht wegen Deiner Großmutter hier, sondern wegen Deiner Augen." David sagte ihr, sie solle ihm das Sprechen überlassen, anderenfalls müsse er sie bitten, draußen zu warten. Und mit Worten kitzelte er den nicht vollzogenen Abschied, die nicht geweinten Tränen über den Tod der geliebten Großmutter, aus dem Mädchen heraus. Die Kleine weinte zwanzig Minuten lang. Und als das Weinen an sein Ende kam, waren ihre Augen so ruhig, wie sie es sein sollten.

Nun stellen Sie sich vor, wie die Tränen dieses Mädchens mit aller Macht nach außen drängen. Da die Mutter nicht wollte, dass ihre Tochter ein „solches Theater" macht, musste das Mädchen noch einmal die selbe Energie aufwenden, um ihre Tränen innen zu behalten. Das ist reine Physik. Versuchen Sie einmal Ihre beiden Fäuste mit großer Kraft gegeneinander zu pressen. Nach kurzer Zeit werden Ihre Arme anfangen zu zittern. Das ist genau, was die Augen des Mädchens getan hatten. Es war ein innerer Konflikt zwischen weinen wollen und tun, was die Mutter sagt (nicht weinen). Der Tremor in den Augen war nichts weiter als eine natürliche Folge dieses Staus gegensätzlicher Energien, ein innerer, emotionaler Stress.

Dieses Beispiel zeigt, dass nicht entladene emotionale Energie nicht einfach verschwindet, sondern im Körper als Muskelspannung gespeichert wird. In meiner Zeit als Massagetrainer konnte ich das häufig beobachten. Viele meiner Klienten brachen in Tränen aus oder entluden andere Emotionen, sobald eine bestimmte Muskelgruppe sich entspannte. Ich führe hier ein Beispiel aus dieser Zeit an, das zeigt, wie lange angestaute emotionale Energie in Form von Spannungen in der Muskulatur erhalten bleiben kann.

1985 kündigte ich mein allerletztes Massage-Training an. Ich hatte beschlossen, die physikalische Therapie aufzugeben, um mich mehr auf meine Arbeit in Unternehmen zu konzentrieren. Kurz vor dem Training bekam ich einen Anruf von einer Frau, die ich kannte, Marianne. Sie war 68 Jahre alt, hatte in jüngeren Jahren selber massiert und schon an einer meiner früheren Veranstaltungen teilgenommen. Sie sagte, sie würde gerne teilnehmen, zumal es mein letztes Training sei, aber sie habe eine ziemlich schlimme Arthrose in den Schultern und fürchtete, dass das ein Hindernis sein könnte. Ich sagte ihr, dass ihre Arthrose für mich kein Hindernis sei. Wenn sie sich nicht dadurch behindert fühlte, sei sie herzlich willkommen. Sie meldete sich an.

Am dritten Tag machten wir eine Paarübung, in der einer der Partner die Aufgabe bekam, sich bestmöglich zu entspannen. Der andere Partner sollte dann die Entspannung durch sanfte Manipulation der Gliedmaßen überprüfen. Ich machte diese Übung mit Marianne, weil ich mir ihre Schultern genauer ansehen wollte. Marianne legte sich hin und entspannte ihren Körper so gut sie konnte. Das Bild, das ich ihr und den Anderen vorgegeben hatte, war eine mit Pudding gefüllte Wursthaut. Das war ungefähr der Zustand, den sie erreichen sollten.

Als Marianne mir signalisierte, dass sie jetzt vollkommen entspannt sei, nahm ich Ihren rechten Arm, um die Entspannung zu prüfen. Wenn sie tatsächlich entspannt war, würde ich das ganze Gewicht des Armes zu tragen bekommen und ihn ohne Behinderung in alle Richtungen bewegen können. So war es auch. Trotz der Arthrose in ihrer Schulter war Marianne wirklich sehr entspannt, bot meinen Bewegungen ihres Armes keinerlei Widerstand und half mir auch in keiner Weise dabei. Sie war einfach schlaff - bis ich ihren Unterarm seitlich nahe an ihren Kopf führte. Dort wurde der Arm steif wie ein Brett. Ich fragte sie, ob sie Schmerzen hätte. „Nein" sagte sie, „was ist denn los?" Die plötzliche Muskelanspannung war ihr gar nicht bewusst. Als ich meine stützende Hand wegnahm, blieb ihr Arm in der Luft hängen, ein paar Zentimeter über der Matte, auf der sie lag. Sie spürte die Spannung immer noch nicht. Also bat ich sie, ihre Augen zu öffnen und es sich selber anzusehen. Sie war sehr erstaunt, zumal sie keinerlei bewusste Kontrolle über die Spannung in ihrer Schulter hatte. Beim anderen Arm war es ebenso.

Da ich wusste, dass diese Art von Spannung sehr wahrscheinlich von einer nicht entladenen Emotion stammte, und weiterhin, dass eine authentische emotionale Entladung sich immer gut anfühlt, schlug ich Marianne vor, sie solle versuchen, mit ihrem Arm (den ich am Handgelenk hielt) eine Bewegung zu finden, die sich gut anfühlte. Eine Zeit lang versuchte sie, den Arm zu drehen, zu ziehen, zu drücken, ohne dass es sich sonderlich angenehm angefühlt hätte, bis sie mir schließlich ihren Arm jäh entriss. „Das fühlt sich gut an", kommentierte sie mit breitem Grinsen. Ich schlug vor, sie solle es wieder machen und mir vorher genau sagen, wie viel Widerstand ich ihr bieten solle. Sie wiederholte dieses Losreißen etliche Male mit offensichtlichem Vergnügen, wies mich aber an, sie ein bisschen fester zu halten. „Es muss sich wie ein Sieg anfühlen!" sagte sie. Nachdem sie diese Bewegung eine Weile mit einem Arm gemacht hatte, sagte sie, dass beide Arme gleichzeitig loszureißen sich noch besser anfühlen würde. „Kein Problem", sagte ich und veränderte meine Position so, dass ich beide Arme festhalten konnte. Wieder zeigte sie alle Zeichen großen Vergnügens, während sie mir wiederholt beide Arme entriss. Dann sagte sie, sie würde es gerne im Stehen machen, das wäre noch besser. Sie stand auf, ich stellte mich hinter sie auf einen Stuhl, so dass ich beide Hände hochhalten konnte. Weder ich noch irgend jemand sonst im Raum wusste, was sich da so vehement entlud. Marianne fuhr fort, im Stehen dieselbe heftige Bewegung zu machen und feierte eine regelrechte Orgie des Sich-Losreißens, bis sie plötzlich mitten in der Bewegung innehielt und sagte: „Ich weiß jetzt, was es ist. Ich kann es ganz klar sehen. Es heißt

Sonntagsspaziergang. Mein Vater geht rechts, meine Mutter links. Ich bin zwei Jahre alt. Und verdammt noch mal, ich kann schon selber gehen!" Sobald Marianne diese Verbindung erkannt hatte, hörte sie mit den Bewegungen auf. Sie sah jetzt zufrieden aus.

Nach sechsundsechzig Jahren war der ursprüngliche (und gut verdrängte) trotzig-zornige Selbstbehauptungsimpuls des Kindes so unmittelbar lebendig und abrufbar, als wäre es erst gestern gewesen. Der Brief, den Marianne mir sechs Wochen danach schrieb, war interessant. Sie dankte mir für das Training und berichtete, dass ihre Schultern inzwischen nahezu schmerzfrei seien. Das machte mich nachdenklich. Hatte sie die Arthrose in ihren Schultern wirklich nur zufällig entwickelt? Das schien mir unwahrscheinlich, wenn ich bedachte, welche Mengen von Energie dort ein Leben lang gespeichert gewesen waren. Jedenfalls können wir an diesem Beispiel gut erkennen, dass der zweite Hauptsatz der Thermodynamik bezüglich geschlossener Systeme durchaus auch auf emotionale Energien zutrifft.

Dreierlei Herausbewegung

Wenn wir das lateinische Wort *emotio* (Herausbewegung) zur Definition der Emotionen heranziehen, können wir nur drei echte, sich unmittelbar herausbewegende Emotionen bzw. Gruppen von Emotionen erkennen, nämlich:

	Kürzel
Freude/Liebe/Lust	☺
Enttäuschung/Verletzung/Schmerz	Schmerz
Trotz/Ärger/Wut/Zorn	Zorn

Nur diese drei Emotionen bzw. Gruppen von Emotionen haben einen unmittelbaren und dynamischen Ausdruck und tragen daher den Namen *Emotion* zu Recht. Alles andere (Neid, Eifersucht, Hass, Verachtung etc.) sind *Gefühle*, die häufig - und in meinen Augen fälschlich - als Emotionen bezeichnet werden. Sie sind wohl emotionalen Ursprungs, kommen aber nur dadurch zustande, dass die emotionale Energie sich eben nicht entlädt (e-moviert), sondern gespeichert bleibt und nach und nach in einen statischen (Gemüts-)Zustand (*state of mind*) übergeht. Diese Gefühle als Emotionen zu bezeichnen ist, als würde man Tretroller und Rollschuhe dem Begriff Automobil[46] zuordnen.

[46] *autos* (griech.) selbst und *movere* (lat.) bewegen: sich selbst bewegend

Mir ist klar, dass ich damit nicht nur dem üblichen Sprachgebrauch, sondern auch der offiziellen Lehrmeinung widerspreche. Stellvertretend für eine breite Palette wissenschaftlicher Literatur sei hier das Handbuch für medizinische Psychologie und Soziologie von Hermann Faller und Hermann Lang (Springer 2010) angeführt. Darin werden (p.137) als „primäre Emotionen" benannt: Freude, Überraschung, Ärger, Ekel, Angst, Trauer und Verachtung. Die einzigen echten Emotionen unter ihnen sind m. E. die Freude und der Ärger, eventuell noch die Trauer, wenn sie wirklich nur aus Schmerz besteht (siehe weiter hinten in diesem Kapitel). Schmerz, Trotz, Wut und Zorn werden nicht einmal erwähnt. Der Ekel, der einen sehr unmittelbaren Ausdruck haben kann, könnte als Gefühl des Widerwillens eventuell noch der dritten Gruppe (Wut, Zorn) zugeordnet werden. Überraschung bezeichnet nur das Erleben der Plötzlichkeit eines Ereignisses, das mit einer Emotion verknüpft sein kann (Freude, Schmerz) oder auch nicht, ist aber an sich keine Emotion. Verachtung, Neid und Eifersucht sind keine Emotionen, sondern mentale Zustände, die durch das Zurückhalten von Emotionen zustande kommen. Angst ist ebenfalls keine Emotion, sondern tritt hier nur als die Enge (lat. *angustia*) in Erscheinung, die in vielen Fällen das E-movieren der tatsächlichen Emotionen behindert und so zur Entstehung dieser mentalen Zustände beiträgt.

E-movieren tut gut

Wir alle wissen aus unserer persönlichen Erfahrung, dass der authentische Ausdruck einer Emotion, sei es Schmerz, Wut oder was auch immer, a) sich gut und erleichternd anfühlt, während er geschieht und b) uns hinterher mit einem noch besseren Gefühl zurücklässt.

> *In einem meiner Seminare war eine Frau so berührt von etwas, das ich gesagt hatte, dass sie bitterlich zu weinen anfing. Sofort eilte eine andere Frau herbei, um sie in ihre Arme zu nehmen und zu trösten. Die weinende Frau protestierte heftig: „Auf diese Tränen habe ich viele Jahre gewartet. Lassen Sie mich einfach weinen, ok?" Ich denke, die andere Frau war berührt von dem Weinen, spürte ein Echo davon in sich selber und konnte es nicht aushalten. Also versuchte sie, das Weinen der anderen Frau zu stoppen, indem sie sie tröstete.*

Was unsere Freude am freien Fluss unserer Emotionen trübt, ist die Erwartung möglicher negativer Reaktionen Anderer. Die menschliche Psyche mag nach bestimmten inneren Gesetzen funktionieren, aber das tut auch die Gesellschaft, in der wir leben. Es gibt Dinge, die *man* tut oder nicht tut, die von Ort zu Ort verschieden sein können. In unserer westlichen Welt orientieren sich Männer weitgehend an dem alten Mythos „ein Indianer kennt keinen Schmerz". Es gilt als männlich, über diesen Dingen zu stehen.

Vor einer Weile war ich mit meiner Frau im Kino. Das Drama hatte am Ende eine wunderbare Auflösung (sie bekam ihn und er sie und alles war wieder gut; typisch Hollywood). Mitten in einer dieser Szenen hörte ich ein leises, blasendes Geräusch zu meiner Rechten. Als ich mich hinwandte sah ich, dass der Mann neben mir versuchte, eine Träne, die über seine Wange kullerte, leicht aufwärts blasend „wegzuföhnen". Ein Taschentuch herauszuholen, wäre zu auffällig, zu unmännlich und peinlich gewesen. Ich dachte : „Schön, dass Du auch noch zu den Berührbaren gehörst".

Was ist falsch damit zu Tränen gerührt zu sein? Männer scheinen eine stärkere Abneigung dagegen zu haben als Frauen.[47] Von Jungen wird erwartet, dass sie groß und stark sind, keinesfalls weinerlich. Mädchen sollen hübsch, süß und wohlerzogen sein, aber nicht laut oder aggressiv. Sie neigen dazu, sich den Gebrauch der lauteren, wilderen Klangfarben ihrer Stimme zu verkneifen, während viele Männer den Ausdruck von seelischem Schmerz oder Rührung zu unterdrücken lernen. (Bei körperlichen Schmerzen ist es umgekehrt, sagen die Zahnärzte.) Es ist kulturell bedingt. In anderen Teilen der Welt mag das anders sein. Aber hier zu leben beinhaltet eben auch, dass wir uns an die hiesigen Regeln halten. Unsere Sozialisation soll uns diese Regeln lehren und uns an sie gewöhnen.

Ich denke, jeder Mensch muss eine Balance finden zwischen den vorherrschenden Sitten und den eigenen Ausdrucksbedürfnissen. Die eigenen Emotionen zügeln zu können, kann oft nützlich sein. Wer möchte schon während einer geschäftlichen Besprechung oder einer ähnlich sensiblen Situation in Tränen ausbrechen oder zu schreien anfangen? Es mag sich im Moment gut anfühlen, aber wir könnten es hinterher bedauern.

Die Balance zu halten heißt:

1. unseren emotionalen Ausdruck zurückhalten zu können in Situationen, in denen er Anderen oder uns selber schaden kann;

2. sicherzustellen, dass nicht ausgedrückte Emotionen in uns keinen langfristigen emotionalen Stau bilden und Spannungen verursachen. D.h. wir sollten einen Weg finden, diese Emotionen möglichst zeitnah und in einer geeigneteren Umgebung fließen, d.h. e-movieren zu lassen.

Für die zarteren Emotionen oder Momente des Schmerzes gibt es nichts besseres, als die Schulter oder einfach die Aufmerksamkeit eines wohlgesonnenen Menschen. Für die Aggressiveren empfehle ich Holz zu hacken oder Squash zu spielen. Manchmal kann es sehr befriedigend sein, in der Privatsphäre des eigenen Autos einen Schrei herauszulassen. Es ist erstaunlich wie viele Menschen das gelegentlich tun! Oder zu einem Fußballspiel zu gehen und dort Dampf

[47] In meiner Kindheit erlebte ich einmal, wie einige Slovenische Küchenhelferinnen zusammen „Küchenlieder" sangen (u.a. „Mariechen saß weinend im Garten..."). Sie waren von ihrem eigenen Gesang so berührt, dass sie alle dicke Tränen weinten. Das Weinen schien der eigentliche Sinn und Zweck des Singens zu sein.

abzulassen. Was auch immer Sie tun, stellen Sie sicher, dass weder Sie selber noch Andere zu Schaden kommen.

1991 fand ich in unserer Lokalzeitung eine kleine Notiz, immerhin auf Seite 1. Anscheinend hatten fünf große japanische Konzerne in ihren Gebäuden spezielle Räume eingerichtet, die gut gepolsterte aufrecht stehende Figuren enthielten (das aufrecht stehende Äquivalent der Sandsäcke, die Boxer verwenden). Jede dieser Puppen hatte das Gesicht eines Abteilungsleiters. Die Angestellten wurden ermutigt diese Räume aufzusuchen, wann immer sie Aggressionen gegen einen ihrer Chefs hatten. Im Lichte dessen, was ich vorhin gesagt habe, ist der Gebrauch solcher Puppen psychologisch durchaus sinnvoll. Wie kann ein Angestellter seine ganze Kraft in seine Arbeit stecken, wenn er einen großen Teil davon dazu verwenden muss, seinen Ärger zu beherrschen? In nur fünfzehn Minuten kann er seinen Ärger herauslassen, indem er die entsprechende Puppe vermöbelt. Wenn er dann, grinsend, an seinen Arbeitsplatz zurückkommt, wird er sicher sehr viel produktiver sein.

Schock

Manchmal gibt eine Überlastung mit emotionaler Energie. Ein Unfall kann so schnell oder so plötzlich passieren und so heftig sein, dass das System in einen Schockzustand gerät. Der Organismus reagiert, indem er spontan die Herz- und Atemfrequenz erhöht, Blutgefäße in vielen Körperteilen verengt und die Muskeln anspannt. Ein gesunder Hund, der von einem Auto angefahren wurde, wird unter den nächsten Busch kriechen und beginnen heftig zu zittern und zu hyperventilieren. Das Zittern und Hyperventilieren[48] sind natürliche Reaktionen auf die plötzliche sensorische (energetische) Überlastung und bauen sie sehr wirksam ab. Menschen haben ein anderes Rezept. Personen, die unter Schock stehen, werden in Decken gehüllt (was jede spontan entladende Bewegung behindert), möglicherweise sediert, und die Hyperventilation wird ebenfalls unterbunden, notfalls durch das Atmen in einen Plastiksack. Auf diese Weise wird eine natürliche Entladung der aufgestauten Energien effektiv verhindert. Die geschockte Person muss die emotionale Überladung innerlich anstauen und wird möglicherweise noch lange darunter leiden.

Ich denke, hier können wir von Hunden lernen und erkennen, dass eine energetische Überladung einer Entladung bedarf. Im Falle eines Schocks kann diese Entladung in Form von Zittern, Schütteln und Hyperventilation erfolgen, von Tränen und/oder stimmhaftem Ausdruck (verbal oder non-verbal), oder einer Kombination davon. Was auch immer es ist, es schadet nicht, die Energien frei fließen zu lassen, vorausgesetzt die Umgebung und die medizinischen Gegebenheiten lassen es zu. (Bei einer Notoperation sind starkes Zittern und Hyperventilation tatsächlich nicht hilfreich.)

[48] heftiges und beschleunigtes Atmen

Eine Landkarte der Emotionen

Aus den zwei Beispielen, die ich angeführt habe (die Augen des kleinen Mädchens und Marianne) sollte klar geworden sein, was ich meine, wenn ich sage, Emotionen seien energetische Phänomene. Ich will nun ein drittes Beispiel dazu verwenden, um eine „Landkarte der Emotionen" zu entwickeln, die ihre Interdependenz (ihre Abhängigkeit voneinander) und ihre innere Dynamik verständlich macht.

Folgendes widerfuhr mir in London: Ich stand in einem vollgepackten Bus und versuchte, nicht von den vielen Menschen um mich herum erdrückt zu werden. Vor mir stand mit dem Rücken zu mir eine ziemlich korpulente Frau mit (wie ich später herausfand) Stiletto-Absätzen. Der Bus wankte stark mit jeder Kurve, die er nahm. In einer dieser Kurven stellte die Frau vor mir ihren Stiletto-Absatz auf meinen Fuß und verlagerte ihr Gewicht darauf. Der Schmerz war so überwältigend, durchdrang mich so heftig, dass ich einen markerschütternden Schrei ausstieß. (Damals konnte ich mir nicht vorstellen, dass irgendjemand seit dem letzten Krieg in einem Londoner Bus so heftig geschrien haben konnte.) Der Schmerz e-movierte unmittelbar und fand den ihm entsprechenden Ausdruck in meinem Schrei. Als die Frau sich herumdrehte, um sich zu entschuldigen („I am so sorry..."), war ich schon wieder am Grinsen. Das Schreien war so befreiend gewesen, dass ich sonst nichts mehr übrig hatte, das ich hätte ausdrücken können. Ich sagte nur: „Machen Sie sich keine Gedanken. Das kann jedem passieren."

Auf der Basis dieser schmerzhaften Erfahrung können wir jetzt damit beginnen, eine „Landkarte der Emotionen" zu entwickeln. Wir beginnen mit einem wohlbekannten Symbol, dem Smiley.

In unserer Landkarte steht der Smiley für den freien Ausdruck von Freude/Liebe/Lust, also für einen Zustand, in dem keinerlei emotionaler Stress vorhanden ist. Am besten können wir ihn bei glücklichen Kindern und Babys beobachten. Sie strahlen reine Lebensfreude aus und bedürfen keines Grundes dafür. Bevor ich den Stiletto-Absatz zu spüren bekam, war ich dem wohl ziemlich nahe.

Das nächste Symbol, das wir brauchen, ist eines für ein Hindernis, bzw. für eine Beeinträchtigung. Jeder Schritt weg vom Smiley-Zustand wird durch dieses Symbol markiert. Dafür verwenden wir eine einfache Linie:

Jetzt können wir damit beginnen, unsere Landkarte zu zeichnen. Zunächst haben wir das Smiley als eine Art Idealzustand, in dem wir voller Lebensenergie sind und keinerlei inneren Stau haben. Ein Schmerz, eine körperliche oder psychische Verletzung, wird diesen Zustand beeinträchtigen und einen emotionalen Druck erzeugen, der sich entladen will.

Bei gesunden Babys und kleinen Kindern entladen sich solche emotionalen Energien unmittelbar und ungefiltert. Die Entladung bringt sie in sehr kurzer Zeit zurück in den Smiley-Zustand, wobei keine Reste übrig bleiben. (Das war, was ich spontan im Bus getan hatte.)

Dann entdeckt das Kind, dass Weinen oder Schreien von seinen Eltern oder anderen Kindern nicht immer geschätzt wird. Es lernt, diese spontane Art des Ausdrucks zu unterdrücken (roter Strich). Was geschieht mit der emotionalen Energie, wenn ihr unmittelbarer Ausdruck verhindert wird? Wie wir aus den thermodynamischen Gesetzen wissen, geht Sie nicht einfach weg. Sie wird sich verwandeln - in Ärger/Wut/Zorn.

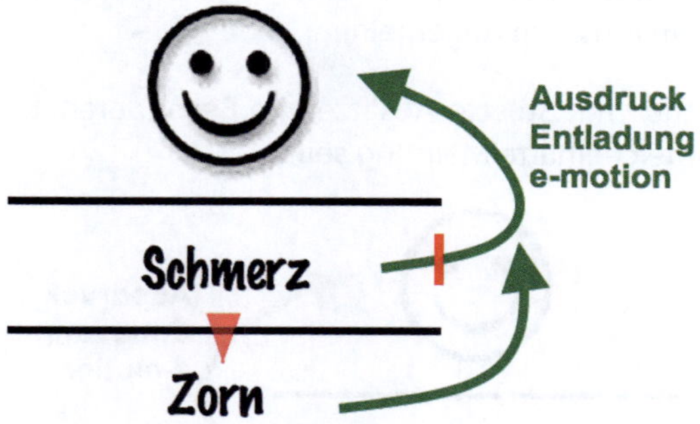

Wir können diese Transformation einer Form emotionaler Energie in eine andere täglich bei Kindern beobachten. Statt der Tränen gilt jetzt eine neue Regel: *Haust Du mich, hau' ich Dich zurück, nimmst Du mir meine Puppe, nehm' ich Dein Auto.* Man nennt diese Vorgehensweise[49] „tit for tat". Sie funktioniert gut, nicht nur auf dem Schulhof. Der Ausdruck von Wut und Zorn ist ein brauchbarer Ersatz für den Ausdruck von Schmerz und führt ebenfalls zurück zum Smiley-Zustand, sobald die emotionale Energie vollständig entladen ist.

Die Entwicklung dieser Strategie in einem bestimmten Alter mag nicht nur dem Sozialisationsprozess zu verdanken sein. Die Entwicklung von Territorien im Leben des Kindes kann auch eine Rolle dabei spielen. Verletzungen territorialer Grenzen verursachen in der Regel keine Tränen. Stattdessen werden die Zähne gezeigt. Das ist eine defensiv-aggressive Reaktion. Diese neu-entwickelte Art emotionale Energie auszudrücken bietet eine Wahl: Schmerz kann nun entwe-

[49] Genau genommen geht sie auf den Codex Hammurabi zurück (1772 v. Chr.)

der direkt als Schmerz, oder in Zorn und Aggression verwandelt und als solche ausgedrückt werden.

Wäre ich im Bus zu wohlerzogen oder gehemmt gewesen, um meinen Schmerz einfach herauszuschreien, hätte ich ihn auch in Ärger verwandeln und als solchen ausdrücken können. *Tit for tat* hätte erfordert, dass ich der Frau zurück weh tue, etwa indem ich meinen Ellenbogen in ihre Rippen ramme, oder meinerseits auf ihre Zehen steige, oder indem ich sie verbal verletze. Das wäre ein Ersatz für den Ausdruck des Schmerzes gewesen und hätte meine emotionale Energie ebenfalls entladen.

Jetzt stellen Sie sich vor, ich bin (wie die meisten von uns) zu wohlerzogen, um eine Frau im Bus körperlich anzugreifen oder verbal zu verletzen, unabhängig davon, welchen Schmerz sie mir zugefügt hat. Was geschieht mit der Energie meines Stiletto-Schmerzes?

Anstatt zu *e-movieren* wird die Energie in ein emotional geladenes, rationales Konstrukt verwandelt. Ich bilde mir eine Meinung:

1. über den Pöbel, mit dem man sich heutzutage in den öffentlichen Verkehrsmitteln abgeben muss, im Allgemeinen;

2. über dicke Frauen mit Stiletto-Absätzen im Besonderen. Es wird mit Sicherheit keine schmeichelhafte Meinung sein.

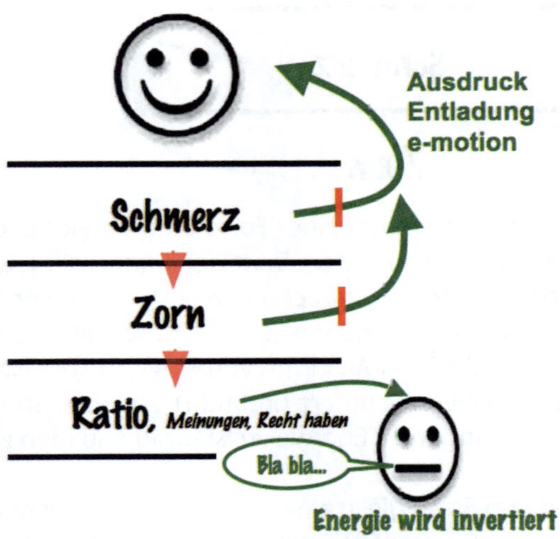

So wird die Energie nach innen gerichtet (invertiert) und findet als Meinung eine dauerhafte Bleibe in meinem Geist und in den entsprechenden[50] Muskelverspannungen. Und gelegentlich, wenn mir ein verständnisvoller Mensch zuhört, lasse ich etwas Dampf ab, indem ich meine Meinung zum Besten gebe.

[50] Über den Zusammenhang zwischen mentaler und muskulärer Verspannung habe ich ausführlich geschrieben in *Shadowrider - Field of a Psychonaut*, Lenzwald 2013

Dieses Verfahren ist bei emotional kontrollierten Erwachsenen Standard. Weder Schmerz noch Ärger oder Zorn kommen frei zum Ausdruck.[51] Stattdessen gibt es viel Rationalisierung. Ausgeprägte Meinungen über alles und jedes werden gepflegt und bei jeder sich bietenden Gelegenheit mitgeteilt.[52] Das regelmäßige Äußern dieser Meinungen wirkt dabei wie ein Sicherheitsventil für den sich innerlich aufbauenden Druck. In diesem Lichte betrachtet ist der im alpinen Raum übliche regelmäßige Stammtisch eine segensreiche therapeutische Einrichtung.

Sie fragen sich jetzt vielleicht, was daran falsch sein soll. Im Prinzip ist dieser Vorgang bei gut sozialisierten Menschen ganz normal. Es ist allerdings weit entfernt von reiner Lebensfreude. Viel Energie bleibt darin gebunden, Emotionen zu unterdrücken bzw. in Meinungen zu verwandeln und dadurch Gefühlsausbrüche zu verhindern. So lange diese emotional geladenen Meinungen von Zeit zu Zeit geäußert werden können, wird alles gut gehen.[53] Da wir es allerdings mit starken Energien zu tun haben, besteht immer die Gefahr, dass innerlich ein zu großer, emotionaler Stau entsteht, eine Überlastung, die verheerende gesundheitliche und soziale Folgen haben kann.

Gefahren emotionalen Staus

Die Gefahren eines emotionalen Staus sind zweifach. Die erste Gefahr besteht darin, dass der innere Druck sich so weit steigert, dass der Betroffene *explodiert*. Wir kennen solche Explosionen aus den Medien. Die zweite Gefahr (eine Alternative zur Explosion) ist die stille *Implosion* eines Menschen. Das ist eher unspektakulär und schafft es nie in die Schlagzeilen. Beides nährt sich aus derselben Quelle, nämlich aus dem inneren Anstauen von zu viel emotionaler Energie. Ich vermute, dass es von der Erziehung, vom Charakter und vom Stil eines Menschen abhängt, welchen dieser beiden Wege er nimmt.

Explosion

Ob ein Angestellter in sein Büro geht und seinen Chef und einen Kollegen erschießt,[54] oder ein bis dahin ganz unauffälliger Schüler an seiner Schule Amok läuft, die Kommentare in den Medien sind immer wieder die gleichen. Bis zu diesem Tag zeigten die Täter keine Anzeichen von Aggression oder Gewalt. Von ihrer Familie und ihren Freunden werden sie immer mit den selben Worten beschrieben, nämlich als bis dahin „zurückhaltend und unauffällig". Die Amok-Läufer sind ursprünglich keine Rabauken, sondern eher empfindsame,

[51] Pink Floyd: ***„You gotta stem the evil tide, and keep it all on the inside."*** (Pigs-Three different ones/Animals)

[52] Auch der Hass gehört auf diese Ebene unserer Landkarte. Zorn und Wut sind „heiße" Emotionen. Wenn sie weit genug abkühlen, um zu negativen Meinungen zu kondensieren, werden sie zur Grundlage hasserfüllten Denkens. Das heißt, was zuvor rein emotional war, wird nun mental. Gordon W. Allport beschreibt Hass nicht als emotionalen Ausdruck, sondern als einen Geisteszustand (state of mind); siehe: G. Allport *Die Natur des Vorurteils*, Kiepenheuer & Witsch, 1971, Aggression und Hass, p.358ff)

[53] Abgesehen von erhöhtem Blutdruck, Verdauungsproblemen oder Einschlafstörungen.

[54] in der Zürcher Kantonal-Bank am 5. Juli 2004

zart besaitete Menschen, Einzelgänger, denen keine Schulter zum Ausweinen, kein naher Mensch zur Verfügung steht, dem sie sich hätten anvertrauen können. Wie kam es, dass sie an diesem speziellen Tag durchdrehten? Eine kleine Verletzung kam zu anderen hinzu, Erniedrigungen, Frustrationen, Niederlagen. Der Stau von Schmerz und Aggression wurde grösser und grösser, bis er schließlich explodierte.

Manche meinen, im Spielen aggressiver Computerspiele den Grund (oder einen der Gründe) für solche Explosionen zu erkennen. Andere halten solche Spiele eher für ein Symptom. In jedem Fall sind sie ein letzter, zum Scheitern verurteilter, Versuch, die aufgestaute emotionale Energie auf eine weniger destruktive Weise abzubauen.

Es ist klar, dass die Kapazität eines Menschen für einen solchen Rückstau von Emotionen Grenzen haben muss. Für den Explodierenden war es an diesem Tag einfach zu viel. Der letzte Tropfen brachte das Fass zum überlaufen. Ist dieser Punkt einmal erreicht, dann ist, was danach geschieht, nicht überlegt, ja nicht einmal böse, nur Physik. Der Überdruck entlädt sich.[55] Der Umstand, dass der emotionale Überdruck vorher weder sichtbar noch messbar ist, ändert nichts an der Tatsache, dass er da ist und e-movieren will.

Vor ein paar Jahren rief mich ein Lehrer an. An seiner Schule, sagte er, gäbe es eine Klasse, mit der niemand zurecht käme. Die Schüler hätten keinerlei Disziplin, arbeiteten nicht mit, schlugen und mobbten einander, zeigten keinerlei Respekt für irgendwen und brachten nicht die Leistung, die sie bringen sollten. Er bat mich, zu helfen. Ich fragte „Wie viel Zeit können Sie mir mit dieser Klasse geben?" „Höchstens drei Stunden" war seine Antwort.

Als ich die Klasse traf, fand ich eine etwas unruhige aber neugierige Gruppe von knapp dreißig 13-jährigen Schülern vor. Im Gespräch zeigte sich, dass ihre Klassenlehrerin sie mit extremer Respektlosigkeit behandelte. Sie hatten diese Lehrerin jeden Tag. Und jeden Tag kamen sie verletzt, frustriert und zornig aus ihrem Unterricht. Was sollten sie mit ihrem emotionalen Überdruck anfangen? Sie gingen auf die Schwächsten los, mobbten sie auf üble Weise und gaben den anderen Schülern und Lehrern der Schule mit allerlei grobem Verhalten ihre Frustration zu spüren. Energie zum Lernen blieb dabei keine übrig. Wir hatten ein langes Gespräch, in dem ich Ihnen die Situation erklärte. Ich legte ihnen nahe, dass sie in einer Situation wie dieser stark sein müssten und dass sie nur stark sein konnten, wenn sie zusammenhielten und nicht, indem sie sich gegenseitig prügelten und mobbten. Nach eineinhalb Stunden machten wir fünfzehn Minuten Pause. Da war nicht einer, der zu spät kam, als wir uns wieder trafen. Mit mir waren diese Schüler kooperativ, respektvoll, diszipliniert und dankbar. Als ich sie nach drei Stunden verließ, hatten sie eine neue Perspektive und sahen Vorteile darin, ihre Frustration auf andere Weise zu handhaben.[56]

[55] Pink Floyd: ***„I can feel one of my turns coming on!"*** (One of my Turns/The Wall)

[56] Als ich den Lehrer ein Jahr danach anrief, erzählte er mir, dass die Klasse sich schnell zu einer eng verschweißten Gemeinschaft entwickelt hatte und an der Schule keinerlei Probleme mehr verursachte.

Das ist ein typisches Beispiel für die Art von emotionalem Stress, der sich über die Zeit aufbauen und gelegentlich explodieren kann. In diesem Fall war eine ganze Schulklasse betroffen. In anderen Fällen beschränkt sich die Frustration auf einen einzelnen Schüler, der bei seinen Eltern und Mitschülern keine oder wenig Unterstützung findet und daher lernt, seine Leiden für sich zu behalten. Solche Menschen können Zuflucht in virtuellen Welten suchen, ganze Tage und Nächte damit verbringen, ihren emotionalen Überdruck in aggressiven Computerspielen abzureagieren. Die wahren Gründe für ihre Explosion findet man in den vielen kleinen Frustrationen und wiederholten emotionalen Verletzungen, die Andere ihnen zufügen, oft ohne es zu merken. Ohne jemanden, dem sie sich anvertrauen können, bauen diese Frustrationen und Verletzungen nach und nach einen inneren Druck auf, der eines Tages außer Kontrolle geraten kann. Solchen Entwicklungen kann nur ein guter Umgang mit Emotionen vorbeugen.

Implosion

Während explosive Entladungen regelmäßig auf den Titelseiten unserer Tageszeitungen landen, bleiben Implosionen meist unbemerkt. Die Ursachen des steigenden inneren Drucks liegen in wiederholten Frustrationen, fehlendem Respekt, kleinen und grösseren Verletzungen seelischer und körperlicher Art, niemand, dem man sich anvertrauen könnte, kein Sicherheitsventil in Sport oder Spielen, keine Hoffnung... Der erste Schritt für jene, die zur Implosion neigen, ist ein Abstumpfen der Sinne. Da sie die emotionale Belastung nicht länger ertragen können, schalten sie ihre Sensoren ab. Sie tun es nicht bewusst. Es entspricht einfach ihrer Erziehung, wenig Aufhebens von sich zu machen. Wer sie fragt, wie es ihnen geht, dem sagen sie, alles sei in Ordnung. Sie werden sich gelegentlich (irgendwie und allgemein) unglücklich fühlen und ein vages Unwohlsein spüren, aber nichts Konkretes darüber äußern. Ihre verfügbare Lebensenergie nimmt drastisch ab.[57] Sie können zu rauchen oder zu trinken anfangen, Drogen oder Glücksspiele können eine Rolle spielen, Überarbeitung, sexuelle Eskapaden, aber nichts scheint irgendwohin zu führen. Selbstzweifel überkommen sie, Selbstkritik und schließlich Selbstmitleid, meist von der unaufdringlichen Art. Ihre Gesundheit leidet ebenso wie ihre Beziehungen. Es ist eine stille Abwärtsspirale in Richtung Resignation und Depression.[58] Am Ende kann ein ernsthaftes Gesundheitsproblem stehen, ein Unfall oder ein Suizid.

Während bei einer explosiven Entwicklung der steigende innere Druck einen Weg nach außen findet, bedeutet Implosion, dass sich das System von innen her selbst zerreibt. Es ist ein unabsichtlicher Selbstmord auf Raten, der unbemerkt bleibt bis ein Nachruf ein letztes bisschen Aufmerksamkeit auf das Drama lenkt. *„So schade"*, heißt es dann. *„Er war so ein netter Mensch. Ein bisschen seltsam vielleicht..."* Das Schicksal der Implosion widerfährt nur „netten" Menschen.

[57] Pink Floyd: ***„...hanging on in quiet desperation is the English way..."*** (Time/Dark side of the moon). Ich meine allerdings, dass dieses Phänomen nicht nur Engländer betrifft.

[58] In meinem Verständnis ist Depression ein Zustand, in dem nahezu alle Energie von inneren Konflikten aufgebraucht ist und kaum etwas davon zum Leben übrig bleibt. Die Skala auf der linken Seite unserer Übersichtslandkarte (unten) zeigt das Maß an verfügbarer (nicht gebundener) Lebensenergie. Sie reicht von 100% (ganz oben beim Smiley) bis 0% (ganz unten, wo keine E-motion mehr stattfindet).

Jetzt haben wir alles, was wir brauchen, um eine umfassende Landkarte der Emotionen zu zeichnen. Oben beim Smiley haben wir alle vorhandene Lebensenergie zu unserer täglichen Verfügung. Sie kommt als die Emotion zum Ausdruck, die ich eingangs als „Freude/Liebe/Lust" bezeichnet habe. Je tiefer wir auf dieser Landkarte nach unten kommen, desto mehr Energie ist in der Unterdrückung emotionalen Ausdrucks gebunden. Erinnern Sie sich: Für jedes Quantum emotionaler Energie, das e-movieren will, müssen wir noch einmal so viel investieren, um es am Ausdruck zu hindern. Das Ergebnis ist eine erhöhte mentale und körperliche Spannung (Tonus), d.h. Stress in Körper und Geist. Ich habe jeden Teil dieser Landkarte in meinem eigenen Leben „bereist". Die wichtigste Einsicht, die ich mitteilen kann ist, dass es selbst für den, der ganz unten ist, einen Weg zurück nach oben gibt. Er führt durch das bewusste Erleben der eigentlichen, zugrunde liegenden Emotionen Zorn und Schmerz, zurück zum Smiley.[59]

Aus dem Vollen zu leben heißt, sich auf dieser Skala möglichst weit oben aufzuhalten.

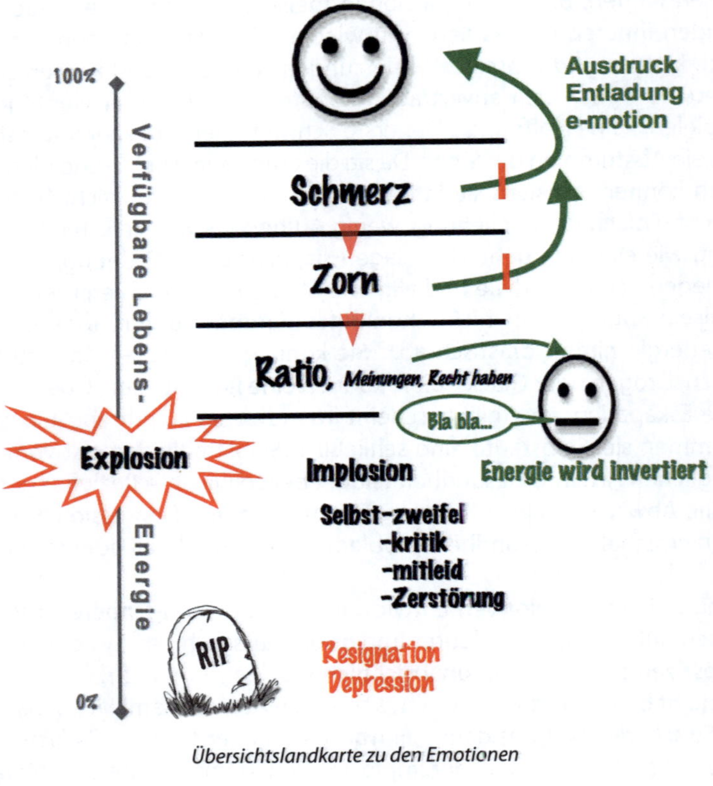

Übersichtslandkarte zu den Emotionen

[59] Vieles von meinem Verständnis für die Emotionen, sowie meinen eigenen Rückweg aus der unteren Hälfte des Bildes zurück in ein erfüllendes Leben, verdanke ich meinem Londoner Therapeuten und Lehrmeister Glyn Seaborn-Jones, 1919 - 1999.

Verschiedene Arten zu weinen

Es ist interessant die verschiedenen Arten des Weinens zu beobachten
a) wenn es dem Ausdruck von Schmerz dient (Entladung) und
b) wenn es sich aus dem Selbstmitleid nährt (Implosion).

Im ersten Fall liegt die Betonung auf der Ausatmung. Der Schmerz findet seinen Ausdruck in der Stimme und im Gesichtsausdruck. Die Augen sind offen, der Schmerz kommt heraus, e-moviert. (Im Volksmund heisst diese Variante des Weinens *plärren*.) Im zweiten Fall hingegen liegt die Betonung auf dem Einatmen. Anstatt Ausdruck zu finden, wird die Emotion mit jedem Luft-Holen zurück und hinunter gedrückt. Die Augen sind geschlossen oder von den Händen bedeckt. Nichts e-moviert. Diese Art des Weinens dient nicht dem Ausdruck, der Entladung emotionaler Energie, sondern ihrem Zurückdrängen. Jedes Einatmen ist eine erneute Weigerung, sie herauszulassen.

Bei Menschen, die im Weinen echten Schmerz ausdrücken, löst sich der innere Druck und wenn das Weinen aufhört, fühlen sie sich deutlich besser. Viel von dem Schmerz wird weg sein. Diejenigen, die beim Weinen ihre Augen schließen oder abwenden und die Einatmung betonen, können immer wieder über den selben Schmerz weinen, ohne dass es ihnen Erleichterung brächte. Man kann sie auch nicht trösten. Man kann sie nur auffordern ihre Augen zu öffnen und ihre Stimme in die Ausatmung zu legen. Sonst kann man gar nichts für sie tun.

Lachen und weinen sind, physiologisch gesehen, nahe Verwandte. Ihre gemeinsame Wurzel sind starke spontane Kontraktionen unseres Atemmuskels, des Zwerchfells. Wenn wir uns nicht erlauben zu weinen, wenn wir Schmerz empfinden (indem wir die Kontraktionen des Zwerchfells behindern), dann dürfen wir uns nicht wundern, wenn unsere Fähigkeit zu lachen, ebenfalls in Mitleidenschaft gezogen wird.

Ein kurzer Exkurs über die Trauer

Auf den ersten Blick könnte es so aussehen, als ob wir die Trauer einfach in die Kategorie „Enttäuschung, Verletzung, Schmerz" einordnen könnten. Aber Trauer ist ein viel komplexeres Phänomen. Hinter dem Wort verbirgt sich oft nicht nur Schmerz, sondern häufig auch Wut, Vorwürfe, Schuldgefühle, Bedauern von Versäumnissen, Ohnmacht, Angst, manchmal auch Erleichterung. Wenn Trauer reiner Schmerz ist, kann sie über das E-movieren des Schmerzes aufgelöst werden. Sich die anderen Regungen einzugestehen, oder sie gar zum Ausdruck zu bringen, ist für viele Menschen nicht leicht. Dadurch bleiben sie oft Jahre lang in einer Trauer stecken. Es würde ihnen helfen, sich die anderen Gefühle ebenfalls bewusst zu machen und sie auszudrücken.

Ein anderer Weg: Meditation

Nachdem ich so viel über die energetische Natur unserer Emotionen und ihre natürliche Tendenz, Ausdruck zu suchen, geschrieben habe, muss ich hinzufügen, dass es noch einen weiteren Weg gibt, wirkungsvoll mit ihnen umzugehen. Der Weg, den ich oben beschrieben habe, das E-movieren, scheint die offensichtliche und natürliche Herangehensweise an unsere E-motionen zu sein. Der andere Weg scheint dem ersten zu widersprechen insofern, als keinerlei Ausdruck stattfindet. Auch das stärkste Gefühl löst sich auf, wenn wir einfach dabei bleiben und uns erlauben, es uns einzugestehen, es anzusehen, es zu fühlen, von ihm ergriffen zu werden und an ihm zu leiden, ohne irgend etwas davon zum Ausdruck zu bringen. Dieser alternative Weg, die Emotionen zu handhaben, ist der Weg der Meditation.[60]

Das Prinzip ist einfach. Wenn wir etwas lange genug betrachten, verschwindet es nach einer Weile. Ich entdeckte dieses Prinzip schon recht früh in meinem Leben beim Betrachten von „Gesichtern" (von Gnomen, Tieren etc.) in der Rinde eines Baumes. Je länger ich ein solches „Gesicht" betrachtete, desto weniger klar konnte ich es sehen, auch wenn es zuvor sehr klar und offensichtlich gewesen war. Und nach einer Weile konnte ich es gar nicht mehr erkennen. Damals hatte ich natürlich keine Ahnung von dem Prinzip, über das ich gestolpert war. Erst viel später, gegen Ende der 70er Jahre, als ich die Meditation für mich entdeckte, begann ich es zu verstehen.

Zuvor hatte ich diverse Verfahren der Meditation ausprobiert, aber nicht wirklich verstanden, wozu stilles Sitzen gut sein sollte. Meinen Zugang zur Meditation fand ich über die Tafeln von Chartres, einer visuellen Meditationstechnik französischer Roma. Dabei handelt es sich um zwei Reihen farbiger geometrischer Formen, die schielend betrachtet werden, so dass eine dritte (virtuelle) Reihe sichtbar wird, auf der die Augen während der Meditation ruhen.[61] Ich widmete mich viele Jahre lang dieser Meditation. Dabei konnte ich beobachten, wie die Inhalte meines Unbewussten, auch sehr emotionale und schwer zu befriedende, der Reihe nach auftauchten, nach intensivem Erleben ihre emotionale Ladung verloren und wieder verschwanden. Meditation ist für diejenigen, die etwas über die Psyche und sich selber lernen wollen, ein unvergleichliches Hilfsmittel. Für Sigmund Freud waren die Träume der Königsweg (die *via regia*) zum Unbewussten. Für mich ist es eindeutig die Meditation. Die Heilung alter Wunden, d.h. die allmähliche Auflösung emotional geladener Bewusstseinsinhalte ist nur einer der segensreichen Aspekte der Meditation. Dabei spielt es keine Rolle, welche Technik verwendet wird. Alle Meditationstechniken sind nur Spiegel, in denen der Meditierende nichts anderes erlebt als sich selber.

[60] siehe: G. Pennington, *Shadowrider - Field Notes of a Psychonaut* (Lenzwald 2013)

[61] siehe: G. Pennington, *Die Tafeln von Chartres*, Walter 1994/Patmos 2013

Die Tafeln von Chartres

Zu Beginn des Buches habe ich darauf hingewiesen, wie wichtig es ist, sich selbst zu kennen. In der Meditation gewinnt dieses Sich-Selbst-Erkennen eine Tiefe, die den Meditierenden nach und nach jeder Illusion über sich selber beraubt. Nicht jede/r will es so genau wissen, aber denen, die es wissen wollen, lege ich den Weg der Meditation ans Herz.

Meditation ist keine religiöse Übung, kein devotionales Gebet, auch kein masochistischer Kraftakt auf der Suche nach einer Art Weisheit oder Erleuchtung. (Ich weiß, dass manche sie so sehen, aber die Meditation selber wird sie früher oder später von dieser Illusion befreien.) Meditation ist auch nicht an Resultaten oder Nutzen interessiert. Sie müssen hinterher keine Erfolge oder Resultate vorweisen. Ich nenne Meditation: „Schauen was ist".

Das Merkmal guter Meditations-Retreats ist, dass sie absolut keine Annehmlichkeiten bieten, keinen *small talk*, keine Rationalisierungen, keinen Trost, keine Ablenkung, um dieser inneren Konfrontation auszuweichen. Man ist dem, was da hochkommt, ausgeliefert, egal wie schmerzhaft oder unerträglich es sein mag. Sitzend ist man ganz erfüllt von dem, was einen von innen heimsucht. Es kann Schmerz sein, Sorge, Trauer, Ärger und Zorn, Angst, Schuld, Sex... Nicht nur Unangenehmes. Auch Schönes. Was auch immer es ist, beim Sitzen meldet es sich mit aller Macht, in der Regel auch mit Bildern und Szenen aus der Vergangenheit, die man manchmal lieber nicht sehen möchte. Der Sinn der Sache ist es, zu sitzen und zu sehen was geschieht. Wenn ein innerer emotionaler Rückstau vorhanden ist, wird er nach einer Weile unweigerlich aus der Tiefe auftauchen, selbst wenn er bis dahin vollkommen unbewusst war.

Nach einer Zeit, die sich wie eine unerträgliche Ewigkeit anfühlen kann, stellt man erstaunt fest, dass der Sturm sich legt. Man sieht sich Szenen an, die einen wenige Tage zuvor noch mit den Zähnen knirschen ließen oder Tränen in die Augen trieben, mit einer distanzierten Klarheit, die man nicht für möglich gehalten hätte. Die emotionale Ladung ist tatsächlich weg, nicht durch e-motion, sondern durch simple Betrachtung. Wenn man die Dinge unbeirrbar betrachtet, dann ist ihr Bedürfnis, erkannt, anerkannt und eingestanden zu werden, nach einer Weile befriedigt. Was am Ende bleibt ist das Hier-und-Jetzt ohne jeden Schatten.[62]

Regelmäßige oder lang andauernde Meditation ist in der Regel motiviert von einem persönlichen Bedürfnis oder einer Frage, die sich mit rationalen Mitteln nicht befriedigend beantworten lässt. Wenn Sie ein solches Bedürfnis nicht spüren, dann machen Sie sich über Meditation keine grossen Gedanken. Bleiben Sie bei der kürzeren Variante und gönnen Sie sich von Zeit zu Zeit eine Auszeit von Ihren Aktivitäten und dem rationalen Denken. Eine Kurzmeditation als kontemplative Pause[63] in einem ansonsten wahrscheinlich sehr aktiven Tag wird Ihnen gut tun.

[62] Der Smiley oben auf unserer Landkarte

[63] im weichen Aufmerksamkeitsmodus, der es erlaubt, aus dem Denken auszusteigen.

Angst

Angst ist keine Emotion. Sie ist allenfalls ein Hemmnis, Emotionen e-movieren zu lassen. Der rationale Mensch, der seinen Schmerz und seinen Zorn erfolgreich verdrängt hat und in das Reich der Meinungen und des Recht-Habens geflüchtet ist, hat vor nichts mehr Angst, als seine Beherrschung zu verlieren und in unkontrollierte Wut oder gar Schmerz zu geraten. Diejenigen, die sich auf der Zorn-Ebene eingerichtet haben und ihre Aggression ungehemmt leben, haben vor nichts mehr Angst, als sich oder gar Anderen einzugestehen, dass ihr Zorn sich aus einem tiefen Schmerz speist. Und wer schon einmal versucht hat, einem Depressiven vernünftig zuzureden (*„Was willst Du eigentlich? Deine Frau liebt Dich, Deine Kinder sind gesund und entwickeln sich gut, Du hast einen guten Job, die Hypothek ist abbezahlt...“*), der kennt die Antwort: *„Ja, aber...“*. Es ist der Rückweg aus den unteren Bereichen unserer Emotions-Landkarte, die uns Angst macht. Schließlich sind wir durch Verdrängen dort gelandet. Und was wir verdrängt haben, war bestimmt nicht lustig.

Angst ist ein Schwellenphänomen. Sie begegnet uns nicht nur an der Schwelle zu unseren verdrängten Emotionen, sondern auch jedes Mal, wenn wir etwas Neues in Angriff nehmen (der erste Ritt auf einem Pferd, der erste Flug, der erste Kuss etc.). Die Angst warnt uns. Wir betreten Neuland, in dem wir uns noch nicht auskennen. Alles kann passieren. Aufpassen! Insofern ist sie ein Helfer, der uns vor Schaden zu bewahren sucht. Wir müssen uns aber nicht von ihr daran hindern lassen, trotzdem in neue und unbekannte Lebensgefilde aufzubrechen. Um Neues zu erfahren müssen wir immer wieder die Angst vor dem Schritt ins (noch) Unbekannte überwinden. Insofern ist die Angst ein verlässlicher Wegweiser, der am mächtigsten dort in Erscheinung tritt, wo wir am meisten zu lernen haben.[64]

Unter bestimmten Umständen Angst zu haben, ist ganz natürlich. Wir sollten nur darauf achten, das wir die Angst haben und nicht die Angst uns.

[64] ausführlicher in: G. Pennington, *Shadowrider - Field Notes of a Psychonaut* (Lenzwald 2013)

Das Unbewusste

Gutes Selbstmanagement muss, so sehe ich es, immer ein gewisses Gewahrsein der unbewussten Prozesse mit einschließen. Sofort taucht die Frage auf: Wenn etwas nicht bewusst, sondern unbewusst ist, wie kann ich mir dessen gewahr sein? Stimmt, es gibt da eine Schwierigkeit, aber sie soll uns nicht davon abhalten, ein Verständnis für die unbewussten Prozesse zu entwickeln.

Beginnen wir mit der Frage, wie sich das Unbewusste in seinem Umfang zu dem verhält, was wir als „bewusst" erleben. Die meisten Menschen haben den Eindruck, dass der Großteil ihrer mentalen Prozesse vollständig unbewusst abläuft. In meiner Erfahrung ist das ebenso. Wir können die relativen Grössen in etwa so darstellen:[65]

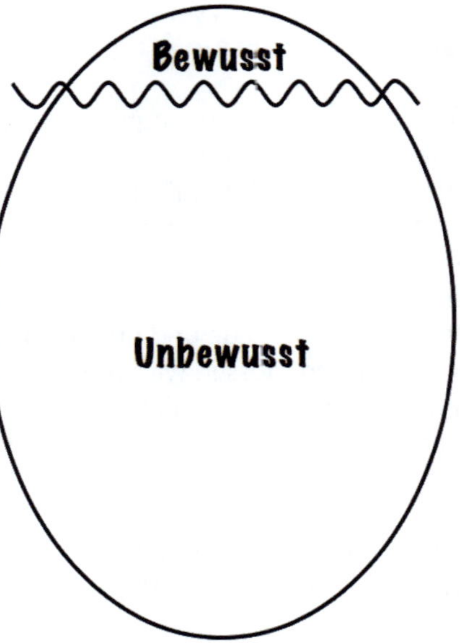

Relative Größen von Bewusstem und Unbewusstem

Im nächsten Schritt können wir uns fragen, welchen nützlichen Zweck das Unbewusste wohl erfüllt. Was ist dort gespeichert? Und für welche Aktivitäten ist es verantwortlich?

Als wir den konditionierten Reflex untersuchten, sprachen wir von unserem „Erfahrungsarchiv". Ein kleiner Teil dieses Archivs ist bewusst, aber der weitaus grössere Teil ist im Unbewussten untergebracht. Ich symbolisiere dieses Archiv in unserer Zeichnung durch Regalbretter mit Ordnern, die alle Erfahrungen enthalten, die wir in unserem Leben gemacht haben. In der Sprache der

[65] Vergessen Sie nicht: Wir versuchen hier nicht, wissenschaftlich zu sein. Der bewusste Teil ist wahrscheinlich noch kleiner.

Psychologie[66] wird dieser Teil des Unbewussten als das „persönliche Unbewusste"[67] bezeichnet. Es enthält alles, was wir je erlebt haben. Da keine zwei Menschen die selben Erlebnisse hatten, ist der Inhalt des persönlichen Unbewussten von Mensch zu Mensch verschieden.

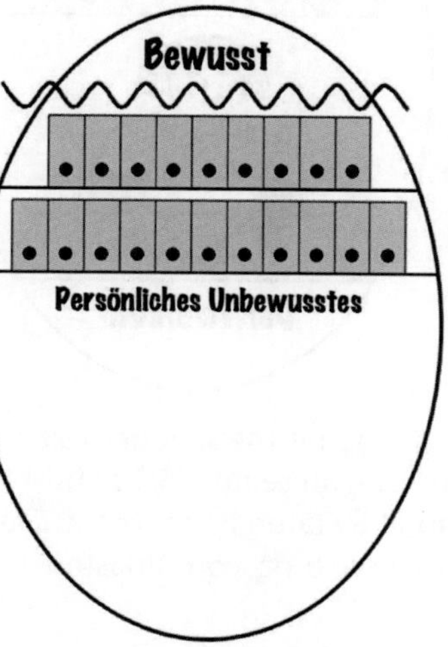

Das unbewusste Archiv

Können Sie sich an die Farbe des ersten Paars Schuhe erinnern, die Sie als Kind bekamen? Oder an die Geschenke zu Ihrem vierten Geburtstag? Wohl kaum. Die Tatsache, dass wir (wenigstens die meisten von uns) uns nicht an diese frühen Details erinnern können, bedeutet nicht, dass sie nicht in unserem Archiv gespeichert sind. Das Vergehen der Zeit und der Mangel an aktueller Relevanz hat diese Erinnerungen in die Tiefen des Unbewussten rutschen lassen. Dort allerdings stehen sie immer noch zur Verfügung. Ein guter Hypnotiseur kann uns in einen Zustand versetzen, in dem wir die Szene des damaligen Schuhkaufs wieder erleben oder die ganzen Geschenke unseres vierten Geburtstags vor uns ausgebreitet sehen. Diese Informationen sind im Unbewussten durchaus vorhanden. Es gibt allerdings keinen Grund, sie im Bewusstsein zu behalten.

Da sich das Unbewusste unserem bewussten Verständnis weitgehend entzieht, wissen wir wenig über die Art, wie es funktioniert, und wie die dort gespeicherte Information in Ordnung gehalten oder für praktische Zwecke abgerufen wird. Ich stelle mir gerne vor, dass es dort einen Archivar gibt, eine freundliche archetypische Figur, deren einzige Aufgabe es ist, sich um die Verwaltung des Unbewussten zu kümmern. Der Archivar ist meine „black box" für all die Dinge, die ich über das Funktionieren der tieferen Schichten meines Geistes nicht weiß. In meinem Bild sieht der Archivar so aus:

[66] genauer: in der Sprache von Carl Gustav Jung (Schweizer Psychiater 1875 – 1961)

[67] im Gegensatz zum Kollektiven Unbewussten, wie wir später sehen werden.

Ausgestattet mit altmodischen Ärmelschonern sitzt der Archivar (er kann auch weiblichen Geschlechts sein) an seinem Schreibtisch. Aber was tut er dort? Ich habe ihn bei zwei Hauptaktivitäten beobachtet. Die eine ist kreativ, inspirativ, die andere hat mit der Verwaltung von Altlasten zu tun. Sehen wir uns beide der Reihe nach an.

Kreativität und Inspiration

Es gibt eine Anekdote über August Kekulé[68], den deutschen organischen Chemiker, der die molekulare Struktur des Benzols entdeckte. Er kannte die chemische Formel: C_6H_6. Man sagt, er habe sich lange den Kopf darüber zerbrochen, wie je sechs Kohlenstoff- und Sauerstoffatome zusammenpassen könnten, um ein stabiles Molekül zu bilden. Der Kohlenstoff ist vierwertig, d.h. er hat vier Andockstellen, der Wasserstoff nur eine. Das schien nicht zusammen zu passen. Eines Nachmittags, nachdem er wieder lange über das Problem nachgedacht hatte, schlief er vor einem Kaminfeuer ein. Als er wieder aufwachte erinnerte er sich, von einer Schlange geträumt zu haben, die sich in den eigenen Schwanz biss. Bis dahin hatte er konventionell gedacht und versucht, die Atome linear miteinander zu verbinden. Das Bild der Schlange inspirierte ihn dazu, die Atome kreisförmig anzuordnen, womit er die Lösung des Problems gefunden hatte.

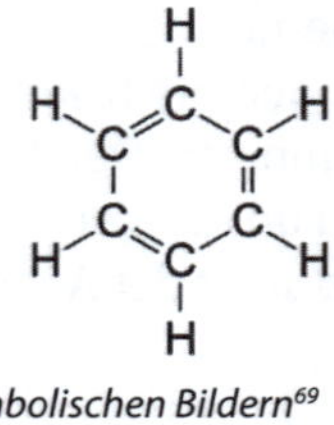

Der Archivar spricht in symbolischen Bildern[69]

[68] Friedrich August Kekulé von Stradonitz (1829 – 1896)

[69] Diese Illustration des *ouroboros* stammt von Theodoros Pelecanos, aus einem alchemistischen Traktat mit dem Namen *Synosius* (1478)

Sehen wir uns diesen Prozess genauer an. Zuerst grübelt Kekulé in der Hoffnung, durch bewusstes Denken, Induktion, Deduktion, Logik eine Lösung zu finden. Ohne Erfolg. Dann verlässt er die bewusste Ebene indem er einschläft. Das ist der Moment, in dem das Problem auf dem Schreibtisch des Archivars landet. Der Archivar hat natürlich Zugang zu Kekulé's eigenem Erfahrungsarchiv. Aber das Bild, das er Kekulé schließlich hochschickt, stammt nicht aus dem persönlichen Unbewussten. (Es ist extrem unwahrscheinlich, dass Kekulé - oder irgend jemand sonst - jemals beobachtet hat, wie eine Schlange sich selber in den Schwanz beißt.) Es ist ein archetypisches Bild und als solches Teil dessen, was Carl Gustav Jung das *kollektive Unbewusste* nannte. Das kollektive Unbewusste ist vom persönlichen Unbewussten klar getrennt. Seine Inhalte sind bei allen Menschen auf allen Erdteilen dieselben. Es enthält archetypische Ereignisse, Bilder und Motive[70], unter anderem auch das Bild der Schlange, die sich in den Schwanz beißt. Wir finden dieses Bild schon 2345 vor Christus in Ägypten, später in Japan und China, wo es als dekoratives Element verwendet wurde, in der Mythologie der australischen Aborigines wird sie als *Regenbogenschlange* bezeichnet, nord- und südamerikanische Indianer kennen sie, in der nordischen Sage hieß sie *Jörmungandr* oder *Midgard Schlange*, die alten Griechen nannten sie *ouroboros* (Schwanzverschlinger).

Dieses Bild zu schicken ist typisch für die Art, wie der Archivar des Unbewussten spricht. Er schickt seine Botschaften nur selten im Klartext. Stattdessen verwendet er Bilder und Symbole als Lösungsvorschläge für Probleme, an denen wir bewusst arbeiten. Im Fall von Kekulé suggerierte das Bild, er solle die Atome doch kreisförmig anordnen, um ein stabiles Atom zu bilden. Sein bewusster Geist war es wohl gewohnt linear zu denken. Ohne die Hilfe seines Unbewussten hätte er das Problem wohl kaum so schnell und so elegant gelöst.

Der kreative Prozess

[70] Jung beschrieb archetypische Vorgänge: Geburt, Tod, Trennung von den Eltern, Initiation, Hochzeit, die Vereinigung von Gegensätzen usw., und archetypische Figuren: Mutter, Vater, Kind, Gott, den Trickster, den Helden, den weisen alten Mann, den verwundeten König, den Zauberer usw. sowie archetypische Motive: die Erschaffung der Welt, die Apokalypse, die Sintflut usw. in: C. G. Jung, Die Archetypen und das kollektive Unbewusste, Walter 1985

Der Archivar unterstützt den bewussten Geist auf vielfache und subtile Weise. Eine davon widerfuhr mir vor vielen Jahren in London.

Als ich eines Tages am Belsize Music Shop vorbeiging, erklang aus der offenen Ladentür ein wunderbar keltisch anmutendes Flötenspiel. Die Flöte, auf der der Ladenbesitzer gerade einem Kunden vorspielte, lag auch im Schaufenster. Es war eine Pennywhistle, ein einfaches Ding, gerolltes Blech, schwarz angemalt mit goldenen Dekorationen um die Löcher herum. Im Schaufenster sah sie genau so hübsch aus wie sie klang. Sie kostete nur 69 Pence. Ich muss erklären, dass ich bis dahin der festen Überzeugung gewesen war, absolut unmusikalisch zu sein. Als Kind hatte ich jedes Jahr im Kreise der Familie am Singen von „Stille Nacht, heilige Nacht" teilgenommen. Das war für mich Beweis genug gewesen. Dieser negative Eindruck wurde weiter verstärkt als ich versuchte, dem Schulchor beizutreten und als Reaktion eine Mischung von mitfühlenden Blicken und offenem Spott erntete. Nein, in meinem Ich-Bild war ich überhaupt nicht musikalisch. Trotzdem ging ich in den Laden, legte den Kaufpreis auf den Tresen und ging mit meinem allerersten Musikinstrument nach Hause.

Dort angekommen beschloss ich, auf meinem neuen Instrument ein Lied spielen zu lernen. Meine Wahl fiel auf „What shall we do with the drunken sailor". Ich fing sofort mit dem Üben an. Als absoluter Neuling war meine erste Aufgabe herauszufinden, wie ich die Flöte halten musste und welche Finger über welchem Loch zu liegen kommen sollten. Da es vorne nur sechs Löcher gab (und eines hinten, offensichtlich für einen meiner Daumen), musste ich beschließen, welche meiner Hände die Flöte oben und welche sie unten halten sollte. Als ich damit fertig war, brauchte ich eine ganze Weile um herauszufinden, dass ich die Finger sequentiell, d.h. einen nach dem anderen heben und senken musste, um eine sinnvolle Tonfolge zu spielen. Nachdem ich das alles ausführlich erforscht hatte, begann ich mit dem Abenteuer, das Lied spielen zu lernen.

Ich teilte das Lied in vier Teile und ging sie der Reihe nach an. Als ich das erste Viertel endlich spielen konnte, stellte sich heraus, dass das zweite Viertel um einen Ton tiefer anfing, wofür ich aber kein Loch mehr übrig hatte. Also begann ich das erste Viertel wieder von vorne, etwas höher diesmal, was mir ein Loch für den tieferen zweiten Teil übrig ließ. Der dritte Teil war der Schwierigste. Es dauerte lange bis ich herausfand, dass ich nur stärker blasen musste, um eine höhere Oktave spielen zu können. Der letzte Teil war vergleichsweise einfach. Insgesamt hatte ich gute drei Stunden gebraucht, um jeden der vier Teile perfekt spielen zu lernen.

Der nächste Schritt war natürlich, das ganze Lied am Stück zu spielen. Aber so oft ich es auch versuchte, ich machte immer wieder Fehler. Nicht ein einziges Mal gelang es mir, die vier Teile des Liedes zusammenhängend zu spielen. Frustriert legte ich die Flöte beiseite und ging schlafen.

Am nächsten Morgen griff ich nach der Flöte und probierte es nochmals. Diesmal war mein Spiel von Anfang bis Ende fehlerfrei. „Zufall," dachte ich in der Erinnerung an meine Fehler vom Vorabend. Ich versuchte es nochmals - es war perfekt. Wieder und wieder spielte ich die Melodie ohne einen einzigen Fehler. Meine Finger wussten genau, wo sie hin mussten. Ich genoss es sehr.

Der Psychologe in mir wunderte sich. Gestern war es mir nicht ein einziges Mal gelungen, das ganze Lied zu spielen, obwohl ich mich sehr bemüht hatte. Und heute spielte ich es so, als hätte ich nie etwas anderes getan. Was war geschehen? Schließlich hatte ich in der Zwischenzeit nicht geübt oder daran gearbeitet, sondern nur geschlafen. Es dämmerte mir, dass während der Nacht ein Teil meines Geistes nicht geschlafen, sondern die einzelnen Teile des Liedes, die ich mir am Vorabend erarbeitet hatte, zu einem Ganzen zusammengefügt hatte. Heute nenne ich diesen Teil meines Geistes den „Archivar".

Seit damals experimentiere ich damit, meinem Archivar Aufgaben zu übertragen. Er erwies sich als äußerst kooperativ.

Vor ein paar Jahren bat mich eine Schweizer Bank einen Vortrag über Konfliktmanagement zu halten. Meine Vorbereitung ging folgendermaßen: Ich machte mir eine Liste all der Themen, über die ich sprechen wollte, ohne noch eine Ahnung zu haben, wie ich sie zusammenfügen sollte. Indem ich das tat, erklärte ich meinem Archivar sorgfältig den geplanten Inhalt meines Vortrags. Den roten Faden zu finden überließ ich ihm. Ich gab ihm einen Zeitrahmen. Es war Anfang September. Ich sagte ihm, dass ich den Vortrag in einem Monat halten musste, und dass ich ihm sehr dankbar wäre, wenn er ihn ein paar Tage vorher fertig haben könnte. Und dann vergaß ich alles darüber.

Am 29. September um 04:00 Uhr morgens wachte ich auf und hatte die Struktur des gesamten Vortrags im Kopf. Ich brauchte sie nur noch aufzuschreiben. Für solche Zwecke liegt immer ein Notizblock auf meinem Nachttisch. Zehn Minuten später war ich damit fertig und schlief wieder ein. Bei meinem Vortrag vier Tage danach hielt ich mich genau an die Struktur, die mein Archivar mir vorgegeben hatte. Man sagte mir, es sei ein sehr guter Vortrag gewesen.[71]

Ich erzählte meinen Töchtern davon. Sie sollten es doch auch mal probieren, schlug ich vor, besonders vor Klassenarbeiten. Sie taten es und waren sehr erfolgreich damit. Abends, gerade bevor sie das Licht ausmachen, sahen sie sich die möglichen Prüfungsthemen noch einmal an, für ihren Archivar. Und er sorgte dafür, dass sie alles parat hatten, wenn am nächsten Tag die Fragen kamen.

Es gibt eine sehr einfache Übung, die vielen Menschen vertraut ist, nämlich, sich vom Archivar wecken zu lassen. Wenn Sie Ihrem Archivar sorgfältig erklären, wie lange sie schlafen wollen, dann wird er Sie sehr wahrscheinlich genau

[71] Der Vortrag *„Konflikt als Chance"* ist als CD im Lenzwald Verlag erhältlich

zur gewünschten Zeit wecken. Das „erklären" besteht darin, dass Sie sich selber ganz klar machen, wie lange Sie schlafen wollen. Bei mir funktioniert das besonders gut, wenn ich sehr spät ins Bett gehe und früh wieder aufstehen muss. Dann füge ich meinen Instruktionen noch hinzu: „Und sorge dafür, dass ich fit und erholt aufwache." Zwei Nächte lang weckt er mich sehr verlässlich. Beim dritten Mal beginnt er zu protestieren und einen gewissen Widerwillen zu zeigen. Wo er recht hat, hat er recht.

Hier ist eine andere Geschichte über die wunderbare Hilfestellung des Archivars bei problematischen Themen:

Ich leitete einen Strategie-Workshop einer hochkarätigen Projektgruppe in einem großen Unternehmen. Die künftige Markt-Strategie sollte beschlossen werden. Nach langer Diskussion lief es auf eine Entscheidung zwischen Lösung A und Lösung B hinaus, wobei sich die Argumente immer mehr in Richtung A bewegten. Ich fragte, ob es auch Befürworter von B im Hause gäbe. Ja, sagte man mir. „Lasst sie holen. Wir sollten uns anhören, was sie zu sagen haben", schlug ich vor. Nach einer Weile kamen drei wortgewandte Verteidiger von B hinzu. Sie vertraten ihren Standpunkt so gut, dass am Ende niemand mehr wusste, welche der beiden Lösungen die bessere war. Alle waren verwirrt. Das war genau, was ich gewollt hatte. Ich schlug vor, für heute Schluss zu machen und uns am nächsten Morgen wieder zu treffen.

Als wir wieder zusammenkamen, meldete sich ein junger Mann zu Wort. Er sagte, wir sollten nicht nur auf A und B schauen. Lösung D sei die Beste. Er erklärte, dass sie das Produkt A weiterhin herstellen und die Herstellung von B einem Subunternehmer anvertrauen (outsourcen) sollten. Dadurch würden Kapazitäten frei, um C zu entwickeln, die Voraussetzung für das Produkt D, mit dem sie dann auf dem Markt wären, bevor die Konkurrenz überhaupt daran dachte. „Großartig! Phantastisch!" kommentierten die Anderen, die nichts dergleichen erwartet hatten. „Wann hast Du dieses Ei ausgebrütet? Du musst eine lange Nacht gehabt haben." „Gar nicht," sagte er, „die Idee kam mir als ich mir heute Morgen unter der Dusche die Haare wusch." Nach sorgfältiger Diskussion entschloss man sich für die Strategie, die der junge Mann eingebracht hatte.

Das ist ein typisches Beispiel für das Wirken des Archivars. Er inspiriert uns zu den unwahrscheinlichsten Zeiten, so möchte man meinen. Wenn man genauer hinsieht, stellt man fest, dass er für seine Botschaften die Momente bevorzugt, in denen wir in einem weichen Aufmerksamkeitsmodus sind. Wenn der logische Geist gerade eine Pause macht, entsteht die geistige Stille, die er für seine Mitteilungen benötigt. Das Waschen der Haare unter der Dusche ist genau die Art von Gelegenheit, die er mag. Die großen Inspirationen unseres Lebens passieren nie (oder nur äußerst sehr selten) am Schreibtisch oder beim Nachdenken. Der Archivar zieht weniger kopflastige Gelegenheiten vor: gleich nach dem Aufwachen, beim Zähneputzen, unter der Dusche oder in der Badewanne („Heureka!"), auf dem Klo, beim Joggen oder Radfahren, auf einem Spaziergang und zu allen anderen Gelegenheiten, bei denen unsere Wahrnehmung weich ist.

Kreative Prozesse beginnen immer mit einer sorgfältigen Untersuchung des Problems. Wenn das sorgfältige, vielleicht mehrmalige Überdenken des Sachverhalts zu keiner Lösung führt, kann man sich getrost schlafen legen. Damit landet das Problem auf dem Schreibtisch des Archivars. Er holt aus dem persönlichen oder dem kollektiven Unbewussten ein Wort oder ein Bild (z.B. das Bild einer Schlange, die sich in ihren eigenen Schwanz beißt oder Produkt D) und schickt es bei der nächsten Gelegenheit (weiche Aufmerksamkeit) hoch ins Bewusstsein.[72] Dort wird das Bild in Zusammenhang mit dem Problem gebracht und - Heureka! - die Lösung ist gefunden.[73]

Altlasten

Bis jetzt habe ich die linke Seite des Schreibtisches, an dem unser Archivar sitzt, leer gelassen. In Wirklichkeit ist sie selten leer. Diese Seite ist reserviert für das, was man gemeinhin als „Altlasten" bezeichnet. Alle möglichen unverdauten Ereignisse aus unserer Vergangenheit finden ihren Weg hierher und warten auf Erledigung, um dann ihren Platz neben all den anderen erledigten Akten auf den Regalbrettern des persönlichen Unbewussten einnehmen zu können.

Altlasten sind in der menschlichen Psyche nichts Ungewöhnliches. Es sind Erlebnisse aus Kindheit und Jugend, die, als sie passierten, nicht wirklich verstanden und verarbeitet werden konnten. Oder Ereignisse aus jüngerer Zeit, für deren Verarbeitung wir einige Zeit benötigen. So lange sie eine verdrängte emotionale Ladung haben, wird der Archivar sie auf seinem Schreibtisch behalten, wo sie geduldig darauf warten, bewusst erkannt und anerkannt zu werden. Ihre gespeicherte, nicht e-movierte, emotionale Ladung ist es, die sie dort hält.

Es gibt eine Besonderheit an den Altlasten: Jede von ihnen hat ein kleines Knöpfchen. So lange die Akte nicht erledigt und abgelegt ist, werden bestimmte Menschen und Geschehnisse aus dem Hier-und-Jetzt unweigerlich dieses Knöpfchen drücken. Wir können davon ausgehen, dass unangenehme Emotionen, die uns immer wieder heimsuchen, obwohl wir alles tun, um sie zu vermeiden, höchstwahrscheinlich auf einer Altlast beruhen.

Hier ist ein Beispiel. Harry hat einen Chef, den er als brutalen, aggressiven und rücksichtslosen Tyrannen erlebt. Was Harry am verhasstesten ist, ist die respektlose Art, mit der sein Chef Frauen behandelt. Sobald Harry seinen Chef sieht, oder seine Stimme hört, ballt er unwillkürlich die Fäuste und beißt die Zähne

[72] Wer mit seinem Archivar gut zusammenarbeiten will, tut gut daran, abends auf Alkohol zu verzichten.

[73] Archimedes' Heureka-Erlebnis war eine ähnliche Inspiration. Bei ihm passierte es in der Badewanne.

zusammen. In anderen Worten: Sein Chef löst bei ihm eine spontane und sehr starke emotionale Reaktion aus. Wenn Harry aber seine Kollegen befragt, auch die Frauen, hört er, dass die meisten von ihnen mit dem Mann ganz gut zurechtkommen. Er hört vielleicht Kommentare wie *„Er ist nicht immer ganz einfach zu handhaben, das stimmt, aber im Großen und Ganzen komme ich mit ihm gut aus"*. Also sieht es ganz danach aus, als hätte Harry's heftige Reaktion mehr mit ihm selber zu tun als mit seinem Chef.

Abonnements

Wir können sagen, dass Harry ein *soziales Symptom* zeigt, eine typische Erinnerung daran, dass auf dem Schreibtisch seines Archivars immer noch eine Akte offen ist, die mit Brutalität, Aggression, Rücksichtslosigkeit und einer schlechten Behandlung von Frauen zu tun hat. Harry mag all diese negativen Qualitäten in seinem Chef sehen und glauben, er hätte einen Konflikt mit ihm. Aber was er dort zu sehen meint, ist nur die Projektion eines alten Konfliktes, den er seit Jahren mit sich herumträgt. Die Tatsache, dass seine Kollegen einen solchen Konflikt nicht haben, weist in diese Richtung. Es gibt zwei weitere Anzeichen für einen solchen inneren Konflikt:

1. Harry mag sich selber nicht, wenn er so reagiert. Seine spontane Reaktion ist jedoch stärker als seine Selbstkontrolle.

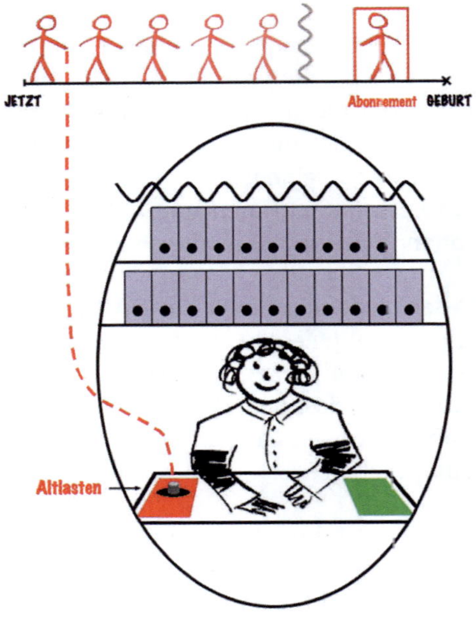

Altlasten

2. Harry's Chef ist nicht der erste Mensch, der diese Reaktion in ihm auslöst. Es gab schon vorher Menschen, auf die er in ganz ähnlicher Weise reagierte.

Wenn diese Zeichen vorhanden sind, dann können wir sicher sein, dass der Konflikt nicht mit dem Chef besteht, sondern mit einer ganz anderen Person. Der Chef ist nur eine Ersatzfigur, eine Projektionsfläche. Würde Harry seinen Arbeitsplatz wechseln, so könnte er sicher sein, anderenorts den selben Schwierigkeiten zu begegnen. Er trägt den Konflikt ja mit sich herum. Ich bezeichne diesen Sachverhalt als ein *Abonnement*.

Auf dem Schreibtisch meines Archivars liegen die Altlasten auf der linken Seite (rot).

Das rote Strichmännchen links oben auf Harry's Lebenslinie steht für den Chef, der heute sein Knöpfchen drückt. Die Figuren, die rechts davon nach und nach verblassen, stehen für all die Anderen, die schon früher im Laufe von Harry's Leben dieses Knöpfchen auf seinem Altlastenordner gedrückt haben. Da war vielleicht der eine oder andere Vermieter, ein Nachbar, ein Lehrer... Harry's Erinnerung wird vielleicht bis zu seinem 10. oder 12. Lebensjahr zurückreichen. Jenseits davon wird er auf eine Art Nebelwand stoßen, die alles verdeckt, was davor geschehen ist. So funktioniert Verdrängung. Man mag sich noch so sehr bemühen, es ist unmöglich, sich an das ursprüngliche unangenehme oder traumatisierende Ereignis zu erinnern. Aber das soziale Symptom ist da wie eine Boje, die an der Oberfläche anzeigt, dass etwas in der Tiefe liegt.

Unter dem Aspekt des Konfliktmanagements sieht es so aus, als habe Harry einen Konflikt mit seinem Vorgesetzten. In Wahrheit hat er überhaupt keinen Konflikt mit ihm. Er verwendet ihn als Double für eine Rolle, die er immer wieder neu besetzt, wenn sich eine Gelegenheit dazu bietet. Er hat seinen Chef, so wie er ist, nie wirklich wahrgenommen, sondern projiziert auf ihn Eigenschaften, die tatsächlich zu jemand anderem gehören. Ein Versuch, den „Konflikt" zwischen Harry und seinem Chef zu schlichten, ist zum Scheitern verurteilt. Harry's Konflikt ist ein innerer: Es ist ein alter Konflikt mit einer Person bzw. einer Episode aus seiner Vergangenheit.

Harry's Abonnement ist ein über die Jahre wiederkehrendes Drama mit wechselnden Besetzungen. Und wie jedes andere Abonnement wird es nicht aufhören, wenn wir nur dem Briefträger (Harry's Chef) sagen, er soll es nicht mehr bringen. Um ein Abonnement zu kündigen, müssen wir dahin gehen, wo wir es ursprünglich bestellt haben. In unserem Beispiel könnte Harry vielleicht im Alter von sechs Jahren eine Szene erlebt haben, in der sein Vater sich seiner Schwester gegenüber brutal verhielt, und eine ohnmächtige Wut gegen ihn empfunden haben. Im Laufe der Zeit verdrängte und vergaß er diese schmerzhafte Episode, aber jedes Mal, wenn er später in seinem Leben an dieses Erlebnis erinnert wird, fühlt er die selbe Reaktion: ohnmächtige Wut. Der Friede, der wieder hergestellt werden muss, ist der zwischen Harry und seinem Vater.

Den Abonnements auf der Spur

Zu Beginn können wir uns nur an das soziale Symptom halten. In unserem Beispiel war es Harry's Schwierigkeit mit seinem Chef. Aber der innere Konflikt kann viele Formen annehmen. Ich kenne eine Frau, die kurz vor ihrer Eheschließung stand. Sie hatte zwei frühere Beziehungen zu andern Männern kurz vor der Hochzeit platzen lassen und war jetzt in Sorge, sie würde es wieder tun. Wir fanden heraus, dass sie als Kind ihren Vater sehr geliebt und ihm im Alter von sechs Jahren versprochen hatte, sie würde nur ihn heiraten. Unbewusst meinte sie, den Vater zu verraten, wenn sie einen anderen Mann heiratete. (Wir konn-

ten das Problem beheben. Sie ist jetzt mit dem dritten Kandidaten glücklich verheiratet.)
Da war ein Mann, der sehr schön sang, wenn er alleine oder mit andern Männern beisammen war, aber komplett versagte, wenn Frauen im Raum waren. In seinem Fall betraf die Altlast seine Mutter, die sich während seiner Kindheit häufig über ihn lustig gemacht hatte.
Eine junge Frau, die ihre Sätze nie fertig sprach, hatte von Jugend an das Gefühl, dass ohnehin niemand zuhörte.
Eine andere Frau wurde regelmäßig vollkommen hilflos, wenn ein junger Mann in der Nähe war, der ihr helfen konnte. In ihrem Fall war es der geliebte Bruder, der ihr immer geholfen und sie beschützt hatte, als sie noch jung waren und der im Alter von sechzehn Jahren gestorben war.
Eine Hysterikerin kann die Knöpfe eines Menschen drücken, der selber eine hysterische Mutter hatte und in späteren Jahren noch einen unbewussten Groll gegen sie hegt.
Ein junger Mann, der ständig versagte und scheiterte, brauchte dieses Scheitern, um etwas zu haben, wofür er seine Eltern verantwortlich machen konnte.
Es gibt viele verschiedene Arten von Symptomen für Altlasten im Unbewussten. Wir müssen sie nur als solche erkennen und dann einen gründlichen „Hausputz" machen.

Es ist keine Schande Altlasten zu haben. Ich bezweifle, dass viele von uns ohne jede Altlast aus unserer Kindheit gekommen sind. Sehr wahrscheinlich gab es Ereignisse, die wir damals nicht ganz verstanden und zur späteren Verarbeitung an das Unbewusste delegiert haben. Und ebenso wahrscheinlich haben wir sie dann vollkommen vergessen. Alles was uns davon bleibt, ist ein soziales Symptom im Hier-und-Jetzt unseres Lebens.

Abonnements haben also in der Regel ihren Ursprung in einem frühen Ereignis oder einer Beziehung, mit der wir noch nicht im Reinen sind. Die üblichen Anzeichen, die sie von anderen aktuellen Problemen im Alltag unterscheiden, sind:

1. die emotionale Reaktion ist unwillkürlich und übermächtig,
2. wir mögen unsere eigene Reaktion nicht,
3. andere Menschen reagieren nicht so wie wir,
4. es gab über die Jahre mehrere solcher Reaktionen, die alle denselben Charakter hatten, aber mit verschiedenen Personen,
5. in einem frühen Alter ist eine Art Nebelwand, jenseits derer wir keine klare Erinnerung haben.

Wenn alle diese Merkmale vorhanden sind, dann hat das heutige Problem seine Ursache mit Sicherheit in einer Altlast, die im Laufe der Zeit zu einem Abonnement wurde.

Der erste Schritt, um ein Abonnement abzubestellen, ist immer die sorgfältige Untersuchung des Symptoms. Was haben diese Vorkommnisse gemeinsam? (Art des Auslösers, Art der Reaktion, Geschlecht und Erscheinung der Protagonisten etc.) Diese Charakteristika können einen Hinweis auf die Person geben, mit der das Abonnement begann. Diese Person findet sich in der Regel innerhalb der Kernfamilie, Vater, Mutter, Geschwister, selten eine Tante, ein Onkel oder ein Großelternteil. Manchmal allerdings auch ein Lehrer, ein Pfarrer, ein Arzt oder ein Nachbar. Auch abstrakte „Personen" können eine Rolle spielen: Gott, der Krieg, der Tod. Der Konflikt besteht immer mit einer Person, nie mit Ereignissen oder Umständen.

Nachdem wir die gemeinsamen Merkmale untersucht haben, können wir Vermutungen anstellen über die ursprünglich beteiligte Person. Wenn z.B. nur Männer eines bestimmten Typus die Auslöser waren, dann können wir davon ausgehen, dass ein Mann am ursprünglichen Konflikt beteiligt war.

Hier sind zwei Techniken, die helfen können, den Nebel zu lichten:

1. Bitten Sie Ihren Archivar um Hilfe. Sagen Sie ihm, dass Sie der Sache auf den Grund gehen wollen. Er wird Ihnen vielleicht Träume oder aufschlussreiche Bilder schicken.

2. Wenn Sie alleine und ungestört sind: Sprechen Sie die Namen der Personen aus, die in Frage kommen. Verwenden Sie die Namen, die Sie ihnen als Kind gaben. Wiederholen Sie den Namen immer wieder laut (*Mama ... Mama ... Mama ..., oder Hans ... Hans ...* etc.). Beobachten Sie, wie Sie sich dabei fühlen und welche Bilder hochkommen. Versuchen Sie es mit den Namen aller Personen, die infrage kommen. Bei einer von ihnen gibt es vielleicht einen Hinweis, ein fernes Echo des Gefühls, das Sie haben, wenn Sie auf Stellvertreter reagieren. Es ist eine einfache, aber sehr wirksame Technik um herauszufinden, was Sie wirklich in Bezug auf eine Person empfinden. Bei manchen Namen wird Ihnen vielleicht warm um's Herz, mit anderen erleben Sie vielleicht eine Art Melancholie oder Traurigkeit. Bei anderen wiederum werden Sie kalt oder aggressiv. Der Trick dabei ist, nach dem Aussprechen des Namens eine kurze Pause zu machen und den Namen zu wiederholen, gerade bevor das (bewusste) Denken wieder einsetzt. Namen in dieser Weise auszusprechen ist, als ob man einen Köder ins Unbewusste hängt, um zu sehen, was anbeißt.

Die Wunden der Vergangenheit heilen

Was normalerweise fehlt, damit der Archivar eine Altlast in Ihrem persönlichen Unbewussten als erledigt ablegen kann, ist der Ausdruck. Alte Episoden, die zu sozialen Symptomen führen, haben immer noch eine emotionale Ladung, die sich ausdrücken will. Ihre Wahrheit will ausgesprochen werden, gelacht, geweint, still gespürt, was auch immer. Wichtig ist, dass der Ausdruck authentisch ist.

Wenn Sie die Person, um die es geht, identifiziert und die damalige Situation erinnert haben, wenn Sie wissen, um welchen Ausdruck es sich handelt, haben Sie drei Möglichkeiten:

1. Die Person ist noch am Leben, bei guter Gesundheit und mental fit genug, um sich auf ein Gespräch über Altlasten einzulassen. Dann kann es eine gute Idee sein, anzurufen und zu fragen: *„Sag mal, Papa, wir haben im Laufe der Jahre über alles mögliche gesprochen, aber nie über unsere Vater-Sohn Beziehung. Ich habe da ein Thema, das ich gerne mit Dir besprechen würde. Hast Du am nächsten Freitag Zeit? Ich habe mir vorgestellt, wir gehen zusammen spazieren und reden."* So etwa. Und wenn der Andere zustimmt und das Gespräch auf beiden Seiten ein authentischer Ausdruck der damals unterdrückten Emotionen ist, dann wird es einer von jenen denkwürdigen Spaziergängen werden, die keiner der Beteiligten jemals vergisst. Beide werden sehr erleichtert heimkommen.

2. Die Person ist in der Zwischenzeit gestorben. Das ist kein Problem. Gehen Sie zum Friedhof und führen Sie das Gespräch dort, vorzugsweise zu einer Tageszeit zu der sonst niemand dort ist. Es muss nicht einmal der richtige Friedhof sein oder das richtige Grab. Wichtig ist nur, eine emotionale Verbindung zum Verstorbenen herzustellen, indem Sie den Namen laut wiederholen (siehe oben). Wenn Sie die Verbindung spüren, sprechen Sie ihre Wahrheit laut, in direkter Rede und in der Gegenwartsform. Sie können sogar Fragen stellen. Die Antworten, die Sie bekommen, werden sehr subtil sein, innerlich, aber Sie werden welche bekommen. Ein junger Mann (26), dem ich ein Gespräch mit seiner Mutter auf dem Friedhof vorgeschlagen hatte, erzählte mir am nächsten Tag, er sei den ganzen Weg zu seinem Hotel gehüpft wie ein kleiner Junge, so leicht habe er sich nach dem Gespräch mit seiner Mutter gefühlt. Seine Mutter war nicht einmal dort begraben. Er hatte einfach jemanden, der dort lag, gebeten, die Verbindung zu ihr herzustellen. Und er bekam sie. (Wenn Ihnen Friedhöfe nicht liegen, gehen Sie zu einem Baum. Er steht in derselben Erde, in der auch der Verstorbene liegt.)

3. Die Person ist am Leben, aber vielleicht zu alt, mental nicht flexibel genug, um mit alten Geschichten konfrontiert zu werden. In diesem Fall rate ich davon ab, diesen Menschen anzusprechen. Es sollen ja von früher übrig gebliebene emotionale Ladungen ausgedrückt werden. Es besteht keine Notwendigkeit, diesen Menschen damit zu belasten oder eine Familienkrise zu riskieren. Stattdessen kann ein guter Freund einspringen und Ihnen seine Augen leihen, während Sie Ihre Wahrheit sprechen. (Er/sie braucht gar nichts zu antworten, nur da zu sein.) Sprechen Sie ihn mit dem anderen Namen an.

Sie wissen (und Ihr Freund weiß), dass jemand Anderer gemeint ist. Auch ein guter Therapeut kann diese Rolle übernehmen. Die Wirkung ist natürlich nicht ganz dieselbe, als wenn Sie mit der tatsächlich gemeinten Person gesprochen hätten, aber der Ausdruck der emotionalen Energie wird derselbe sein und die Erleichterung hinterher auch.

Es ist wunderbar zu beobachten, was mit einem sozialen Symptom geschieht, wenn der innere Friede einmal hergestellt ist. Es verschwindet. In meinem Beispiel wird Harry seinem Chef am nächsten Tag begegnen und keinerlei emotionale Reaktion auf ihn spüren. Eine neue Nüchternheit kommt in ihre Beziehung. Ich muss hinzufügen, dass ich kein Freund des Ausgrabens unbewusster Inhalte bin, nur um des Ausgrabens willen. Bloße Neugier ist ein unzureichender Grund für ein psychotherapeutisches Aufwühlen der Seelentiefen. Aber wenn wir bemerken, dass irgendeine alte Geschichte uns daran hindert, in unserem Leben hier und jetzt erfolgreich zu sein und es zu genießen, dann ist es tatsächlich an der Zeit, in unserem Unbewussten etwas Archäologie zu betreiben.

Ich habe Menschen gesehen, die durch die Hölle von Auschwitz gegangen sind und dennoch im Alter ein Funkeln in ihren Augen hatten. Sie haben ihren Weg zurück zu einer positiven Grundhaltung und zur Lebensfreude gefunden. Für mich sind sie leuchtende Beispiele für die Widerstandsfähigkeit (Resilienz) des menschlichen Geistes und der Seele. Wenn diese Menschen mit dem, was sie durchgemacht haben, klar kommen können, dann können wir das allemal. Aber man muss daran arbeiten.

Vom Praktischen her gesehen hat das Unbewusste also zwei wesentliche Funktionen:

1. es kann eine inspirierende und kreative Rolle in unserem Leben spielen und bei der Lösung von Problemen helfen; und

2. es ist der Bewahrer unseres lebenslang angesammelten Erfahrungsreichtums. Sollten wir mit der einen oder anderen Erfahrung noch nicht im Frieden sein, so wird es uns daran erinnern, dass diese Erfahrung noch da ist und darauf wartet, dass wir uns mit ihr befassen. Dann ist seine Aufgabe, für die Heilung alter Wunden zu sorgen.

So wie ich es verstehe, kann man von einem gereiften Menschen sprechen, wenn seine Altlasten vom Schreibtisch des Archivars verschwunden sind. Mit der eigenen Vergangenheit in Frieden zu sein, macht den Weg frei in eine wirklich neue Zukunft, die nicht mehr durch verdrängte Erlebnisse aus der Vergangenheit bedingt ist. Dann kann unser täglicher Dialog mit unserem Archivar in erster Linie der Inspiration und der Kreativität dienen. Das ist der Moment, in dem sich unser menschliches Potential frei zu entfalten beginnt.

Konflikte - innen und außen

In diesem Zusammenhang will ich auf ein Prinzip hinweisen, das ich, nicht nur bei Altlasten, immer wieder bestätigt finde:

**Ein innerer Konflikt, der ungelöst bleibt,
führt unweigerlich zu äusseren Konflikten
- und umgekehrt.**

Ich schlage vor, dass Sie diesen Satz im Lichte Ihrer eigenen Erfahrung überprüfen.

Ein Teil der Arbeit unseres Archivars besteht darin, uns an innere Konflikte zu erinnern, die wir ständig mit uns herumtragen, die wir aber vergessen haben. Das können Konflikte sein mit einem Aspekt unserer Vergangenheit bzw. mit Menschen, mit denen wir damals nicht zurecht kamen. Der Archivar erinnert uns daran, indem er unsere inneren Konflikte mit ihren emotionalen Ladungen in externen Symptomen spiegelt, die sozialer Art sein können und/oder auch mental bzw. körperlich. Ich habe oben ein paar Beispiele angeführt.

Äußere Konflikte, die nicht gelöst werden, führen bei allen Beteiligten zu einer inneren Unruhe. Sie machen sich Sorgen und hadern mit sich selber: „Hätte ich dies oder jenes (nicht) sagen sollen?", „War ich zu kompromisslos, oder zu nachgiebig?", oder was auch immer. Dieser innere Konflikt ist charakterisiert durch Selbstzweifel, interne Dialoge, die endlos vermeintlich und tatsächlich versäumte Gelegenheiten durchspielen und erwartete oder gefürchtete künftige Begegnungen proben, all das wahrscheinlich begleitet von Schlaflosigkeit, schlechter Verdauung und ebenso schlechter Laune.

Denken Sie daran, dass ein Konflikt sich aus zwei Kräften zusammensetzt, die in entgegengesetzte Richtungen drängen. Viel Energie ist in diesem Widerstreit gebunden und steht somit nicht für möglicherweise Wichtigeres zur Verfügung. Ungelöste Konflikte, innere ebenso wie äußere, sind Energiefresser.

Der erste Schritt zur Lösung eines Konfliktes ist anzuerkennen, dass es einen gibt. Der zweite Schritt ist festzustellen, ob es ein innerer Konflikt ist, oder ein äußerer. (Zwischen was und was, oder zwischen wem und wem.)

Die einfachste Form eines inneren Konflikts ist eine anstehende Entscheidung: *„Soll ich dieses Auto kaufen (diesen Mann heiraten, übersiedeln, meinen Job kündigen...)? Oder lieber nicht?"* Argumente für und gegen den ins Auge gefassten Schritt gehen uns dann unaufhörlich im Kopf herum, so lange bis der Konflikt aufgelöst ist, normalerweise durch eine klare Entscheidung. Der erste Konflikt, der uns überliefert ist, war ein innerer: „Soll ich diesen Apfel essen oder nicht?" Es muss eine Entscheidung getroffen werden, wenn der innere Widerstreit nicht ewig andauern soll. (Mit dem Treffen von Entscheidungen befassen wir uns in einem späteren Kapitel.)

Welche Entscheidung Sie auch treffen, um den inneren Konflikt zu beenden, es wird wahrscheinlich Gegenstimmen geben. Intern kann die Diskussion weitergehen: *„Habe ich auch die richtige Entscheidung getroffen? Wäre Lösung B nicht doch besser gewesen?"*. Von außen kann ebenfalls Opposition kommen, auch wenn es nicht der Zorn Gottes sein muss, wie im Fall von Adam und Eva. Es mag Außenstehende geben, die meinen, Sie hätten sich falsch entschieden. Sich zu entscheiden heißt immer, dass man auch gegen Andersmeinende zu seiner Entscheidung steht und dass man die Konsequenzen trägt, den Preis bezahlt. Das setzt voraus, dass Sie mit der Opposition in Ihrem Inneren klar kommen. Zuerst muss das Für und Wider im eigenen Kopf gelöst werden.

Ich ergreife diese Gelegenheit, Sie daran zu erinnern, dass es so etwas wie „die richtige" (oder falsche) Entscheidung nicht gibt. Es gibt nur die Entscheidung, für die Sie bereit sind, die Verantwortung zu übernehmen - mit allen Konsequenzen. In Selbstmitleid zu verfallen, wenn eine Entscheidung daneben geht, zeigt nur, dass Sie nicht die volle Verantwortung übernommen haben, d.h. den Preis für Ihre Entscheidung nicht zahlen. Häufig stellt sich das, was zunächst wie eine Katastrophe aussieht, nachträglich als ein Segen heraus. Ihre bisherige Lebenserfahrung wird dazu beitragen, die Wahrscheinlichkeit eines guten Ausgangs zu erhöhen. Sollten Sie noch jung sein und nur wenig Erfahrung haben, kann Rat von Älteren helfen. Es ist nicht nötig, dass wir jeden Fehler selber machen. Aus den Fehlern Anderer und vom Rat Älterer zu lernen, kann uns viele Schwierigkeiten ersparen.

Altlasten sind innere Konflikte. Wenn wir sie bei uns entdecken, tun wir gut daran, ihnen auf den Grund zu gehen und sie aufzulösen. Dazu ist in den meisten Fällen keine langwierige Psychotherapie nötig. Meine Frau Margot hat über die Jahre einen intensiven Kurzzeit-Prozess entwickelt (5 bis 10 Tage), in dem Altlasten und systemische Lebensmuster bearbeitet und aufgelöst werden können. Das Ziel dieser Arbeit ist immer, das aktuelle Leben von seiner Bedingtheit durch hinderliche alte Muster zu befreien und für Neues zu öffnen.

Konflikte mit anderen Menschen sollten ebenfalls so bald wie möglich angegangen werden. Die alte Methode funktioniert nach dem Prinzip *Keule* (heute *Kalashnikow*). Man schlägt so lange auf den Anderen ein, bis er/sie nachgibt. Der Mythos besagt, dass derjenige, der die grössere Keule hat, gewinnt. Dazu gibt es zwei Dinge zu sagen. Erstens sollte spätestens seit Viet-Nam bzw. Afghanistan klar geworden sein, dass alle Waffen der Welt keinen Sieg garantieren.

Und zweitens: Was heißt „gewinnen"? Verstehen wir Sieg tatsächlich so, dass die andere Partei zerstört beziehungsweise mundtot gemacht wird? Darauf können wir nur mit Ja antworten, wenn wir davon ausgehen, dass der Gegner so abgrundtief böse oder fehlgeleitet ist, dass er es verdient, zerstört zu werden. Aber da der Gegner uns wahrscheinlich ebenso sieht, kann in solchen Bewertungen nicht viel objektive Wahrheit liegen. Ganz im Gegenteil: Die *Keulen-* oder *Kalashnikow-Methode* ist von Haus aus selbstgerecht und braucht die Respektlosigkeit, ja den Hass, um überhaupt zu funktionieren. Sie funktioniert nicht nur auf politisch motivierten Schlachtfeldern, sondern auch im geschäftlichen Umfeld, in der Nachbarschaft, in Familien. Diese Respektlosigkeit für den Gegner führt immer zu (bildlich gesprochen) Blutvergießen. Wenn es das ist, was wir wollen, dann ist die alte Methode zu diesem Zweck bestens geeignet. Aber wollen wir das wirklich?

In letzter Zeit war viel die Rede von möglichen *win-win* Lösungen. Wobei zu bedenken ist, dass viele von denen, die über *win-win* sprechen, eine gut geölte und durchgeladene Kalashnikow gleich hinter ihrem Schreibtisch liegen haben, nur für den Fall... Trotzdem, wenn wir die Möglichkeit einer win-win Lösung ernsthaft untersuchen, stellen wir als erstes fest, dass sie ohne Respekt für die Andersartigkeit des Anderen nicht funktionieren kann. Wenn wir auf das tödliche Arsenal verzichten, dann bleibt uns nämlich als Mittel der Konfliktschlichtung nur der Dialog.

Wie reagieren Sie, wenn Sie Ihr Dialogpartner spüren lässt, und sei es noch so subtil, dass er Sie nicht respektiert? Ich neige dazu, in solchen Situationen „auszutrocknen". Ich ziehe mich innerlich aus dem Gespräch zurück und warte auf das Ende. Man sagt mir, dass andere Menschen ganz ähnlich reagieren. Auch wenn unser Gesprächspartner genau die richtigen Geräusche und Gesten macht, wir fühlen es trotzdem, wenn er uns nicht respektiert. Das ist keine Basis für ein beiderseits zufrieden stellendes Gespräch. Das Gleiche gilt auch andersherum. Wenn der Andere sich von uns nicht respektiert fühlt, wird er sich still zurückziehen. Die große Frage ist: Wie können wir Respekt für jemanden aufbringen, der (in unseren Augen) einen so naiven und falschen Standpunkt vertritt (so schlechte Manieren, einen solchen sozialen Hintergrund, fragwürdige Moralvorstellungen hat, oder was auch immer)? Es wird einiges an kollektivem Lernen stattfinden müssen, bevor *win-win* in unseren Konfliktlösungs-Strategien zu einer realistischen Option werden kann. Gegenseitiger Respekt und ein Dialog auf gleicher Augenhöhe sind für *win-win* unverzichtbar. Sie sind die Kernstücke dessen, was wir als soziale Intelligenz bezeichnen. Wir werden uns später ausführlich mit ihnen befassen.

Wenden wir uns zunächst den äusseren, den zwischenmenschlichen Konflikten zu.

Die Konflikt-Landkarte

Um uns in einer komplexen zwischenmenschlichen Konfliktsituation einen klaren Überblick zu verschaffen, haben wir kein besseres Werkzeug als die Konfliktlandkarte. Sie kombiniert die Vorteile der distanzierten Metaebenen-Perspektive mit nüchterner Analyse und Selbstreflexion.

Das Prinzip der Konflikt-Landkarte ist uns von anderen Landkarten her vertraut. Während diese Symbole haben für Städte, Straßen, Flüsse, Eisenbahnen und andere geographische Besonderheiten, verwenden wir auf Konfliktlandkarten Symbole für Menschen und für die verschiedenen Qualitäten ihrer Kommunikation.

Wir zeichnen einen Kreis für Menschen. Verschiedene Grössen können Unterschiede in Wichtigkeit oder Status symbolisieren.

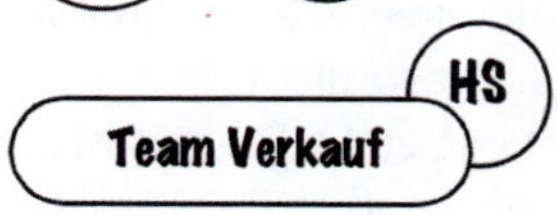

Wir zeichnen längliche Formen für Gruppen. In meinem Beispiel ist HS der Sprecher für diese Gruppe.

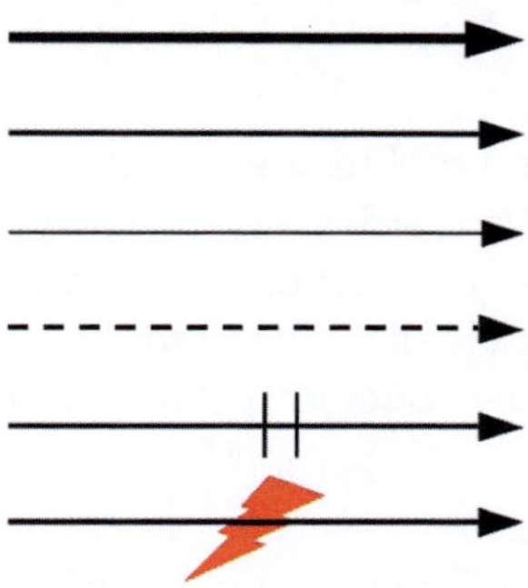

Pfeile unterschiedlicher Dicke stehen für unterschiedliche Kommunikationsintensitäten zwischen zwei Menschen.

Gepunktete/unterbrochene Linien signalisieren, dass dieser Mensch Informationen zurückhält, nur wenig kommuniziert oder Themen ausspart.

Ein roter Blitz symbolisiert einen offenen Konflikt.

Mit diesen Symbolen (und weiteren, die wir erfinden können, wenn wir andere Qualitäten einzeichnen wollen), können wir jetzt Karten sozialer Landschaften zeichnen. Hier ein Beispiel:

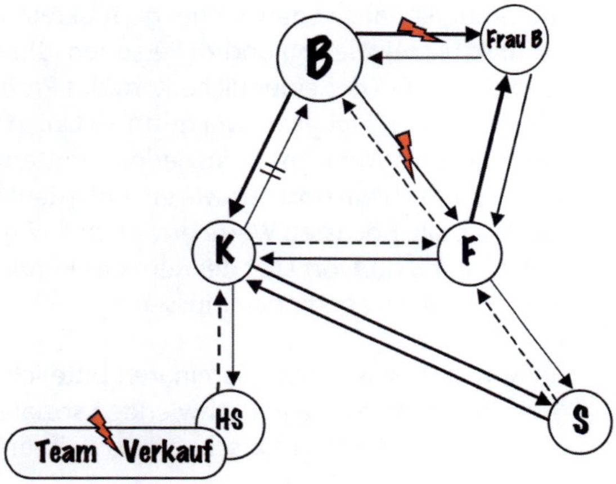

Eine Konflikt-Landkarte

Die Schwierigkeit schien bei den Aussendienstmitarbeitern (Team Verkauf) zu liegen. Sie hatten tägliche Konflikte und machten keine gute Arbeit. Ihr Teamleiter (HS) beschwerte sich, dass er von seinem Chef nicht genügend Unterstützung bekam (dünne Linie von K zu HS). Da er ein konfliktscheuer Mann war, versuchte er die Schwierigkeiten in seiner Abteilung herunterzuspielen (gepunktete Linie zu K) und mehr Unterstützung einzufordern. F macht seine Arbeit nur halbherzig (dünne Linie zu seinem Mitarbeiter S). Seine Gedanken sind offensichtlich anderswo. B, der Chef, hat F, der ein Freund der Familie war, vor sechs Monaten befördert. Aber F unterhält eine fragwürdige Beziehung zu B's Frau (sie spielen zusammen Golf und B befürchtet das Schlimmste). Also ist B sauer auf F und lässt es ihn fühlen (Konfliktblitz). Sein Vertrauen zu F ist auf dem Nullpunkt und er benutzt K um F's Arbeit mit S zu kontrollieren (und wo möglich zu umgehen). K weiß um die Beziehung F's zu B's Frau und missbilligt sie sehr (gepunktete Linie zu F), gibt aber vor, nichts von irgendwelchen Konflikten zu wissen, wenn er mit B spricht (unterbrochene Linie zu B). Er tut aber, was B in Bezug auf S verlangt und hofft, damit ein paar Pluspunkte für seine nächste Beförderung zu bekommen. S ist glücklich über die intensivere Kommunikation mit K (dicke Linien in beide Richtungen). Er mag F sowieso nicht. Er meint, er hätte damals F's Job bekommen sollen (gepunktete Linie zu F). Die zusätzliche Arbeit mit S lässt K nicht genügend Zeit, sich um seinen Außendienst zu kümmern, wie er es sollte. Diese Vernachlässigung ist der Grund für die Frustration von HS und die Konflikte in seinem Team.

Jetzt sehen Sie sich den Text an, den ich formulieren mußte, um die Situation zu beschreiben. Und dann die Landkarte. Sie ist im Vergleich sehr einfach - und viel klarer. Sie zeigt die Dynamik der Situation, den Energiefluss in Form von Kommunikationsqualitäten. Dieses Bild sagt mehr als die vielen Worte. Eine Konfliktlandkarte ist ein Blick auf die Situation aus der Vogelperspektive. Sie ist sehr ausdrucksstark.

Wenn ich Konflikt-Landkarten analysiere, zähle ich immer zuerst die gestörten Kommunikationswege (dünne, gepunktete oder unterbrochene Linien sowie Konfliktblitze), die von und zu Personen führen. Das gibt mir ein ziemlich klares Bild davon, wo der eigentliche Kern des Problems liegt. In unserem Fall hat die Gruppe unten lediglich zwei gestörte Linien aufzuweisen (die allerdings 100% ausmachen). Wenn man das jedoch mit anderen Knotenpunkten vergleicht, sieht das Problem dort aus wie ein unbedeutender Nebenschauplatz - was es ja auch ist. Die höchsten Werte erreichen F (7 gestörte Linien, die dünnen mitgezählt) und B (5). Dort sitzt der Kern des Konflikts. Jeder Versuch, das Problem zu lösen, wird dort beginnen müssen.

In Konfliktmanagement-Seminaren bitte ich die Teilnehmer, die Landkarte eines Konfliktes bzw. einer schwierigen sozialen Landschaft zu zeichnen, am Arbeitsplatz, in der Nachbarschaft oder in ihrer Familie. Der Begeisterung nach zu urteilen, mit der sie ans Werk gehen und danach ihre Landkarten miteinander besprechen, macht es ihnen großen Spaß. Sogar Menschen, die sich scheuen, zuzugeben, dass sie überhaupt Konflikte haben, können sich dafür begeistern. Und diejenigen, die zu Beginn sehr emotional waren, beginnen die Situation nüchterner zu analysieren und zu diskutieren.

Hier sind einige der Kommentare nach der Arbeit mit der Konflikt-Landkarte (wörtlich zitiert):

man bekommt einen Überblick über die Situation
stimuliert Selbstreflexion
eine objektivere Sichtweise
mir wurde das Ausmaß des Konfliktes bewusst
visuelle Verdeutlichung
es bietet eine gewisse Abstraktion
gibt mir eine weniger emotionale Perspektive
das Bild wird grösser
es wird konkreter
ich kann jetzt einen Lösungsweg sehen
mein innerer Stress hat nachgelassen
der Kern des Konflikts wird sichtbar
das Chaos bekommt Struktur
es macht mir Mut
reine Metaebene
man sieht klar, wer beteiligt ist und wer nicht
ich kann meinen eigenen Konflikt von außen betrachten
Koalitionen werden sichtbar
ich fange an, die Perspektiven der Anderen zu verstehen
man sieht Sachen, die man vorher nicht bemerkt hat
es zeigt die Qualität der Interaktion
die Landkarte ist wertneutral

Diese Metaebenen-Perspektive ist es, die gute Mediatoren, Konfliktlösungsexperten und wildfremde Menschen qualifiziert. Sie haben keinerlei eigene Interessen in dem Konflikt und betrachten ihn lediglich als eine komplexe, dynamische Struktur, die es zu entwirren gilt. Hier ist ein Beispiel für die Kompetenz eines wildfremden Menschen:

Vor vielen Jahren hatte ich einen ziemlich schlimmen Konflikt, der mich sehr quälte. Ich saß in einem Zug nach München und dachte über das Problem nach. Mit mir im Abteil war ein Mann, der in einer Zeitung las. Er war etwa fünfzehn Jahre älter als ich und sah intelligent und freundlich aus. Als er seine Zeitung weglegte und aus dem Fenster sah, sprach ich ihn an. Ich sagte, er sähe aus wie ein Mann mit Erfahrung, dass ich ein Problem habe, mit dem ich nicht zurande käme und ob ich ihn um seinen Rat bitten dürfe. „Natürlich," sagte er. „Worum geht es?" Als ich ihm die Situation geschildert hatte, fiel es ihm nicht schwer, mich auf den offensichtlichen Ansatzpunkt hinzuweisen, der mir zur Änderung der Situation zur Verfügung stand. Ich war von meinen Gefühlen so geblendet gewesen, dass ich ihn nicht gesehen hatte. Aber als der Fremde im Zug mich auf diese Lösung hinwies, konnte ich sie sofort erkennen.

Die nüchterne Metaebenen-Perspektive fällt denen leicht, die nicht am Konflikt beteiligt sind. Wenn Sie also einen Konflikt haben, bitten Sie einen Außenstehenden um Hilfe, der (oder die) imstande ist, ihn auf absolut unvoreingenommene Weise zu betrachten (wie meinen Fremden im Zug).[74] Wählen Sie nicht unbedingt Ihren besten Freund, der aus Sympathie dazu neigen könnte, Ihre Partei zu ergreifen.

Die Gewohnheit, Partei zu ergreifen, oder zumindest unser Wunsch, herauszufinden, wer *im Recht* ist, übersieht die Tatsache, dass in der Regel jede der Parteien aus ihrer eigenen Perspektive *recht* hat. Aber in Konflikten ist das *Im-Recht-Sein* nebensächlich. Es ist wesentlich sinnvoller, sich die Energien bewusst zu machen, die in einer solchen Patt-Situation vergeudet werden und Wege zu suchen, sie wieder in Fluss zu bringen. Keinen, der einen Konflikt auf distanzierte und unvoreingenommene Weise betrachtet, beschäftigt die Frage, wer *recht* hat.

Zum Recht-Haben gibt es eine wunderbare Geschichte von Harun-al-Rachid, der vor ca. 1.300 Jahren Kalif von Baghdad war. Er war auch der oberste Richter. Als er eines Tages Gericht hielt, erhob sich ein Kläger und trug seinen Fall vor. Er tat das auf so klare und überzeugende Weise, dass, als er sich wieder setzte, Harun al-Rashid sagte: „Du hast recht". Dann stand der Beschuldigte auf, um sich zu verteidigen. Er tat das so klar und überzeugend, dass Harun al-Rashid, als er sich setzte, wieder sagte: „Du hast recht". Daraufhin beugte sich der beisitzende Richter zu Harun und flüsterte ihm ins Ohr, er dürfe nicht beiden Parteien recht geben. Lächelnd antwortete ihm Harun al-Rashid: „Du hast auch recht".

Soviel zum Recht-Haben.

[74] Auch bei Brettspielen (formalisierten Konflikten) haben die unbeteiligten Zuschauer in der Regel eine viel klarere Wahrnehmung als die Spieler selber (siehe *Pente* und *Mankala* im Übungsteil)

Innere Konflikte beenden

Auch wenn das Zeichnen einer Konfliktlandkarte bei der Handhabung von komplexen zwischenmenschlichen Konflikten sehr nützlich sein kann, ist sie bei inneren Konflikten nicht hilfreich. Wir haben uns mit inneren Konflikten beschäftigt, die von Altlasten herrühren und Wege aufgezeigt, mit ihnen umzugehen. Jetzt möchte ich auf Konflikte eingehen, die durch zwei (selten mehr) sich gegenseitig ausschließende Optionen charakterisiert sind und einer Entscheidung bedürfen. Zur Lösung dieser innerer Konflikte braucht man einen klaren Kopf.

Zuerst möchte ich einen Rat meines Lehrers Glyn Seaborn-Jones weitergeben, der mir über die Jahre sehr geholfen hat:

Im Zweifelsfall hab' niemals Angst, nichts zu tun.[75]

Das gibt uns ein bisschen Zeit zum Nachdenken. Was geschieht als nächstes? Um mit solchen inneren Konflikten gut umzugehen, brauchen wir zweierlei:

1. klare Orientierung
2. eine Entscheidung

Hier können wir zwei bewährte Denkhilfen nutzen:

1. Love it - Change it - Leave it
2. eine einfache Kosten-Nutzen-Rechnung

Die erste Denkhilfe ist wahrscheinlich die am weitesten verbreitete Flipchart-Zeichnung der Welt. Ich möchte dem Menschen, der sie entwickelt hat, an dieser Stelle meinen Respekt und meinen Dank aussprechen. Er scheint in der Masse der Trainer, die seine Idee verwenden, verschwunden zu sein. Ich belasse die Benennung (*Love it* etc.) im Englischen.

Die zweite ist eine Inspiration, die ich einem von Edward de Bono's unzähligen Büchern verdanke. Ich habe das Buch wohl verliehen und nicht mehr zurückbekommen. So kann ich Ihnen nicht einmal die exakte Quelle nennen. Ich habe mir erlaubt, seine Idee um ein kleines, aber wichtiges, Detail zu ergänzen.

Sehen wir uns diese Instrumente eines nach dem anderen an.

[75] ***„In case of doubt never be afraid of doing nothing."***

Die drei Optionen: Love it - Change it - Leave it

Wenn Sie die Situation, in der Sie sich befinden, lieben (*Love it*), dann haben Sie keinerlei Konflikt darin und brauchen nichts an ihr zu ändern. Entspannen Sie sich und genießen Sie es.[76]

Manchmal allerdings tauchen Umstände auf, die Sie nicht lieben. Dann haben Sie einen Konflikt mit Ihrer Situation: „Ich hätte gern dies, habe aber das." Was sollen Sie tun? Die Antwort ist einfach. Verändern Sie die Situation so, dass der Konflikt verschwindet und Sie zum Zustand des *Love it* zurückkehren können.

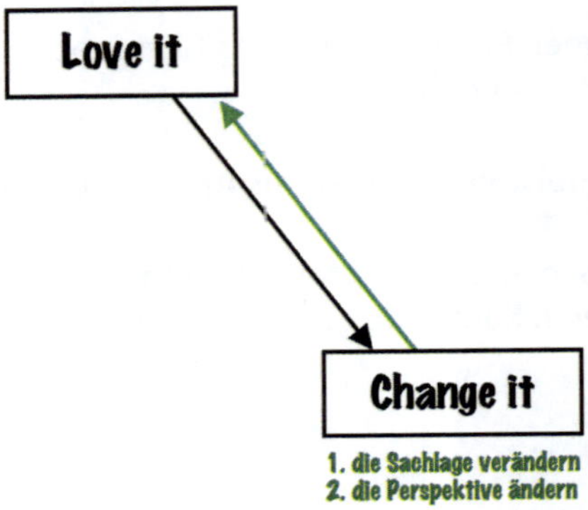

Love it, change it

Um eine ungeliebte Situation zu verändern haben Sie folgende Möglichkeiten:

1. Sie können versuchen, die Umstände, die Sie nicht mögen, zu verändern. Das setzt allerdings voraus, dass diese Umstände in Ihrem Territorium bzw. in Ihrem Einflussbereich liegen (siehe das Kapitel über Territorien). Wenn diese Umstände außerhalb Ihres Einflussbereichs liegen, können Sie immer noch versuchen, ihn mit Hilfe von Freunden oder Verbündeten zu erweitern. (*„Du kennst doch den Mann, der für X verantwortlich ist. Würdest Du bitte mal mit ihm sprechen und ihn fragen, ob er nicht..."*). Aber dieses Erweitern von Territorien ist immer begrenzt. Also besteht eine gewisse Wahrscheinlichkeit, dass Sie nichts verändern können und zur zweiten Möglichkeit übergehen müssen.

2. Sie verändern Ihre Perspektive auf die Situation. Sie können einen Weg finden, mit dem neuen und ungeliebten Umstand in Ihrem Leben zurecht zu kommen, indem Sie entweder Ihre Erwartungen loslassen, oder dem ungeliebten Umstand eine neue Bedeutung zuschreiben.

Es läuft entweder auf eine Veränderung der Realität hinaus, oder auf eine Veränderung Ihrer Interpretation der Realität. Beides dient dem Zweck, ungeliebte Situationen in etwas zu verwandeln, das wir wieder lieben können, oder wovon wir in irgendeiner Weise profitieren.

[76] Der „Love it"-Zustand ist dem Smiley in der Landkarte der Emotionen sehr ähnlich.

Das früheste Beispiel einer erfolgreichen Perspektivenveränderung gab mir meine Tante Marie als ich zwölf Jahre alt war. Sie war über siebzig, hatte eine kaputte Hüfte und ging unter offensichtlichen Schmerzen am Stock.
Eines Tages fragte ich sie: „Tut Dir die Hüfte sehr weh?" Sie machte eine Pause bevor sie antwortete: „Ja, schon", sagte sie, „aber weißt Du, das ist für meine Sünden." Sie hatte ihre sehr katholische Perspektive dazu verwendet, einer unveränderlichen Realität einen tieferen Sinn zu geben. Ich weiß nicht, ob sie dadurch schneller in den Himmel kam, aber sie opferte ihre Schmerzen auf dem Altar ihrer weltlichen Sünden. Ich muss hinzufügen, dass Sie sich niemals beschwert hat.

Seit damals habe ich nicht nur andere Menschen erlebt, die ihre Perspektive sehr wirksam veränderten, ich habe es auch selbst viele Male getan. Ich gebe Ihnen hier noch ein Beispiel. Es mag banal sein, aber es hat alle Merkmale einer wirksamen Veränderung der Perspektive zum Positiven.

Bei einem psychologischen Symposium in Genf boten die renommierteren Vertreter der verschiedenen Disziplinen Vorträge und Demonstrationen an. Die Auswahl war beeindruckend. Ich war hin- und her gerissen zwischen einem Amerikaner und einer Gruppe britischer Psychotherapeuten, die über „Provokative Psychotherapie" sprechen wollten. Da ich selber in dieser Richtung schon interessante Erfahrungen gesammelt hatte, entschied ich mich für die Briten. Der Raum füllte sich schnell (mit mir genau in der Mitte). Als schließlich auch noch die Zugänge mit Zuhörern gefüllt hatten begannen die drei Sprecher mit ihrem Vortrag. Nach sehr kurzer Zeit wurde mir klar, dass die Ebene, auf der sie ihre Präsentation machten, mir mehr als vertraut war. Es würde kaum etwas Neues oder Wegweisendes geben, wie ich es eigentlich erhofft hatte. Ich war in Versuchung zu gehen und in den Nebenraum zu wechseln, aber ich saß in der Mitte der Zuhörer fest. Es wäre mir peinlich gewesen, gleich zu Beginn wieder zu gehen. Also musste ich mir etwas anderes einfallen lassen. Ich beschloss, mitzuzählen, wie oft die Sprecher in ihrem Vortrag den Buchstaben L verwendeten. (Ich weiß nicht warum ich mich damals für den Buchstaben L entschied. Heute verwende ich O's. Die sind ein bisschen leichter.) Da es drei einander abwechselnde Sprecher gab, musste ich drei verschiedene L-Konten führen, eines für jeden der Sprecher: (1. Sprecher:) 7 .... 8 ... 9 ..... 10 ... ; (2. Sprecher:) 22 ..... 23 .. 24 .... 25..... (1.:) 11 ... 12 .. 13 ... (3. Sprecher:) 3 ... 4 ..... 5 ... (2.:) 26 .. 27 ...... 28 .. (1.:) 14 ... 15 ... (2.:) 26 ... (3.:) 6... 7 ... 8 .... 9 .. 10 .. (1.:) 16 ...... 17 ... und so weiter. Das Mitzählen ließ mir genügend Aufmerksamkeit um gelegentlich interessante Inhalte auch noch mitzunehmen. Es war eine wunderbare Übung in mentalem Multitasking. Ich genoss sie so sehr, dass ich nach der Pause nicht zum amerikanischen Vortragenden in den Nebenraum wechselte, sondern wiederkam, um damit weiterzumachen.

Die Tatsache, dass ich nach der Pause blieb, zeigt, dass ich es tatsächlich geschafft hatte, eine ungeliebte Situation in ein Love it zu verwandeln. Das Prinzip funktioniert in allen möglichen Situationen. Ein neuer Vorgesetzter mit einem hitzigen Temperament kann Ihre gewohnte Arbeits- oder Kommunikationsweise empfindlich stören. Anstatt ihn zu hassen, können Sie ihn zu ihrem persönlichen Trainer in Nachsicht ernennen. Ein Verkehrsstau kann zu einer Geduldsübung, eine Krankheit zu einer willkommenen Pause umdefiniert werden. Schlechtes Wetter am Wochenende wird zu einer Gelegenheit, das Haus zu putzen, endlich wieder ein Buch zu lesen oder was auch immer. Diese Technik braucht eine positive Grundhaltung, mentale Flexibilität und die Fähigkeit, das Beste aus allen möglichen unwillkommenen Dingen und Situationen zu machen.[77] Es ist eine sehr gute Übung und kann dazu beitragen, trotz aller Widrigkeiten seinen Spaß zu haben.

Das *Change it*, ob wir nun versuchen, die Sachlage zu verändern oder unseren Blickwinkel, ist eine kreative Herausforderung. Das Ziel ist natürlich zum Love it zurückzufinden. Manchmal funktioniert das wunderbar. Zu anderen Zeiten tun wir eine Weile unser Bestes, nur um festzustellen, dass wir dennoch keinen Weg zum Love it finden, egal wie sehr wir uns bemühen, die ungeliebten Dinge zu verändern oder sie aus einem anderen Winkel zu betrachten. Dann bleibt nur eine letzte Option übrig: *Leave it.*

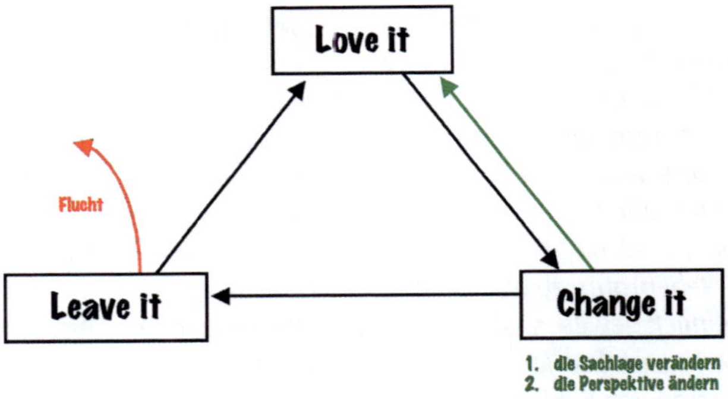

... or leave it

Eine ungeliebte Situation zu verlassen, sollte immer das Ziel haben, ein neues *Love it* zu finden. Das erfordert sorgfältige Planung und Vorbereitung. Es gibt natürlich auch die Möglichkeit, einfach wegzurennen, zu fliehen ohne jede Planung. (Ich habe es einmal getan und hatte das Glück, am Ende auf meine Füße zu fallen. Aber ich empfehle es nicht.) Idealerweise sollte ein solcher Schritt sorgsam geplant sein, ob es nun ein Arbeitsplatz ist, der verändert werden soll, eine Wohnung, oder der Familienstand. Man sollte sich immer zuvor um ein Sicherheitsnetz bemühen. Unser Netzwerk von Freunden kann hier helfen und sollte schon lange vor dem entscheidenden Schritt aktiviert werden. Sie könnten jemanden kennen, der gerade einen Mitarbeiter mit genau meinen Qualifikationen sucht. Sie könnten eine neue Wohnung wissen, wenn Sie umziehen müssen. Es ist unglaublich, wie viel Freunde wissen. Und wie hilfsbereit

[77] Genau wie ein Alchemist, der es versteht, aus minderwertigem Material Gold zu machen.

sie sein können, wenn wir sie brauchen. Gute Freunde werden alles nur Erdenkliche tun, um uns auf der Suche nach einem neuen *Love it* zu helfen.

Das *Leave it* hat allerdings einen (doppelten) Haken. Wenn Sie eine vergleichsweise sichere Situation verlassen, können Sie nie absolut sicher sein, dass alles gut ausgehen wird, egal wie sorgfältig Sie Ihren Schritt planen. Es bleibt immer ein gewisses Risiko, vom Regen in die Traufe zu kommen. Stellen Sie sich vor Sie suchen einen neuen Job. Ein Freund bringt Sie mit dem Personalchef eines Unternehmens zusammen, der schon lange auf jemanden mit Ihren Qualifikationen gewartet hat. Er will Sie sofort einstellen. Allerdings verlangen die Unternehmensrichtlinien bei allen Neueinstellungen eine Probezeit von zwölf Monaten. Weder Sie noch Ihr künftiger Arbeitgeber machen sich darum große Sorgen. Schließlich sind Sie der vom Himmel gesandte Spezialist. Im Laufe des Jahres ändert sich die Marktsituation und die Führung verfügt einen Einstellungsstop. Als dann Ihre Probezeit zu Ende geht, wird Ihnen gesagt *„So sehr wir Sie auch behalten möchten, unter den gegebenen Umständen können wir Ihren Vertrag einfach nicht verlängern. Es tut uns sehr leid.“* Und was dann?

Die nicht von der Hand zu weisende Möglichkeit, dass es schief geht, erzeugt im Hintergrund Ihres Denkens Angst. Abschied zu nehmen, etwas Vertrautes loszulassen, ist immer von Unsicherheit und Angst begleitet.

Die andere Seite des Hakens ist, dass Sie bei einer Veränderung einige der Vorteile Ihrer bisherigen Situation aufgeben müssen. Sie mag auf Dauer nicht das sein, was sie wollen, aber sie hat doch ihre Vorteile. Vielleicht steht Ihnen ein Firmenwagen zur Verfügung, eine besonders vorteilhafte Altersvorsorge, eine hervorragende Kantine, ein kurzer Weg zur Arbeit, freundliche Kollegen oder ein schönes Büro. Wenn Sie gehen, werden Sie auf all diese Annehmlichkeiten verzichten müssen, ohne im voraus zu wissen, was Ihnen Ihr neuer Arbeitgeber zugestehen wird. Bei Ihrem Schritt müssen Sie nicht nur die zu erwartende Unsicherheit aushalten, Sie müssen auch bereit sein, Opfer zu bringen.

Diese zwei, die Angst vor dem Unbekannten einerseits und die Notwendigkeit, lieb gewonnene Gewohnheiten und Vorteile aufzugeben andererseits, halten viele Menschen davon ab, den notwendigen Schritt auf der Suche nach einem neuen *Love it* zu tun. Sie bleiben irgendwo im Niemandsland zwischen *Change it* und *Leave it* hängen. Es ist schon lange her, dass sie sich auf dem Weg zur Arbeit freuten (oder über ihre Wohnung, ihren Partner), aber sie bringen es nicht über sich, ein Risiko einzugehen, ihre Komfortzone zu verlassen, ihre Vorteile aufzugeben und zu gehen. Das Lächeln ist seit Jahren aus ihrem Gesicht verschwunden, ihre Augen funkeln nicht mehr. Sie sind sicher, aber gelangweilt, von ihrer Bequemlichkeit abgestumpft[78] und haben sich damit abgefunden, bis zu ihrer Pensionierung in ihrer ungeliebten Situation zu bleiben. Später könnte man wahrheitsgemäß auf ihren Grabstein schreiben: *„Gestorben mit 59, be-*

[78] Pink Floyd: ***„I have become comfortably numb“*** (Comfortably numb/The Wall)

graben mit 72". Da ihre Gesellschaft für Andere deprimierend ist, beginnen ihre Freunde wegzubleiben. Irgendwann werden sie vielleicht krank, bekommen mentale Probleme, sind frustriert, werden depressiv. Ihre ganze Lebensenergie ist in einem uneingestandenen inneren Für-und-Wider, in einem inneren Konflikt gebunden. Eigentlich möchten sie ja gerne, aber...

Den Schritt in ein Neues nicht rechtzeitig zu wagen, kann zu einer langen Abwärtsspirale führen. Eine Frau, die in genau dieser Situation gefangen war (zwischen dem *Change it*, das ihr nicht gelingen wollte, und dem *Leave it*, für das sie bis zu dieser Einsicht nicht den Mut aufgebracht hatte), bezeichnete den Ort, an dem sie sich befand, als *Twilight Zone*, das Reich der lebenden Toten.

Es gibt nur drei Optionen: *Love it*, *Change it* oder *Leave it*. Für Menschen, die das Leben lieben, gibt es keine vierte.

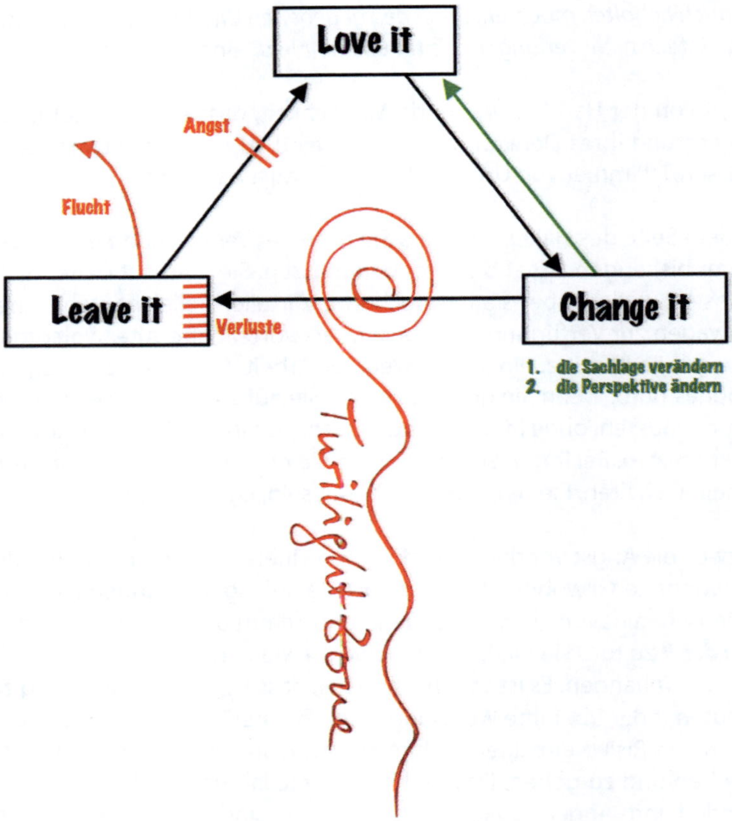

Love it - Change it - Leave it

Hüten Sie sich vor der Twilight Zone!

Entscheiden

Im letzten Kapitel haben wir gesehen, dass wir an manchen Punkten unseres Lebens eine Entscheidung treffen müssen. Die Zeit, bevor die Entscheidung getroffen ist, ist immer etwas schwierig. Das Für und Wider wird abgewogen und diskutiert, entweder offen mit Verwandten oder Freunden, oder innerlich in einem mentalen Dialog. Verschiedene Kräfte schieben und ziehen in verschiedene Richtungen: *„Soll ich? Oder doch lieber nicht?"* Diese Energien (pro und contra) sind in einem unvollendeten Entscheidungsprozess gebunden und stehen daher nicht zum Leben zur Verfügung. Das richtige Leben wird erst wieder beginnen, wenn die Entscheidung gefallen ist, so oder so.

Viele Menschen finden es sehr schwer, sich Entscheidungen zu stellen, selbst wenn die Entscheidung schon überfällig ist. Sie belasten sich über Wochen und Monate mit dem inneren Konflikt und vergessen dabei, worum es im Leben eigentlich geht. Manche kommen nie zu einer Entscheidung und landen dauerhaft in der *Twilight Zone*.

Welche Entscheidung auch immer in Ihrem Leben ansteht, ich schlage vor Sie treffen sie noch heute. Beenden Sie das Patt der Energien in Ihrem Inneren so bald wie nur möglich. Ich bin dabei nicht leichtfertig, nur praktisch. Lassen Sie uns untersuchen, wie verantwortungsvolle Entscheidungen getroffen werden sollten. Im Wesentlichen ist es eine einfache Kosten-Nutzen-Rechnung in fünf Stufen. (Sollten Sie in einer solchen Situation sein, dann halten Sie Papier und Bleistift bereit.)

1. Definieren Sie Ihre Optionen

Eine Entscheidung wird in der Regel zwischen zwei Alternativen getroffen. Normalerweise haben wir die Wahl zwischen a) alles so lassen, wie es ist, und b) aktiv werden, etwas Neues anpacken. Schreiben Sie auf, was Ihre Optionen sind.

Als Nächstes müssen Sie das Für und Wider abwägen, die Kosten und den Nutzen. Das können Sie tun, indem Sie die folgenden zwei Fragen beantworten.

2. Welche Vorteile hat es, nicht aktiv zu werden?

Niemand weiß, was Ihnen die Zukunft bringen wird, wenn Sie aktiv werden und Ihre Umstände verändern. Ihre Entscheidung auf Phantasien zu begründen wäre leichtfertig, reine Spekulation. Die einzig zuverlässige Datenbasis für eine qualifizierte Kosten-Nutzen-Rechnung ist eine Analyse der Situation, in der Sie sich jetzt befinden. Sie kennen sie ganz genau. Jetzt ist es Zeit, ihre Vor- und Nachteile gegeneinander abzuwägen. Hier beginnen wir mit den Vorteilen. Schreiben Sie eine detaillierte und vollständige Liste aller Vorteile, die Ihnen Ihre jetzige Situation bietet (Liste 1).

3. Was kostet es mich, nicht aktiv zu werden?

Hier sehen wir uns die Nachteile Ihrer gegenwärtigen Situation an. Wenn sie keine Nachteile hätte, wenn Sie ein reines *Love it* wäre, würden Sie sicher nicht über Veränderungen nachdenken. Also machen Sie eine zweite Liste, detailliert und vollständig, von allen Nachteilen Ihrer momentanen Situation (Liste 2).

Mit diesen beiden Listen haben Sie die Ausgangsbasis für Ihre Entscheidung definiert. Gleichzeitig haben Sie damit auch den Preis festgelegt, den Sie Ihre Entscheidung kosten wird. Jede Option hat ihren Preis. Wenn Sie beschließen, alles so zu belassen wie es ist, dann werden Sie auch die Nachteile in Kauf nehmen müssen, die Sie in der zweiten Liste gesammelt haben. Wenn Sie andererseits beschließen, aktiv zu werden und Ihre Situation zu verändern, dann werden Sie wohl oder übel die Vorteile Ihrer bisherigen Situation aufgeben müssen (Liste 1). Es gibt definitiv keinen Weg, eine Entscheidung umsonst zu bekommen.

Bevor Sie auf dieser Basis Ihre Entscheidung treffen, sollten Sie sich allerdings noch genau überlegen, wohin die Entscheidung, Ihre Situation zu verändern, führen könnte.

4. Best case: Was sind die Chancen?

Lassen Sie Ihrem Optimismus freien Lauf. Was ist das bestmögliche Ergebnis, das Sie erhoffen können, wenn Sie aktiv werden? Diese Phantasie legt den Rahmen Ihrer Hoffnungen und Erwartungen nach oben fest. Das ist es, was Sie anstreben müssen, auch wenn Sie wissen, dass Sie es möglicherweise nie erreichen. Es ist ein positives Bild, das Sie ins Auge fassen müssen, um dem Aktiv-Werden eine klare Richtung und Kraft zu geben.

5. Worst case: Was sind die Risiken?

Sie sollten auch den schlimmsten Fall bedenken, bevor Sie Ihre Entscheidung treffen, um sich Klarheit darüber zu verschaffen, was es auf jeden Fall zu vermeiden gilt. Wenn Sie diese Möglichkeit außer Acht lassen, dann erkennen und vermeiden Sie die Gefahr vielleicht nicht, wenn sie auftaucht.

Diese negativen Bilder sollten Sie allerdings nicht zu lange vor Ihrem inneren Auge behalten. Sie wollen ja nicht, dass sie Kraft bekommen. Sie sollten nur in ihrer weichen, inneren Aufmerksamkeit neben allen anderen möglichen Resultaten einen Platz haben.

IFL-Check

Jetzt haben Sie fast alles, was Sie benötigen, um Ihre Entscheidung zu treffen. Theoretisch könnten Sie jetzt einen Strich ziehen, die Vor- und Nachteile bewerten, gegeneinander abwägen und entscheiden. Bevor Sie das jedoch tun, empfehle ich Ihnen, den IFL-Check zu machen.[79] Stellen Sie sich die Frage: Welche Ihrer beiden Optionen verträgt sich besser mit Ihrer persönlichen Motivation, mit Ihren Neigungen und Talenten? Ein Fisch braucht einen Teich, ein Pferd eine Weide und ein Vogel ein Stück Himmel. Wenn Sie eine Alternative wählen, die es Ihnen nicht erlaubt, Ihre Talente zu entfalten und Ihren Neigungen zu folgen, (vielleicht aus finanziellen Gründen), werden Sie es später wahrscheinlich bereuen. Das ist der Moment, in dem sie die anstehende Entscheidung im Lichte Ihrer Lebensausrichtung überprüfen sollten.

Jetzt haben Sie alles beisammen, was Sie brauchen: Entscheiden Sie!

1. Was sind meine Optionen? (nichts tun/Aktion)
2. Was sind die Vorteile davon, nichts zu tun?
3. Was sind die Nachteile davon, nichts zu tun?
4. Best case (Chance)
5. Worst case (Risiko)

6. IFL-Check (Begabung, Eignung, Motivation)

Triff Deine Wahl,

zahl' den Preis und

Hör auf zu jammern!

Die einfache Prozedur des Entscheidens

Treffen Sie Ihre Entscheidung noch heute, am besten jetzt gleich. Es hat keinen Sinn, die starken Energien des pro und contra auch nur einen Tag länger in einem inneren Konflikt gebunden zu lassen. Sie meinen vielleicht, die Situation sei noch nicht „reif" für eine Entscheidung. Dann beschließen Sie eben heute, wann Sie sich dem Thema wieder zuwenden wollen. Legen Sie es für ein bestimmtes Datum in Ihre Wiedervorlage. Bis dahin lassen Sie alles wie es ist, zahlen Sie den Preis dafür und vergessen Sie die Sache.

[79] siehe auch das Kapitel „Wer bin ich? Neigung, Eignung, Begabung, Motivation"

Es sollte eine Selbstverständlichkeit sein, den Preis für eine Entscheidung zu bezahlen. Die meisten Erwachsenen sind mit der Tatsache vertraut, dass alles seinen Preis hat. Eine Laufbahn zu wählen kostet den Preis, nie herauszufinden, wie eine andere gewesen wäre. Einen Partner zu heiraten bedeutet, dass wir alle anderen möglichen Kandidaten aufgeben müssen. (Ich weiß, dass nicht alle das so sehen. Wie Kinder wollen manche ihren Kuchen haben *und* essen. Mit der Zeit werden sie aber feststellen, dass auch ihre etwas lockerere Sichtweise ihren Preis hat.) Entscheidungen sind nie umsonst. Jede Entscheidung ist auch eine Entscheidung für den Preis, den sie kostet.

Sicher sind Ihnen die dicken Lettern aufgefallen, in denen unter der Übersicht steht:

... UND HÖR AUF ZU JAMMERN!

Menschen, die überfällige Entscheidungen aufschieben, geraten regelmäßig ins Jammern. Ein typisches Beispiel dafür sind Ehepaare, deren Liebe sich verflüchtigt hat und die schon vor Jahren eine klare Entscheidung hätten treffen sollen, nämlich entweder aus rein pragmatischen Gründen zusammen zu bleiben, oder sich zu trennen. Der Preis, nämlich das Eingeständnis des Scheiterns, war ihnen zu hoch. Also beschlossen sie stillschweigend, die fällige Entscheidung zu ignorieren, ließen alles beim Alten, begannen eine Karriere des Scheins und fingen an, sich mehr und mehr über alles mögliche zu beklagen. Eine klare Entscheidung hätte neue Perspektiven für ein erfülltes Leben beider Partner eröffnen können.

Jammern und Klagen sind ein Symptom überfälliger und nicht getroffener Entscheidungen. Sollten Sie in diese Stimmung kommen, so betrachten Sie das Jammern als Wecker: prüfen Sie, welche Entscheidung ansteht, entscheiden Sie - und hören Sie auf zu jammern.

Die Kraft der inneren Bilder

Die Bilder, die wir im Kopf festhalten, haben große Kraft und einen starken Einfluss auf unser Leben. Das können Bilder von uns selbst sein, Bilder von anderen Menschen[80], Bilder aus der Vergangenheit oder Bilder der Zukunft. Wir sollten ein wachsames Auge auf sie haben. Manche von ihnen haben negative Auswirkungen. (Beim „Worst case" habe ich Sie gewarnt, die negativen Bilder nicht zu lange vor ihrem inneren Auge zu behalten. Aus gutem Grund.)

Negative Selbstbilder

Diese Bilder sind anerzogen. Niemand hat jemals ein Baby gesehen, das eine negative Einstellung zu sich selber oder gar einen Minderwertigkeitskomplex hatte.[81] Negative Selbstbilder werden von außen genährt. Durch Wiederholung bleiben sie haften. Wer sie einmal verinnerlicht hat, hält sie auch für wahr. Mütter, Väter, Geschwister, Lehrer und andere Leute, denen wir im Laufe unserer frühen Jahre ausgesetzt waren, sagten vielleicht Sätze wie: *„Aus Dir wird nie etwas Richtiges", „Die Frau (der Mann), die (der) Dich mal heiratet, tut mir jetzt schon leid", „Kannst Du nicht endlich...", „Warum bist Du nie..."„Immer musst Du..."* oder einfach *„Das ist/Du bist nicht gut genug"*.[82] Es gibt viele Variationen davon, viele Arten, Kinder herabzusetzen. Ständige Wiederholung in Kindheit und Jugend verwandeln solche Sätze in negative Programme, die den Rest eines Lebens überschatten können.

Sollten Sie solche negativen Bilder und Sätze bei sich selbst feststellen, können sie sie jederzeit verändern. Bis jetzt haben Sie ihnen vielleicht geglaubt oder sie als selbstverständlich hingenommen. Aber machen Sie sich klar, dass sie falsch sein können. Es liegt an Ihnen, zu beweisen, dass sie falsch sind. Sie können damit beginnen, ein großes Fragezeichen hinter sie zu setzen und über Ihre eigene Leichtgläubigkeit zu lachen.

Was die Kraft solcher negativer Selbstbilder betrifft, machte Sir Francis Galton[83] ein Experiment, das in psychologischen Kreisen unter dem Namen *„Galton's walk"* (Galton's Spaziergang) berühmt geworden ist. Er stellte sich mit aller Macht vor, dass er der meist gehasste und hasserfüllteste Mensch in England sei und machte dann einen Spaziergang. Auf der Straße wurde er wiederholt von anderen Passanten beschimpft, ein Hafenarbeiter rempelte ihn so heftig an, dass er in den Rinnstein fiel. Als schließlich ein Pferd ihn mit einem Tritt schmerzhaft verletzte und die Passanten auch noch Partei für das Pferd ergriffen, eilte Galton schnellstens wieder nach Hause.

[80] siehe auch das Kapitel über Negative Urteile und Gefühle

[81] Pink Floyd: ***„Remember when you were young, You shone like the sun."*** (Shine on you crazy diamond/ Wish you were here)

[82] Pink Floyd: ***„Mother's gonna make all your nightmares come true, mother's gonna put all her fears into you, mother's gonna keep you right here under her wing, she wont let you fly, but she might let you sing."*** (Mother/The Wall)

[83] Sir Francis Galton (1822 - 1911), Englisches Universalgenie

Ich bin sicher, wir alle haben Tage erlebt, an denen wir in der Stadt nur Idioten und Trotteln begegnet sind. Und andere Tage, an denen alle Menschen freundlich und hilfsbereit waren. Die Menschen, denen wir begegnen, spiegeln uns unsere eigene Haltung und unsere inneren Bilder. Es ist unglaublich, mit welcher Präzision sie ihre Botschaft übermitteln. Es liegt an uns, den Wink mit dem Zaunpfahl in dem Spiegel zu erkennen, den sie uns vorhalten, und an unseren mentalen Bildern zu arbeiten.[84]

Negative Bilder der Vergangenheit

Wir haben dieses Thema schon gestreift, als wir von den Altlasten sprachen. Negative Bilder über unsere Vergangenheit und über die Menschen, denen wir damals begegnet sind, verbrauchen Energie und belasten unser gegenwärtiges Leben. Es mag unangenehme, schmerzhafte Episoden in Ihrem Leben gegeben haben (welches Leben kennt keine?), aber sie müssen nicht für immer negativ bleiben. Ein Misserfolg, eine Scheidung, ein Unfall, den Sie verursacht haben, ein Konkurs, ein armer, bildungsferner Familienhintergrund, eine Gefängnisstrafe..., solche Erfahrungen können den Rest Ihres Lebens ruinieren, wenn Sie ihnen gestatten, sich in Ihrem Geist als negative Bilder der Vergangenheit und Ihrer selbst niederzulassen. Das Vorhandensein negativer Bilder ist ein sicheres Anzeichen für eine unbewältigte Altlast. So lange sie da sind, werden Sie ihnen in Ihrer Gegenwart immer wieder begegnen.

Der Grund hierfür ist, dass sie in Ihrem Geist negative Kategorien bilden, Andockstellen für weitere negative Erfahrungen. Sie prägen damit ihre Erwartungen an die Zukunft. Negative Bilder aus der Vergangenheit, die so destruktiv in unsere Gegenwart hinein wirken, brauchen Heilung und Transformation. Gehen Sie dabei vor wie mit anderen Altlasten. Und fragen Sie sich auch: „Was kann ich daraus lernen?" Was auch immer Sie Schlimmes erlebt haben, Sie können sicher sein, dass es eine wertvolle Lektion für Sie enthielt. Wenn die Lektion einmal gelernt ist, besteht kein Grund mehr, die Erfahrung zu wiederholen. Praktizieren Sie die Kunst, die Hindernisse in Ihrem Leben in Lektionen zu verwandeln und damit in Quellen der Kraft. Nur wenn Sie Ihre Vergangenheit ganz annehmen, genau so wie sie war, werden diese Lektionen ganz Ihnen gehören.

Bilder von der Zukunft

Negative Erwartungen an die Zukunft stammen zwangsläufig aus der Vergangenheit. Sie sind verursacht durch anerzogene negative Selbstbilder, den destruktiven Programmen, die aus ihnen entstehen und durch die Verleugnung bzw. Verdrängung der eigenen Vergangenheit (Altlasten). Um eine solide Basis für unsere Zukunft zu bekommen, müssen wir an diesen alten Selbstbildern und Programmen arbeiten. Wir müssen sie los werden (*return to sender*), ihre

[84] Wie ich meine eigenen negativen Selbstbilder los wurde beschreibe ich ausführlich in *Shadowrider - Field Notes of a Psychonaut* (Lenzwald 2013)

schädliche emotionale Ladung neutralisieren, indem wir sie als das annehmen, was sie sind (nur Bilder, keine Wahrheiten!) und indem wir die Lektionen annehmen, die sie uns gelehrt haben. Wenn uns das gelingt, lernen wir, eine positive Haltung zu uns selber zu entwickeln, zu anderen Menschen und zur Welt im allgemeinen. Und wir entwickeln die Fähigkeit, realistische, ja sogar optimistische Ziele mit Zuversicht zu verfolgen.

Positive Erwartungen an die Zukunft kann man kultivieren und bewusst anwenden. Sie wirken ausgezeichnet. In Seminaren muss ich manchmal ein Ergebnis erzielen, ohne zu wissen, wie mir das gelingen soll, oder ob es in der verfügbaren Zeit überhaupt möglich ist. In solchen Situationen habe ich es mir zur Gewohnheit gemacht, das bestmögliche Resultat einfach in meinem Geist zu postulieren, z.B. alle schütteln sich die Hand und feiern den gemeinsamen Erfolg. Wenn es dann tatsächlich geschieht, dann weiß ich nie genau, wie wir dahin gekommen sind. Aber ich weiß, dass es mir gelungen ist, nicht im Weg zu stehen, als es geschehen wollte. Ich weiß, dass das postulierte Bild meine Zuversicht die ganze Zeit über aufrecht erhalten und mich im richtigen Moment inspiriert hat, das Richtige zu tun und zu sagen. Ich nenne das *den Erfolg postulieren*.

Postulieren hat nichts mit *hoffen* zu tun und nichts damit, an den Erfolg zu *glauben*, oder ihn zu *wollen*. Es ist eher so etwas wie eine innere Zuversicht, die durch ein positives Bild genährt wird und im Geist eine Andockstelle für den Erfolg schafft. Es funktioniert nicht jedes Mal, aber oft genug, um es immer wieder anzuwenden. Probieren Sie es aus.

Ein berühmtes Experiment mit Ratten wirft Licht auf die Wirkung, die unsere Erwartungen auf die Ergebnisse haben, die wir erzielen.

> *Zwei Gruppen von Studenten bekamen eine bestimmte Menge identischer Ratten. Einer Gruppe wurde gesagt, ihre Ratten seien speziell für hohe Intelligenz gezüchtet worden. Sie sollten den Labyrinth-Test mit ihnen machen. Der anderen Gruppe sagte man, dass ihre Ratten besonders dumm seien, aber sie sollten trotzdem den Labyrinth-Test mit ihnen machen. Und siehe da: Die „intelligenten" Ratten erzielten ein deutlich überdurchschnittliches Ergebnis, während die „dummen" Ratten sehr schlechte Resultate hatten.*[85]

Ihre Erwartungen beeinflussen alles, was Ihnen widerfährt. Gehen Sie sorgsam mit ihnen um.[86]

[85] Ein ähnliches Experiment wurde mit Schülern durchgeführt. Einigen neuen Lehrern wurde gesagt, ihre Klasse bestünde aus Genies, den anderen machte man weis, die (selben) Schüler seinen leistungsschwach (*non-performers*). Bei der ersten Gruppe von Lehrern erzielten die Schüler sehr gute Ergebnisse, bei der zweiten nur schlechte. In beiden Fällen (bei Ratten und Schülern) spricht man vom Rosenthal-Effekt. Robert Rosenthal, Leonore Jacobson: *Pygmalion in the Classroom: Teacher Expectation and Pupils' Intellectual Development*. Holt, Rinehart & Winston, New York

[86] Erfolg zu postulieren darf nicht verwechselt werden mit *positivem Denken* oder *positiven Affirmationen*, die beide illusorisch sein können. Einen interessanten und kritischen Beitrag zu diesem Thema bietet Barbara Ehrenreich's Vortrag *„Smile or die"* auf der RSA-Website: http://www.thersa.org/events/vision/vision-videos/barbara-ehrenrich-smile-or-die (Kürzel: http://is.gd/B574PF)

Hoffnungen und Ängste

Die meisten von uns betrachten Hoffnungen und Ängste als etwas Selbstverständliches, ohne sich allzu viele Gedanken über ihre mentale Wirkungsweise zu machen. Sie sind beide Konstrukte unseres Geistes, Projektionen vertrauter Bilder aus der Vergangenheit in die Zukunft. Die Hauptfunktion aller Hoffnungen und Ängste ist, das JETZT zu überbrücken.

Im Falle von Hoffnungen projizieren wir positive Bilder in eine gewünschte Zukunft. Manchmal, wenn es wirklich schlecht aussieht, kann Hoffnung den einen Lichtstrahl bieten, der uns vor der Verzweiflung bewahrt, vielleicht sogar den einzigen Grund weiterzuleben. Die Hoffnung öffnet eine Brücke in eine gewünschte Zukunft, die jedoch möglicherweise nie eintritt. So kann uns eine Hoffnung unnötig am So-Sein unserer Gegenwart leiden lassen. Wer sich die Zukunft besser vorstellt, ist ausserstande, ein bescheidenes Glück in der Gegenwart zu genießen. (Bei der Zuversicht ist das nicht so.)

Ängste hingegen projizieren traumatische Bilder aus der Vergangenheit in die Zukunft. Sie sind negative Erwartungen, die unsere Zukunft in negativer Weise beeinflussen (siehe oben). Sie treffen wahrscheinlich nicht so ein wie wir befürchten, aber die angsterfüllte Erwartung verdirbt, ähnlich wie die Hoffnung, die Qualität einer vielleicht durchaus erträglichen Gegenwart.

Funktional gesehen sind Hoffnungen und Ängste identisch. Beide sind das, was ich als *Denktunnel* bezeichne, Konstrukte eines engen Geistes. Sie entwerfen ein (positives oder negatives) Bild für die Zukunft und nehmen uns damit den Raum für eine weiche Wahrnehmung der Gegenwart, so wie sie ist. Ob wir mehr zu Hoffnungen oder zu Ängsten neigen, hängt ganz von unserer psychischen Disposition ab. Wenn wir Altlasten in unserem Unbewussten gespeichert haben, unverdaute, traumatische Bilder, werden wir eher zu Ängsten neigen. Hoffnung hingegen nährt sich aus einer schwierigen Gegenwart, die sie überbrückt, indem sie positive Bilder in die Zukunft projiziert. Diese hoffnungsvollen Bilder können unsere Welt in einen gigantischen Wartesaal verwandeln und uns selber in leere Hüllen, in künftig vielleicht (hoffentlich) glückliche Menschen, die aber ihrer Gegenwart entfremdet sind.

Leben geschieht nur hier und nur jetzt, nicht in der Vergangenheit oder in der Zukunft. Beide, Hoffnungen und Ängste, halten uns davon ab, ganz im Hier-und-Jetzt zu sein. Sie hindern uns daran, das Leben so zu erleben, wie es ist.

Körperliches Selbstmanagement

Die Intelligenz des Körpers

Viele unserer Reaktionen auf die Reize unserer physischen und sozialen Umgebung sind körperlicher Natur. Der Körper hat den Vorteil, dass er viele Reize sehr unmittelbar wahrnimmt und extrem schnell auf sie reagieren kann. Wenn wir einen Raum betreten, in dem ein Konflikt schwelt, von dem wir nichts wissen, wird für gewöhnlich der Körper die subtile Spannung im Raum sofort spüren und mit einer leichten Kontraktion im Solarplexus reagieren. Das geschieht lange bevor wir (in unserem Kopf) wissen, dass hier irgendetwas nicht stimmt. Unsere physische Reaktion kann uns dazu anregen, uns die Leute in diesem Raum genauer anzusehen. Wenn wir dann angespannte Gesichter sehen und andere Anzeichen des Konflikts, dann *wissen* wir, dass etwas nicht stimmt. Wenn wir aber beim Eintreten mit Gedanken beschäftigt oder von einer Absicht vereinnahmt sind, wenn wir uns in einem konzentrierten Wahrnehmungsmodus, einem Denktunnel befinden, dann werden wir die feine Kontraktion in unserem Sorlarplexus wahrscheinlich gar nicht wahrnehmen und dementsprechend auch nicht genauer hinsehen. Der schwelende Konflikt kann uns so vollkommen entgehen.

Die Wahrnehmung des Körpers ist nicht kognitiv oder rational. Wir nehmen alle möglichen Dinge auf sehr subtile Art körperlich wahr, von den Stimmungen der Menschen in einem Raum, bis hin zu den Mondphasen. Manche von uns reagieren empfindlich auf Glutamat im Essen oder auf Elektrosmog, andere bremsen vor einer gut versteckten Radarfalle „instinktiv" ihr Auto ab. Ich bin sicher, jeder von uns könnte Geschichten von seltsamen (und oft absolut richtigen) körperlichen Reaktionen auf unsere Umgebung erzählen.

Die mentale Interpretation der körperlichen Wahrnehmung ist sehr viel langsamer als die Wahrnehmung selber. Sie scheitert häufig daran, dass unser Geist über keine (oder nur sehr beschränkte) Kategorien für die subtilen Wahrnehmungen des Körpers verfügt. Wir können etwas sehr klar spüren, haben aber keine Ahnung, was es bedeutet. Das heißt nicht, dass unserer körperlichen Wahrnehmung jede reale Fundierung fehlt. Es bedeutet nur, dass unser Geist nicht besonders gut darin ist, die subtilen Wahrnehmungen des Körpers zu deuten.

Diejenigen, die diese feinen Wahrnehmungen nicht spüren, unterstellen den Feinfühligeren oft, sie würden sich das nur einbilden. Zugegeben, manche mögen sich tatsächlich Sachen einbilden. Aber es ist nicht zulässig, zu behaupten, es gäbe da gar nichts zu spüren, bloß weil die eigenen Antennen nicht so empfindlich sind wie die Anderer. Es bleibt eine Tatsache, dass viele Menschen sich auf ihre subtile körperliche Wahrnehmung verlassen und damit gute Erfahrungen machen.

Die einfachste aller Körperbotschaften ist, dass sich etwas gut anfühlt und etwas anderes nicht so gut. Die Signale, etwas zu essen oder mit dem Essen aufzuhören, sind unmissverständlich. Mit der Empfindung, die wir Durst nennen, signalisiert unser Körper, dass er Wasser braucht. Schläfrigkeit bedeutet, dass er sich ausruhen will. Wir spüren sehr genau, wann es Zeit ist, eine Toilette aufzusuchen. Wir können auch ein physisches Bedürfnis nach einer Dusche haben. Manchmal haben wir einen ausgeprägten Appetit auf ganz bestimmte Nahrungsmittel. Der Wunsch nach einem Glas Milch kann durchaus einen ernst zu nehmenden physiologischen Hintergrund haben (niedriger Kalziumspiegel), ebenso wie Abneigungen gegen gewisse Zutaten als Warnung aufgefasst werden können. Wenn wir einen Fehler machen und etwas essen, das unserem Körper nicht zusagt, dann wird er sich in der Regel erbrechen, um es wieder los zu werden. Soweit es den Stoffwechsel betrifft, können wir beobachten, dass die Kommunikation unseres Körpers bei den meisten Menschen ziemlich gut funktioniert.

Etliche unserer Vorlieben und Abneigungen sind allerdings durch Gewohnheiten oder mentale Konzepte verursacht, manchmal auch durch Tricks der Nahrungsmittelindustrie.[87] Sie sind oft schwer von den echten Körpersignalen zu unterscheiden. Finanzielle, psychologische, soziale und zufällige Umstände können Gewohnheiten erzeugen, die ihrerseits zu konditionierten Reflexen werden und in der Folge die angeborene Weisheit des Körpers außer Kraft setzen. Unterhalb dieser Hindernisse ist die Körperkommunikation meist noch intakt. Aber sie wird aus Gewohnheit nicht mehr wahrgenommen, oft auch, weil einfach zu viel Lärm im Kopf ist.

Trotzdem: Einer der wichtigsten Schritte zu gutem körperlichen Selbstmanagement ist es, unsere Körperwahrnehmung zu verfeinern. So können wir besser auf die Bedürfnisse des Körpers achten. Wenn wir lernen, sie ernst zu nehmen, werden wir subtile Warnungen berücksichtigen und die positiven Botschaften genießen, wenn unser Körper bekommt, was er braucht.

247 Arten sich zu strecken

Als ich in den späten 70er Jahren in England Landwirtschaft studierte, wurden wir regelmäßig mit Bauern zusammengebracht, die uns aus ihrer täglichen Praxis erzählten. Einer von ihnen erzählte uns von seiner Art, die Gesundheit seiner Kühe zu überprüfen. Er ging früh morgens auf die Weide, wo sie wiederkäuend im Gras lagen. Er ging zu Rosy und stieß sie leicht an, um sie zum Aufstehen zu bewegen und trat dann zurück, um zu beobachten, was sie tun

[87] z.B. Nahrungszusätze, die, einmal genossen, über konditionierte Reflexe den Speichelfluss anregen.

würde. Wenn Rosy ihren Rücken durchstreckte (so wie Hunde und Katzen es tun) bevor sie ihren ersten Schritt tat, dann konnte er sicher sein, dass sie sich bester Gesundheit erfreute. Wenn sie aber den ersten Schritt machte, ohne sich zu strecken, dann sah er sie sich genauer an. Er sagte, bei einer Kuh, die sich vor dem ersten Schritt nicht streckt, kann man sicher sein, dass irgend etwas nicht in Ordnung ist.

Die Beobachtungen dieses Bauern machten mich nachdenklich. Meine eigene Art aufzustehen war damals eher abrupt: Wecker ausschalten, aus dem Bett springen und ab ins Badezimmer. Von Rosy inspiriert fing ich an, den Wecker fünf Minuten früher zu stellen, und die Zeit, die er mir ließ, bevor er zum zweiten Mal losging, zu genüsslichem Strecken zu nutzen. Ich habe nie mehr damit aufgehört und empfehle diese Praxis allen von ganzem Herzen.[88]

Das Strecken ist die einfachste Art, dem Körper etwas Gutes zu tun. Haben Sie jemals Katzen oder Hunde gesehen, die im Fitness Center Hanteln stemmen? Sie scheinen gar nichts zu tun, um sich fit zu halten, außer sich unzählige Male am Tag sorgfältig und genüsslich zu strecken. Wenn Sie genau hinsehen, werden Sie feststellen, dass sie zuerst ihren Rücken strecken, und dann ihre Beine vorne und hinten, immer mit offensichtlichem Vergnügen. Diese kleine Routine ist auch für uns Menschen ein guter Start in den Tag. Während Sie noch im Bett liegen, strecken Sie Ihren Rücken, wie auch immer es sich gut anfühlt und danach strecken Sie Ihre Gliedmaßen und den Nacken.

Es sind verschiedene Schulen des Streckens gegründet worden, wovon einige für ihre spezielle Methode sogar den Schutz des Patentamtes in Anspruch nehmen. Über den Nutzen und Schaden dieser Techniken und Übungen gibt es wissenschaftliche Studien, die von den Einen vorgebracht, von Andern bezweifelt werden... Vergessen Sie Schulen und Methoden.

Das Strecken ist die einfachste und natürlichste Art, sich fit zu halten. Noch mehr: Es ist eine einfache Form des Dialogs mit dem eigenen Körper. Der Körper selber sagt uns, was er angenehm findet und was nicht. Im Strecken liegt Genuss. Und das Verfahren ist einfach.

Lassen Sie uns ein Experiment machen. Ich mache es jetzt, während ich schreibe, und Sie können es beim Lesen machen. Strecken Sie seitlich einen Arm aus. Dann drehen Sie den Arm und speziell die Hand in verschiedene Richtungen. Halten Sie Ausschau nach Körpersignalen, die sagen: „Ja, das tut gut." Versuchen Sie, den Arm nach hinten zu drehen, so dass die Handfläche noch ein bisschen mehr nach oben zeigt. Nicht zu viel - es soll nicht weh tun - nur soweit, dass Sie ein leichtes Ziehen in den Muskeln und Gelenken spüren. Strecken Sie Ihre Finger. Suchen Sie ein Strecken, das sich gut anfühlt. Halten Sie es eine Weile, oder spielen Sie ein bisschen am Rande der Schmerzgrenze herum. Sie sollten

[88] Bei dieser Gelegenheit habe ich auch eine einfache Methode entdeckt, meine Verdauung gesund zu halten und für regelmäßigen Stuhlgang zu sorgen. Nach dem Strecken legte ich beide Hände auf meinen Bauch, die rechte über, die linke unter dem Nabel, und blieb noch eine Weile liegen bis meine Verdauung sich mit leisen peristaltischen Geräuschen meldete. Das wirkt Wunder!

ein wohltuendes Ziehen spüren, aber niemals Schmerz. Hören Sie damit auf, d.h. lassen Sie die Spannung los, so bald Sie das Gefühl haben, dass es genug ist. Lockern Sie Ihren Arm, indem Sie ihn ausschütteln. Dann drehen Sie Ihren Arm in die andere Richtung und wiederholen Sie das Strecken dort. Wenn Sie mit dem Strecken eines Armes fertig sind, vergleichen Sie das Gefühl in diesem Arm mit dem anderen. Gehen Sie dann zum anderen Arm über, oder zu irgendeinem anderen Körperteil.

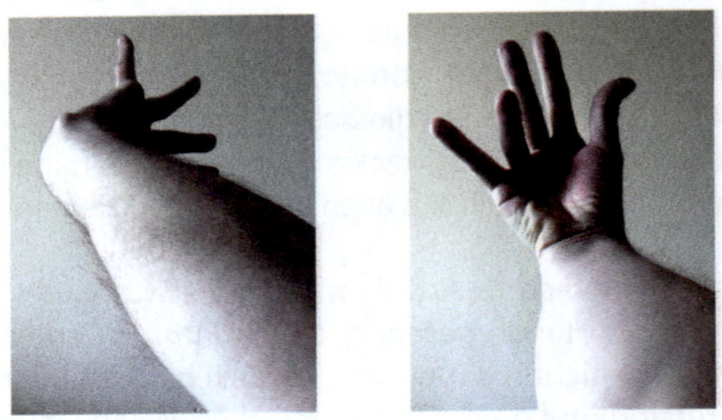

Beispiele für das Strecken von Arm, Hand und Fingern.

Kein Buch kann den Reichtum und die Variationen des natürlichen, *gefühlten* Streckens auch nur annähernd schildern. Es kommt nicht aus einem Buch. Es kommt aus dem Moment, aus dem Erspüren dessen, was dem Körper gerade gut tut. Es gibt zahllose Arten, sich zu strecken. Ich sage 247, um Ihnen eine Idee von der Vielfalt zu geben. Wahrscheinlich gibt es noch viel mehr. Der Trick ist einfach, den Rückmeldungen des Körpers zu folgen. Er wird Ihnen sagen, was sich gut anfühlt und was er als wohltuend erlebt, und auch was sich nicht so gut anfühlt, und im Moment keinen sonderlichen Nutzen zu haben scheint. Sie können das Prinzip des Streckens auf jeden beliebigen Körperteil anwenden, im Liegen, Sitzen oder Stehen. Und Sie können sich beliebig viel Zeit dafür nehmen. Je länger, desto besser.

Es ist eine gute Idee, sich eine persönliche Entspannungsroutine zuzulegen. Das Prinzip ist immer das selbe: Erst genüsslich strecken, dann lockern und entspannen. Meine eigene Routine beginnt bei den Zehen und Knöcheln, wandert dann über die Beine, die Hüfte, die Wirbelsäule den Körper hinauf zu den Schultern, Armen und Fingern und schließlich zum Nacken und zur Gesichtsmuskulatur.

Letzteres ist uns als „Grimassen schneiden" bekannt. Kinder lieben es, Grimassen zu schneiden, Erwachsene sind da eher gehemmt. Ihre soziale Maske ist schon in Position und „blöde" Gesichter zu machen, könnte sie durcheinander bringen. Ich empfehle es trotzdem (oder gerade deshalb). Der Trick dabei ist immer, die Spannung eine Zeitlang zu halten und sie dann wieder loszulassen.

Das Gähnen ist das natürliche Strecken der Kiefermuskulatur. Weil es normalerweise mit Schläfrigkeit in Verbindung gebracht wird, gilt es als unhöflich, in der Öffentlichkeit zu gähnen. Es könnte als ein Zeichen der Langeweile interpretiert werden. Gut, seien wir höflich und gähnen wir nicht in der Öffentlichkeit, besonders nicht, wenn gerade jemand spricht, oder beim Mittagessen im Kreise der Familie. Aber ich schlage vor, dass Sie Ihr Gähnen niemals zurückhalten, wenn es dafür keinen guten Grund gibt, speziell nicht, wenn Sie alleine sind. Warum sollten Sie sich das Vergnügen und die wohltuende Wirkung des natürlichen Gähnens vorenthalten? Es tut gut und entspannt wunderbar. Genießen Sie es.

Manchmal kann Ihnen danach sein, Ihre Augenmuskulatur zu entspannen. (Sie können es auch versuchen, ohne ein akutes Bedürfnis danach zu spüren.) Wieder ist das Verfahren einfach. Rollen Sie Ihre Augen langsam an der Peripherie ihres Aktionsradius, so als wollten Sie hinauf schauen, seitwärts und nach unten. Verstärken Sie die Spannung in dieser Kreisbewegung ein bisschen, nicht so, dass es schmerzhaft wird, sondern gerade so, dass Sie eine leichte Spannung spüren. Dabei kann es bestimmte Bereiche geben, in denen die Augen zu sagen scheinen: „Ja, hier. Noch ein bisschen weiter nach links." Folgen Sie diesen Hinweisen, halten Sie die Spannung für kurze Zeit, spielen Sie ein bisschen mit ihr und lassen Sie sie wieder los. Am Ende können Sie zur Entspannung Ihre Augen für eine kurze Weile mit den Handflächen bedecken (palmieren). Ich habe gelegentliches Augenmuskel-Strecken bzw. -Entspannen immer als wohltuend erlebt.

Auf genüssliches körperliches Strecken kann zur Lockerung ein Ausschütteln folgen. Das Strecken dehnt oder kontrahiert die Muskeln und spannt sie für eine kurze Zeit an. Hinterher kann es sich gut anfühlen, alles wieder an seinen Platz zu schütteln. Probieren Sie es aus.

Die Hände auszuschütteln, die Arme vom Ellenbogen abwärts oder den ganzen Arm aus der Schulter heraus, scheint meine Beweglichkeit dort zu erhöhen. Es steigert auch die Feinfühligkeit meiner Hände, (was sehr nützlich war, als ich noch mit Physiotherapie und Massage beschäftigt war). Ich schüttle auch gerne meine Füße aus, einen nach dem anderen, je einen seitlich, während ich auf dem anderen stehe. Und auch die Beine vom Knie abwärts und das ganze Bein aus der Hüfte. Es funktioniert auch im Liegen. In der Horizontalen kann es sehr wohltuend sein, die Schultern auszuschütteln, ja den ganzen Rumpf, indem man den Boden oder die Matratze zur Rückfederung nutzt und den Rest des Körpers auf die Fersen, das Gesäß bzw. den Hinterkopf stützt. Es tut auch gut, von Zeit zu Zeit den Unterkiefer auszuschütteln, um die Kiefermuskulatur zu lockern. Der Kiefer sollte sich frei hin und her schütteln lassen, und die Lippen sollten beim Ausatmen blubbernde Geräusche machen.

Es gibt zahllose Arten, dem Körper auf entspannende und genüssliche Weise etwas Gutes zu tun. Ihr Körpergefühl wird auf natürliche Weise und ohne Anstrengung feiner werden, wenn sie sich diesen feinen Dialog mit Ihrem Körper zur Gewohnheit machen und das Strecken und Schütteln so praktizieren, wie ich es hier beschreibe.

Schlaf

Wissenschaftler haben festgestellt, dass Schlafmangel die Leistungsfähigkeit tagsüber beeinträchtigt. Na so was! Umgekehrt wird es schon interessanter. Unser ständiger Fokus auf Leistung beeinträchtigt die Schlafqualität. Menschen, die gewohnheitsmäßig ständig denken, bzw. sich ausschließlich auf der rechten Seite des Spektrums der Wahrnehmungsmodi aufhalten (siehe ebd.) und deshalb unfähig sind, mit dem Denken aufzuhören, haben häufig Schwierigkeiten einzuschlafen. Zum Einschlafen ist ein weicherer Wahrnehmungsmodus geeigneter. Sie mögen um 22:30 Uhr beschließen, dass es Zeit ist, ins Bett zu gehen, aber die unaufhörliche Folge meist irrelevanter Gedanken will nicht aufhören. Sie gehen ins Bett, finden aber keine Ruhe, weil ihr Geist unablässig quasselt. Und sie wissen nicht, wie man ihn dazu bringt, damit aufzuhören. Stunden später schlafen Sie schließlich vor Erschöpfung ein. Und ihr Schlaf ist dann alles andere als erholsam.

Das Rezept für guten und erholsamen Schlaf ist sehr einfach:

1. Spätestens wenn Sie im Bett liegen (wenn möglich schon vorher), stellen Sie den weichen Wahrnehmungsmodus her, der das Sehen, das Hören und das Spüren mit einschließt.

2. Nachts gibt es nur wenige Sinneseindrücke. Das visuelle Panorama ist bei geschlossenen Augen einfach dunkel, das akustische Panorama ist sehr reduziert. Sie hören nur vereinzelte Nachtgeräusche. Aber das Spüren ist sehr reichhaltig.

3. Erspüren Sie Ihren Körper und entspannen Sie ihn. Wir wissen, dass der Geist unfähig ist zu denken, wenn der Körper ganz entspannt ist.[89] Das ist die Lösung: den Körper zu entspannen. Wie?

4. Strecken und schütteln Sie Ihren Körper genüsslich, wobei Sie besonders auf die Partien achten sollten, die sich unwohl oder verspannt anfühlen. Lassen Sie sich Zeit dabei. Und machen Sie sich über Ihren Kopf keine Gedanken. Er wird ganz von alleine zu denken aufhören, wenn Ihr Körper entspannt ist. Am Ende Ihrer Entspannung sollte Ihr Körper satt und schwer auf der Matratze liegen.

[89] Mit einem ganz entspannten Körper kann man nicht denken. Mehr darüber finden Sie in *Shadowrider - Field Notes of a Psychonaut* (Lenzwald 2013)

5. Lagern Sie Ihren Körper sorgfältig in Ihrer bevorzugten Einschlafposition. Achten Sie darauf, dass das Kissen Ihren Kopf und Nacken bequem stützt, und dass die Decke am richtigen Ort ist. Entspannen Sie die Körperteile, die sich dabei noch einmal angestrengt haben.

6. Bleiben Sie im weichen Wahrnehmungsmodus. Sie werden in kürzester Zeit einschlafen.

Zwanghaftes Denken ist die wichtigste Ursache für Schlaflosigkeit. Der Geist vieler Menschen ist es so sehr gewöhnt, unablässig Gedanken zu produzieren, dass er damit auch dann nicht aufhört, wenn es keinerlei Veranlassung dazu gibt, also auch nachts. Wir wissen auch, dass Schlaf den Körper nicht entspannt. Wir müssen das vorher tun. Ist der Körper ganz entspannt, so fehlt dem Geist der körperliche Tonus, den er benötigt, um zu denken.

Hilfsmittel

Es gibt eine Reihe von Hilfsmitteln, um unseren Körper zu stützen, während wir liegen, sitzen oder stehen. Sie sollten sie mit Sorgfalt aussuchen, damit sie Ihrem Körper auf die bequemste und gesündeste Weise Halt bieten. Der einzige gültige Maßstab für die Auswahl dieser Accessoires ist die Rückmeldung Ihres Körpers.

Matratzen: Auch die teuersten Matratzen können für Ihre Hüften, die Schultern oder den Rücken unbequem sein. Sie merken es, wenn Sie nach längerem Schafen Schmerzen haben. Die Matratze sollte weder zu hart noch zu weich sein, oder so alt, dass sie in der Mitte eine Kuhle hat. Andere Matratzen sind wunderbar bequem, aber nicht luftdurchlässig. Man schwitzt auf ihnen. Auch das ist keine Option. *Trial and error* (ausprobieren) ist die beste Methode, um herauszufinden, welche Matratze für Sie die beste ist. (Käufer haben beim Matratzenkauf ein Rückgaberecht.)

Kissen sollen nicht nur dem Kopf im Liegen einen weichen aber festen Halt geben. Sie sollen auch den Nacken stützen und die Halswirbelsäule gerade halten. Ohne diese Stütze wird Ihr Nacken sich in der Nacht anspannen und nach einer Weile Beschwerden verursachen. Wieder ist *trial and error* die beste Methode, das richtige Kissen zu finden. Mein Lieblingskissen ist mit Hirsespelz gefüllt. Es lässt sich in jede gewünschte Form bringen und passt sich den Konturen meines Nackens und Kopfes optimal an. Seit ich es habe, macht mir mein Nacken keine Schwierigkeiten mehr.

Achten Sie darauf, dass Ihr Kissen „atmet". Neuerdings werden in Kissen immer mehr synthetische Füllungen verarbeitet, die zwar den Vorteil haben, Allergiker zu schonen, aber nachts einen heißen Kopf verursachen können. Dasselbe gilt für die Bettdecke.

Stühle: Ob zu Hause oder bei der Arbeit, Stühle sollten zum bequemen Sitzen geeignet sein. Der Preis eines Stuhls ist kein Maßstab für die Qualität des Sitzens auf ihm. Es gibt Designer-Stühle, die ein kleines Vermögen kosten, aber zum bequemen Sitzen nicht geeignet sind. Es gibt andere, auch billigere, die das Hinsetzen zum Vergnügen machen. Sie müssen selber wissen, wie weit sich Ihr Masochismus dem Aussehen eines Stuhls zuliebe strapazieren lässt. Bei mir hat das enge Grenzen. Mich interessiert bequemes Sitzen, wenn möglich in Kombination mit einem Design, das auch meine Augen erfreut.

An der Schule mussten wir auf dem sitzen, was vielleicht Generationen zuvor angeschafft worden war. Alle Stühle waren unbequem und für mich waren alle zu klein. Ich verließ die Schule im Alter von achtzehn Jahren mit einer schlechten Körperhaltung und Schmerzen im Rücken. Ich würde in Schulen gerne die bestmöglichen Stühle sehen. Schließlich verbringen unsere Kinder dort viel Zeit auf ihnen. Leider geht es meistens nur um's Budget.

Autos sind in unserem Leben immer wichtiger geworden. Manche Autositze sind einfach schrecklich und keinesfalls für längere Fahrten geeignet. Wenn ich ein Auto kaufe, ist mein wichtigstes Qualitätskriterium die Bequemlichkeit des Sitzes. Ich lasse meinen Rücken über die Marke entscheiden.

Schuhe: Die meisten Menschen interessiert in erster Linie wie Schuhe aussehen. Ich stimme dem gerne zu: Schuhe sollten gut aussehen. Aber zu allererst sollten sie bequem sein. Vertrauen Sie nicht den Sprüchen der Verkäufer: *„Da wachsen Sie im Laufe der Zeit hinein"* oder *„Sie werden mit dem Tragen weiter/weicher"*. Kaufen Sie niemals Schuhe, die sich nicht beim ersten Anprobieren bequem anfühlen.

Ich habe mich mit MBTs angefreundet. Sie sehen ein bisschen schwer aus, sogar plump, aber sie sind herrlich bequem. Ich muss dazu sagen, dass meine Füße ziemlich beschädigt sind durch den Umstand, dass es in meiner Jugend schwer war, die richtige Grösse zu finden. Ich musste nehmen, was es gab, und habe meine Füße dabei ruiniert. Heute gibt es alle Grössen, aber in den meisten Schuhen, die mir passen, fühle ich mich nicht wohl. In meinem Alter kann ich es mir erlauben, mehr auf die Bequemlichkeit, als auf die Mode zu achten.

High heels, da stimme ich gerne zu, können an langen Frauenbeinen großartig aussehen. Aber ihr Gebrauch sollte sich auf jene Gelegenheiten beschränken, bei denen gut auszusehen wichtiger ist als Bequemlichkeit. Ansonsten sollte man sich in erster Linie in den Schuhen wohl fühlen. Dasselbe gilt für Männerschuhe. Der Bequemlichkeit den Vorzug zu geben, schließt modisches Design oder stilvolle Qualität nicht aus.

Wasser: Unser Körper besteht zu einem Großteil (65%) aus Wasser. Alle Unreinheiten, die wir mit dem Wasser, das wir trinken, aufnehmen, landen in unserem Körper. Deshalb ist die Qualität des Wassers wichtig, heute mehr denn je. Im Körper fungiert Wasser als Transportmittel. Es bewegt Minerale und andere wichtige Substanzen zu den Körperteilen, wo sie gebraucht werden. Wenn wir nur Kaffee, Tee, Limonade, Wein oder Bier trinken, sind die Flüssigkeiten schon mit ihren eigenen Inhaltsstoffen gesättigt und daher nicht frei, andere lebenswichtigere Substanzen zu transportieren. Ein tägliches Minimum von 1,5 Litern reinen Wassers wird empfohlen. Wenn das Wasser aus Ihrer Leitung nicht sauber oder mit Chlor versetzt ist, nehmen Sie Mineralwasser. Oder besorgen Sie sich einen Filter, der alles, was dem Körper nicht gut tut, entfernt. Es zahlt sich langfristig aus, auf solche Details zu achten.

Taubäder: Taubäder sind eine wunderbare Art, sich zu beleben. Stehen Sie vor Sonnenaufgang auf, gehen Sie hinaus auf eine Wiese, die noch nicht gemäht wurde, ziehen Sie sich aus und rollen Sie sich im frischen Tau. Französische Roma, von denen ich diesen Tipp habe, sagen, die Wirkung sei am stärksten, wenn die Sonne den Tau noch nicht berührt hat.[90] Hinterher schlüpfen Sie für eine kurze Weile ins Bett zurück und genießen den Energieschub im Körper. Es ist eine gute Art, den Tag anzufangen.

Persönliche Rhythmen: Ich bin eine Nachteule. Wann immer mich jemand zu frühem Aufstehen ermuntern wollte, etwa mit dem Spruch „Der frühe Vogel fängt den Wurm", antwortete ich „Der frühe Wurm hat Pech gehabt". Ich habe ernsthaft versucht, mich umzustellen, hauptsächlich, weil ich als Fotograf das Morgenlicht liebte. Aber ich schaffe es nur selten, vor 08:30 Uhr wirklich top-fit zu sein. Andererseits habe ich meine kreativste Zeit, wenn alle anderen schon schlafen. Andere gehen früh schlafen und sind morgens um 06:00 Uhr oder früher schon auf den Beinen.

Keine dieser beiden Lebensstile erscheint mir besser als der andere. Es ist eine Frage des persönlichen Rhythmus, der eigenen Disposition. Auch wenn manche Wissenschaftler darauf bestehen, der frühe Rhythmus sei gesünder, kann ich nicht erkennen, dass ich durch meine Gewohnheiten Schaden nehme.

Wir sollten allerdings auf unsere gewohnten Hochs und Tiefs im Laufe eines normalen Tages achten. Wir alle wissen, wann wir fit sind und wann wir ein Energieloch haben. Ein wichtiges Treffen eine Stunde nach dem Mittagessen anzusetzen, wenn ein Großteil unserer Energie noch mit der Verdauung beschäftigt ist, ist keine gute Idee. Wenn Sie wissen, wann Sie Ihre Energie-Hochs und -Tiefs haben, können Sir Ihre Aufgaben entsprechend organisieren. Es macht einen Unterschied.

[90] Pierre Derlon, Die Gärten der Einweihung, Sphynx Basel 1978

Die Essenz meiner Empfehlungen für das körperliche Selbst-Management ist sehr einfach. Sehen Sie zu, dass Sie sich wohl fühlen, wo auch immer Sie sind. Achten Sie darauf, was Ihr Körper mag und was er nicht mag. Wir haben nicht nur einen Körper. Wir sind unser Körper. Es gibt keine langfristige Belohnung dafür, unser körperliches Wohl-Sein zu vernachlässigen.

Kurze Pausen für Körper und Geist

Unser Leben scheint von Rastlosigkeit gekennzeichnet zu sein. Unsere normalen Arbeitstage verbringen die meisten von uns in Gedankentunneln, in engen, konzentrierten und ergebnisorientierten Zuständen der Wahrnehmung, in denen das Denken die wichtigste Rolle spielt. Um die unmittelbaren Aufgaben herum ist nur wenig Aufmerksamkeit. Uns unseres Körpers bewusst zu sein, gehört bei den meisten von uns nicht dazu.

Stellen Sie sich vor, Sie sitzen an Ihrem Schreibtisch. Nachdem Sie eine Arbeit beendet haben, ist Ihre nächste Aufgabe, die fertiggestellten Papiere einem Kollegen zu bringen, ein paar Büros weiter. Sie stehen auf, um das zu tun. Spüren Sie sich aufstehen? Nehmen Sie sich die Zeit, zu überprüfen, wie sich Ihr Rücken anfühlt, Ihre Beine, Ihr Nacken? Machen Sie eine kurze Pause, um sich kurz zu strecken, bevor Sie den ersten Schritt machen? Spüren Sie sich gehen? Ist Ihnen Ihre Atmung bewusst? Nehmen Sie sich Zeit, um Ihre körperlichen Bedürfnisse zu überprüfen, z.B. Hunger oder Durst? Wahrscheinlich nicht. Wenn Sie genauso funktionieren wie Millionen anderer Menschen, dann werden Ihre Gedanken wahrscheinlich vorauseilen und die Reaktion der Person antizipieren, zu der Sie gehen. Oder Sie sind gedanklich schon mit Ihrer nächsten Aufgabe beschäftigt und ärgern sich über die Unterbrechung.

Die Kunst der gelegentlichen Pause muss man kultivieren. Das Wort „Pause" bedeutet nicht, dass man dafür Zeit investieren muss. Und auch nicht, dass wir unsere Aufgaben vernachlässigen oder hintanstellen sollten. Es braucht keine Zeit, unsere Sinne nach einer Zeit konzentrierten Arbeitens wieder auf unseren Körper und auf die Umgebung zu richten. Denn das ist es, worum es bei der Pause geht: Unsere Aufmerksamkeit wieder weit werden zu lassen, aus dem Gedankentunnel auszusteigen und einen Moment lang auf uns selber, auf unseren Körper zu achten, auf seine Funktionen, seine Bedürfnisse und den Raum, in dem wir arbeiten, wieder wahrzunehmen. Einen Stapel Papier in ein anderes Büro zu tragen, den Lift zu nehmen, in einem Laden Lebensmittel auszusuchen, mit dem Auto zu fahren, fast jede dieser scheinbar nebensächlichen Aufgaben, die wir im Laufe eines Tages zu erledigen haben, kann begleitet oder durchsetzt sein von einem Gewahr-Sein unserer selbst, oder eben nicht. Es ist unsere Wahl. Allerdings muss man ein bisschen üben.

Auch wenn Sie verstehen, dass es Ihnen gut tun wird, auf sich selbst zu achten, wird es Ihnen nicht leicht fallen, sich solche Pausen anzugewöhnen. Gute Absichten werden oft von alten Gewohnheiten vereitelt. Gewohnheitsmäßige Gedankentunnel lassen keinen Platz dafür, an sich selbst zu denken. Es wird immer etwas geben, das wichtiger ist als Sie. Anfangs müssen Sie sich vielleicht regelmäßig mit sich selber verabreden (nutzen Sie die Weckfunktion Ihres Handy's[91]), um die Erweiterung der Sinne zu einer neuen Gewohnheit werden zu lassen. Aber wenn Sie es einmal auf den Geschmack gekommen sind, wird es immer leichter. Die Kunst der Pause hat ein wohltuendes Suchtpotential.

Wir brauchen Pausen nicht so sehr um abzuschalten, sondern vielmehr um unsere Sinne wieder anzuschalten. Eine Pause ist zu empfehlen, wenn wir eine längere Zeit in einem konzentrierten Wahrnehmungsmodus verbracht haben. Der Fokus auf die anstehende Aufgabe war eng, Spannungen können sich in den Muskeln, wie auch im Geist angesammelt haben. Wenn sich die Gelegenheit zu einer Pause ergibt, erweitern Sie ihre Wahrnehmung bis sie wieder alle Wahrnehmungskanäle einschließt, die Sie für Ihre Arbeit ausschließen mussten. Sobald Sie Ihre Sinne wieder öffnen, so dass sie das periphere Blickfeld, das Hören und die Körperempfindungen wieder einschließen[92], werden Sie feststellen, dass das gesamte Körper-Geist-System sich in diesem Zustand weitgehend von selber entspannt. Und wo sich die Entspannung nicht von selber einstellt, können Sie nachhelfen, indem Sie sich strecken, gähnen oder Ihre Gliedmaßen ausschütteln.

Das Wichtigste an jeder Pause ist die Erweiterung der Wahrnehmung. Dadurch kommen Sie nach einer Zeit der mentalen Konzentration wieder *zu Sinnen*.

[91] Stellen Sie sich viele Wecker (Weckzeiten) und aktivieren Sie morgens nach dem Zufallsprinzip 6 bis 8 davon, die Sie in unregelmäßigen Abständen „wecken".

[92] siehe die „Weiche Wahrnehmung".

Den „Home Ground“ kultivieren

Diese Pause, d.h. die Erweiterung der Wahrnehmung und das sich daraus entwickelnde, entspannte Gewahrsein in Körper und Geist öffnet einen inneren Raum, der für ein bewusstes und eigenverantwortliches Leben sehr wichtig ist. Ich nenne ihn *Home Ground*[93]. Es ist ein wundervoller Ort, an den wir zurückkehren können, wenn die Zeit der Anstrengung (oder der Zurückhaltung) vorbei ist. Und es ist ein ausgezeichneter Ausgangspunkt für jede Art von erneuter Anstrengung (oder Zurückhaltung). Mit der Zeit wird dieser *Home Ground* zum natürlichen Wohnort dessen, was wir „Ich“ nennen.

Graphisch kann man ihn so darstellen:

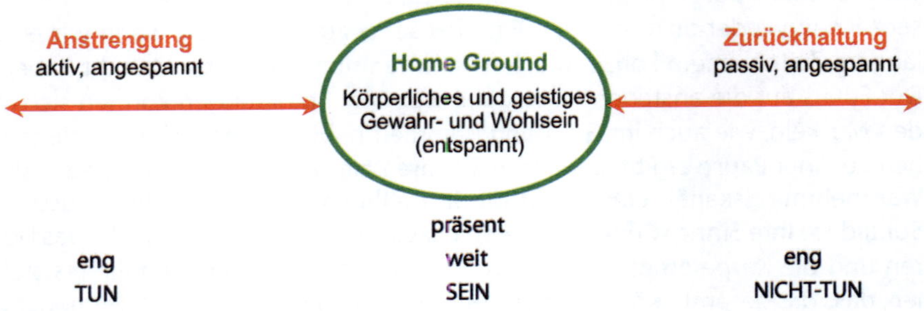

Unser ***home ground:*** *Das körperliche Wohl-Sein als innere Mitte*

Wer seinen inneren *Home Ground* nicht kultiviert und somit keine innere Mitte hat, von der aus er/sie die vielen Aufgaben eines langen Tages verwaltet, schleudert übergangslos von einem Denktunnel in den nächsten. Das bedeutet Dauerstress mit allen dazugehörigen Gesundheitsrisiken für Körper und Geist. Der *Home Ground* ist wie das stille Auge des Zyklons, in dem wir wieder zu Sinnen kommen können und sei es nur für einen kurzen Moment.

Da unser *Home Ground* ein natürlicher Zustand des Körpers und des Geistes ist, brauchen wir keine besonderen Gegebenheiten, um ihn zu kultivieren. Wir können ihn jederzeit aufsuchen, wo auch immer wir sind, im Büro, im Auto, auf der Strasse oder zu Hause. Mit etwas Übung wird er jederzeit unmittelbar zugänglich.

[93] schwer zu übersetzen, am besten: *innere Mitte, inneres Zuhause*

Soziale Kompetenz

Das Gleichgewicht zwischen innen und außen

Wir kommen nun zur dritten funktionalen Ebene, dem Ausdruck. Wie interagieren wir mit Anderen? Lassen Sie mich auf mein früheres Beispiel zurückkommen. Ein Jugendlicher, siebzehn Jahre alt, tötet in seiner Schule einen oder zwei Lehrer und einige seiner Mitschüler. Er zog vorher kaum Aufmerksamkeit auf sich, seine Klassenkameraden beschreiben ihn als zurückhaltenden und unauffälligen Eigenbrötler. Hier können wir klar erkennen, dass das, was vor dem tragischen Ereignis in diesem Schüler vorging (stetig steigender emotionaler Stau) und das, was als Interaktion herauskam (unauffälliges Verhalten), aus dem Gleichgewicht geraten sein muss. Das Gleichgewicht zwischen dem, was in einem Menschen vorgeht, und dem, was als Interaktion außen sichtbar wird, ist von entscheidender Bedeutung.

Viele Menschen haben niemanden, mit dem sie sprechen können. Sie haben vielleicht Probleme oder Sorgen, aber sie vertrauen sich niemandem an. Also beginnen sie, mit sich selber zu sprechen, zuerst im Kopf, wenn es schlimmer wird, auch laut, aber immer mit sich selber. Wenn wir jemanden auf der Straße sehen, der oder die laut mit sich selber spricht, dann halten wir diesen Menschen für etwas seltsam. Aber diejenigen, die ständig in ihrem Kopf mit sich selber sprechen, bemerken wir nicht. Sie sind genauso seltsam, gehen aber mit ihrer Einsamkeit diskreter um. Sie tun es leise. Gegenstand ihrer Monologe sind Gedanken über vergangene Ereignisse oder Begegnungen, die gedankliche Vorwegnahme erwarteter, erhoffter oder gefürchteter Ereignisse in einer Zukunft, die so nie eintreffen werden, Schuldzuweisungen an Andere, Verteidigungen gegen tatsächliche oder befürchtete Anschuldigungen, d.h. die Sorte von Themen, die Andere mit ihren Freunden oder Partnern besprechen und dann abhaken würden. Diese Menschen haben niemanden, mit dem sie sprechen können.

Dafür gibt es zwei Gründe. Der erste ist, dass wir uns heutzutage sehr wenig Zeit dafür nehmen, uns zusammenzusetzen und über wichtige Dinge zu sprechen. Von einem frühen Alter an sind wir in Pflichten verstrickt, die unsere Zeit und den Raum in unserem Kopf voll in Anspruch nehmen. Die Verantwortung dafür, die von uns erwartete Leistung zu erbringen, lassen uns nur selten die Muße, die wir bräuchten, um unsere persönlichen Gedanken mit Anderen zu teilen. Manchmal haben wir nicht einmal die Zeit und Muße zum Denken. Der zweite Grund ist, dass es schwierig geworden ist, zu vertrauen. Alles, was wir sagen, kann und wird gegen uns verwendet werden. Wir haben es so erfahren müssen. Also haben wir gelernt, vorsichtig zu sein und unsere Gespräche mit anderen Menschen weitgehend auf den *small talk* zu beschränken. Darüber hinaus wird es nicht gerne gesehen, wenn jemand viel Aufhebens um sich selber macht, indem er seine privaten Themen öffentlich ausbreitet. Wir brauchen dafür gute und vertrauenswürdige Freunde. Und mit dem Wort „Freunde" meine ich nicht Bekannte. Ich meine Menschen, denen wir wichtig sind.

Viele von uns leiden an diesem Ungleichgewicht. Es gäbe in uns vieles, was wir mit Anderen teilen oder besprechen könnten, aber nichts oder nur wenig davon kommt heraus. Es ist ein Zeichen von Einsamkeit. Wenn es stark emotionale Themen sind, die wir für uns behalten, kann das nach und nach zu einem innerem, emotionalen Stau führen. Wir wissen es bereits: Auf lange Sicht sind die Alternativen Explosion oder Implosion[94].

Die andere Art des Ungleichgewichts zwischen innen und außen ist gekennzeichnet von ständigem Reden. Alles, was einem in den Sinn kommt, wird ausgesprochen. Der Inhalt der Worte ist meist absolut irrelevant, aber gesagt wird es trotzdem. Niemals gibt es Stille, weder außen, noch im Kopf dieser Dauersprecher. Hier ist das Ungleichgewicht verursacht von einer Angst vor Stille, Angst vor zuviel Introspektion, vielleicht auch vor zuviel Gefühl. Lärm überdeckt alles Wichtige, das zu besprechen oder mitzuteilen wäre. Auch das ist ein Zeichen von Einsamkeit. Die Themen, auf die es wirklich ankäme, werden nie berührt. Das Geplapper ist nur eine Ablenkung.

Ich weiß nicht, welches dieser beiden Ungleichgewichte schlimmer ist. Aber ich weiß, dass es wichtig ist, unser Inneres und seinen Ausdruck nach außen im Gleichgewicht zu halten.

Sozialer Narzissmus

Als ich in Heidelberg studierte, teilte ich ein Zimmer mit einem anderen Studenten. Er war ein netter Mensch, aber er hatte einen schaurigen Musikgeschmack. So dachte ich. Er liebte Bebop, die frühen (und eher zahmen) Anfänge des Free Jazz. Für mich war das damals einfach eine musikalische Geschmacksverirrung. Gleichzeitig konnte ich nicht umhin, den echten Enthusiasmus meines Freundes zu bemerken, wenn er mit seinen geschlossenen Kopfhörern in seinem Lehnsessel saß. (Ich hatte ihn gebeten, geschlossene zu kaufen, um seinen musikalischen Aberwitz nicht mithören zu müssen.) Als er da saß, ließ er alle Anzeichen rhythmischer Verzückung erkennen. Von Zeit zu Zeit drehte ich den Lautsprecher etwas auf um sicher zu sein, das ich nichts versäumte, aber es war immer dasselbe. Schrecklich!

Nach einiger Zeit wurde ich neugierig. Was hört er, das ihn so selig macht? Liegt er mit seiner Liebe für den Bebop total daneben? Oder bin ich nur taub für die Schönheit dieser Musik? Ich war mir nicht mehr sicher. Als sich unsere Wege

[94] siehe das Kapitel über Emotionen

trennten und wir separate Räumlichkeiten bezogen, bat ich ihn um einen Kurzlehrgang. Ich sagte ihm, ich sei fasziniert von den Unterschieden in unserem Musikgeschmack. Würde er bitte so gut sein, mir die Vorzüge des Bebop zu erklären. Wir beschlossen, dass er mir jede Woche zwei Schallplatten leihen würde, beginnend mit einfacheren Stücken, die meine musikalische Toleranz und Einfühlungsfähigkeit nicht überfordern würden. Ich würde sie mir anhören, sie nach einer Woche zurückbringen und zwei neue mitbekommen. (Er hatte eine bemerkenswerte Plattensammlung.) Um es kurz zu machen: Es dauerte nicht mehr als acht Wochen bis ich mir meine erste eigene Bebop Platte kaufte (Art Blakey and the Jazz Messengers). Mit der Zeit entwickelte ich einen Geschmack für die akustische Extravaganz des Bebop. Ich mag sie bis auf den heutigen Tag.

Bei dieser Gelegenheit konnte ich an mir selber genau das beobachten, was wir alle die ganze Zeit machen. Wir beurteilen Andere nach unseren eigenen Maßstäben. Wir mögen an ihnen, was wir an uns mögen und wir verabscheuen, verurteilen oder fürchten alles, womit wir nicht selber vertraut sind oder zurecht kommen. Wenn wir Brahms lieben und einen anderen Menschen finden, der Brahms ebenfalls liebt, dann wird er oder sie auf der Skala unserer Hochachtung deutlich nach oben rutschen. Fragt er uns aber, in welcher Mannschaft Brahms spielt, dann sinkt unsere Wertschätzung. Das beruht natürlich auf Gegenseitigkeit. Wir selbst sind der Maßstab, den wir an Andere anlegen. Graphisch kann man das wie folgt darstellen:

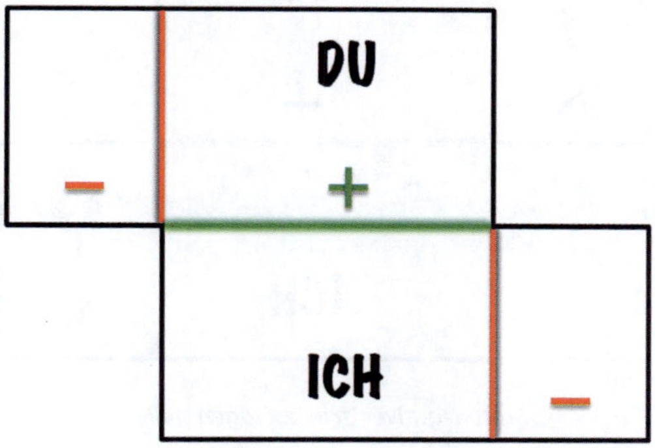

Sozialer Narzissmus

ICH trifft DU. Abends erzählt ICH seiner Frau: *„Ich habe heute diesen DU getroffen. Ein netter Kerl, gut erzogen, kultiviert...“*, womit er die Interessen und Geschmacksrichtungen meint, die er mit DU teilt. (Ich habe diese Berührungspunkte in der Illustration grün gekennzeichnet.) *„Aber seine politischen Ansichten sind absolut abwegig“* (rotes Minus links). DU macht mit ICH genau dasselbe (rotes Minus rechts). Wenn ICH und DU einander wieder begegnen, werden sie Ihr Bestes tun, ihre Kommunikation auf die grün markierten Gemeinsamkeiten zu beschränken und ihre nicht geteilten Ansichten und Werte (hinter den roten

Trennstrichen) meiden („small talk"). Sie bezeichnen diese Art der Beziehung vielleicht als Freundschaft, sind jedoch beide zu einem erheblichen Teil aus dem gegenseitigen Respekt ausgeklammert.

Ich bezeichne dieses Phänomen als *Sozialen Narzissmus*[95]. Ob wir uns dessen bewusst sind oder nicht: Unsere soziale Umgebung ist ein Spiegel, in dem wir nicht nur uns selber, sondern auch unsere Ansichten und Werte widerspiegeln. Menschen und Ereignisse, in denen wir uns nicht wiederfinden, meiden wir. Und oft genug haben wir über sie eine negative Meinung.

Besser wäre es, wenn es uns gelänge, an den Stellen, die uns fremd sind und in denen wir uns nicht wiederfinden, Fragen zu stellen, anstatt sie negativ zu beurteilen. Ich habe das in Heidelberg gemacht und etwas gelernt, das mir zuvor nicht zugänglich war (gestrichelter Bereich im Bild unten). Und wenn der Andere dasselbe bei mir täte, nämlich Fragen stellen über Dinge an mir, die ihm nicht vertraut sind, dann könnte auch er etwas bei mir lernen. Wir müssen ja nicht in allen Dingen einer Meinung sein, aber wir zeigen so wenigstens Interesse am Anders-Sein des Anderen. Vielleicht gelingt es uns dann, auch seine uns unvertrauten Bereiche in unsere Wertschätzung mit einzuschließen. So stelle ich mir Freundschaft vor.

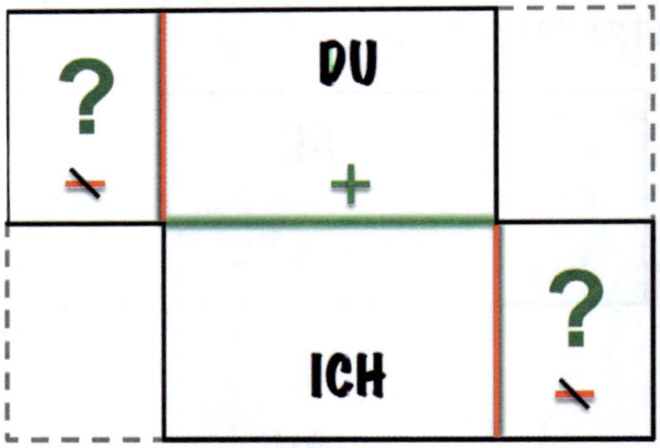

Statt negativer Urteile: Fragen stellen.

Es ist wichtig zu verstehen, wie dieses urteilende Verhalten zustande kommt. Wir beziehen die meisten unserer Werte von den Gruppen, denen wir im Laufe unseres Lebens angehörten: Von unserer Familie, der Kirche, den Freunden unserer Jugend, späteren Freunden usw., von kulturellen Stereotypen der einen oder anderen Art. Jede dieser Gruppe definiert sich über eine Reihe von Werten und Ansichten, denen wir uns anschließen müssen, wenn wir ihr angehören wollen. Als Gegenleistung bekommen wir das Gefühl der Zugehörigkeit, das sich in dem gemeinsam gebrauchten Wort WIR ausdrückt. Dieses Gefühl der Zugehörigkeit stärkt uns. Es erhöht unser Selbstwertgefühl, indem es uns eine klar definierte soziale Identität verleiht.

[95] Narziss verliebte sich in sein eigenes Spiegelbild.

Der Schatten dieses WIR ist, dass es notwendigerweise ANDERE geben muss, die die speziellen Werte und die kollektive soziale Identität der Gruppe nicht teilen. Diese Anderen werden geringer geschätzt als die Gruppenmitglieder. Sie werden entweder ignoriert, überzeugt oder bekämpft. Daher ist der Stolz der Zugehörigkeit überschattet von beträchtlichen Vorurteilen und einem latenten Potenzial für Konflikt. Respekt für die Andersartigkeit Anderer und die Einsicht, dass wir alle letztlich das selbe wollen, scheint kein Bestandteil dieses sozialen Spiels zu sein.[96]

Es gibt zwei Gründe, Respekt für die Andersartigkeit anderer Menschen zu entwickeln. Der erste ist, dass wir, wie oben dargestellt, voneinander lernen können, vorausgesetzt es gelingt uns, unser anfängliches negatives Urteil durch ein Fragezeichen zu ersetzen. Wie kommt es, dass dieser Mensch andere Überzeugungen, eine andere politische Ausrichtung, einen anderen musikalischen Geschmack hat als ich? Was hört er im Bebop? Wenn wir ihm diese Fragen stellen, anstatt seine Andersartigkeit von vorne herein negativ zu bewerten, bekommen wir vielleicht interessante Antworten und kommen so auf Ideen, mit denen wir bisher nicht vertraut waren, oder die wir in unserer eigenen Meinungsbildung bisher nicht berücksichtigt haben.[97]

Der andere Grund warum wir mit negativen Pauschalurteilen vorsichtig sein sollten, ist, dass wir gelegentlich mit Menschen verhandeln müssen, die unsere Standpunkte nicht teilen. Manche dieser Verhandlungen können sehr wichtig sein, weil von ihrem Ausgang viel abhängt. Aber solche Verhandlungen haben eine geringe Chance auf Erfolg, wenn der Andere bemerkt, dass wir ihn für seine Meinungen und Werte nicht respektieren. Jeder, der schon in dieser Situation war, ist vertraut mit dem inneren Rückzug, der in dem Moment beginnt, in dem wir bemerken, dass wir von unserem Gegenüber in irgendeiner Weise als unzulänglich betrachtet werden, ganz gleich wie freundlich die Fassade ist. Unseren Gesprächspartnern geht es genauso. Deshalb müssen wir für sie Respekt aufbringen, wenn solche Verhandlungen erfolgreich sein sollen, unabhängig davon, ob sie mit unseren Werten und Vorstellungen übereinstimmen. Ich bin überzeugt, dass viele Gespräche und Verhandlungen nur an einem Mangel gegenseitigen Respekts scheitern, und nicht weil eine Einigung nicht möglich wäre.

Negative Urteile und Gefühle

Alle Gefühle, die wir in unsere Beziehungen investieren, liegen auf einer Skala irgendwo zwischen bedingungsloser Liebe und offenem Hass. In der Mitte dieser Skala ist ein neutraler Punkt, den wir für jene reservieren, die wir entweder nicht kennen, oder solche, die wir kennen, denen wir aber keine speziellen Gefühle entgegenbringen. Die Skala sieht so aus:

[96] Pink Floyd: ***„Us and them, and after all we're only ordinary men"*** (Us and Them/Dark side of the moon)

[97] siehe auch *„Die Magie des Gesprächs"*

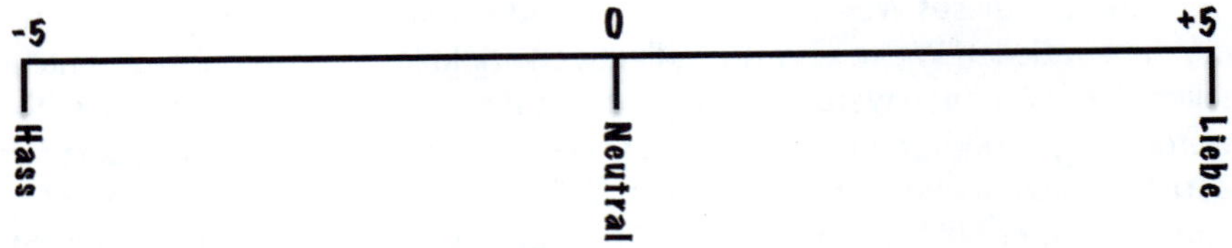

Das Spektrum unserer Gefühle zu Anderen

Liebe ist eine Gefühl, das alles gibt. Aber für den Menschen, der liebt, ist das kein Verlust. Ganz im Gegenteil: Wenn wir lieben, sind wir glücklich, wir haben leuchtende Augen, unser Schritt ist beschwingt, unsere Gesichtsfarbe strahlt vor Lebendigkeit... Wenn doch nur Aktien eine solche Dividende brächten! In der Börsensprache: Liebe ist eine Investition, die viel mehr bringt, als sie kostet.

Hass hingegen ist eine ziemlich schlechte Investition. Ich hatte einmal Gelegenheit, mitzuerleben, wie eine Frau zu hassen begann. Innerhalb von sechs Monaten war ihr braunes Haar weiß geworden, ihre Haut hatte die Farbe von Sandstein, ihre Lippen wurden zu einem Strich und ihre Augen wurden zu Schlitzen, aus denen sie giftige Pfeile verschoss. Sie wurde hässlich und niemand freute sich, ihr zu begegnen. In ihrem und in anderen Fällen können wir beobachten, dass Hass den Hassenden weit mehr an Lebensqualität kostet, als er wert ist. Deshalb habe ich die beiden Bereiche auf unserer Skala mit den Farben grün (nährend) und rot (zehrend) gekennzeichnet.

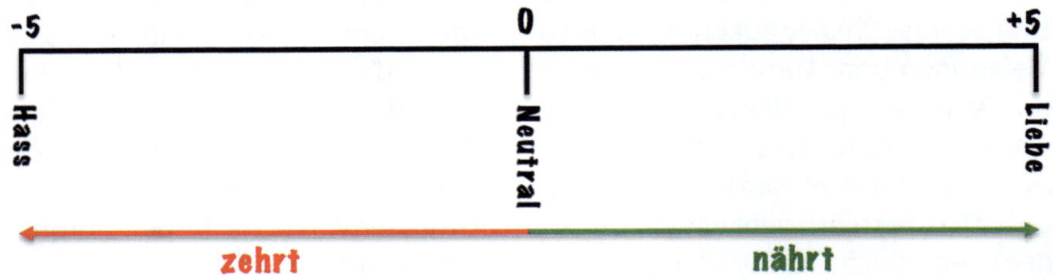

Nährende und zehrende Gefühle (1)

Liebe und Hass sind keine alltäglichen Phänomene. Aber was für Liebe und Hass Gültigkeit hat, gilt ebenso für weniger intensive, dafür aber weit häufigere Gefühle wie Wertschätzung, Zuneigung, Bewunderung und Freundschaft auf der einen Seite, Geringschätzung, Abneigung, Ablehnung und Feindschaft auf der anderen.[98] Sie wirken auf uns ebenso positiv wie Liebe, bzw. negativ wie Hass, wenn auch in geringerem Maße.

Auf unserer Skala gebe ich diesen Gefühlen Werte von + 1 bis + 5 (Liebe) und - 1 bis - 5 (Hass).

[98] Bitte beachten Sie, dass die Worte, die ich hier für unsere Gefühle verwenden, ungenau sind.

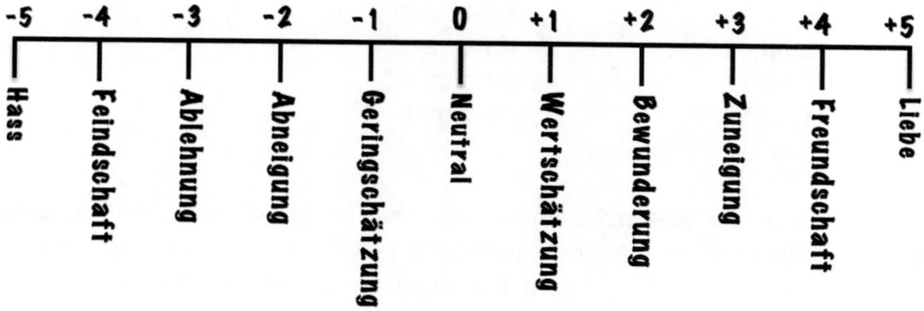

Nährender und zehrende Gefühle (2)

Um die rechte Seite der Skala brauchen wir uns nicht zu sorgen. Jedes positive Gefühl, das wir einem anderen Menschen entgegenbringen, bringt uns mehr, als es uns kostet. Die linke Seite ist natürlich für diejenigen Menschen reserviert, die sich unser negatives Urteil bzw. Gefühl durch ihr Verhalten, ihre Ansichten oder sonstige Eigenheiten redlich verdienen. Sie passen einfach nicht in unseren sozialen Narzissmus hinein. Andersartigkeit jeder Art kann in uns alle möglichen negativen Reaktionen hervorrufen. Wie ich oben erklärt habe, stattet uns die Zugehörigkeit zu einer bestimmten Gruppe von Gleichgesinnten oder Gleichartigen mit einer starken sozialen Identität, mit Meinungen und Werten aus, die all jene ausschließt, die sie nicht teilen bzw. die sich nicht unseren eigenen Normen entsprechend verhalten. Wenn wir eine Prise hypertrophes Selbstbewusstsein hinzufügen, ein bisschen selbstgerechte Arroganz, um es beim richtigen Namen zu nennen, dann können wir uns durchaus berechtigt fühlen, Andere dafür von oben herab zu betrachten. Aber ist es das wert?

Ein Priester würde sagen, dass die Bibel uns auffordert, unseren Nächsten, ja sogar unsere Feinde zu lieben. Aber das ist ein moralisches Gebot. Ich spreche hier nicht von Moral. Ich mache eine einfache Kosten-Nutzen-Rechnung auf. Wenn wir die Kosten unserer negativen Urteile und Gefühle mit ihrem Nutzen vergleichen (dem „Recht-Haben"), dann zeigt sich, dass wir damit einen unnötigen und zudem für uns selber schädlichen Aufwand betreiben.[99] Die Antwort auf obige Frage ist: Nein, negative Urteile und Gefühle lohnen definitiv nicht.

Sie möchten vielleicht überprüfen, wie viel negative Energie Sie selber aufwenden. Schreiben Sie einfach eine Liste aller Menschen, an die Sie auf eine negative Art denken. Vergessen Sie dabei nicht frühere Bekanntschaften und Freunde und auch nicht die Personen aus dem öffentlichen oder politischen Bereich, die Sie nur aus den Medien kennen, aber nie selber getroffen haben. Und nach jedem Namen schreiben Sie die Zahl, die der Qualität Ihrer Gefühle für diesen Menschen entspricht. Die Liste sollte etwa so aussehen:

[99] siehe auch das Kapitel: *Die Kraft der inneren Bilder*

Peter - 4
Anna - 3
Friedrich - 1
Herr Müller - 2
usw...

Frau Schmid - 1
Hans - 2
Susanne - 3
Politiker X - 4

Übergehen Sie die Namen mit einem + dahinter. Die Emotionen, die Sie in diese Menschen investieren, schaden Ihnen nicht. Im Gegenteil, sie sind nährend für Sie. Die negativen (–) sind wichtig. Die negativen Gefühle, die Sie diesen Menschen vorbehalten, auch wenn Sie es nicht aktiv tun, schaden Ihnen.

Ich schlage vor, dass Sie diese Menschen aus Ihrem negativen Urteil entlassen. Nicht ihretwegen (meist wissen sie nicht einmal, wie Sie ihnen gegenüber empfinden), nicht um einem wie auch immer gearteten Moralkodex zu entsprechen, sondern um Ihrer selbst willen. Sie fühlen sich vielleicht berechtigt, so zu fühlen, wie Sie es tun, aber sie verschwenden damit nur Energie, bauen innerlich Negativität auf und verlieren an Lebensqualität.

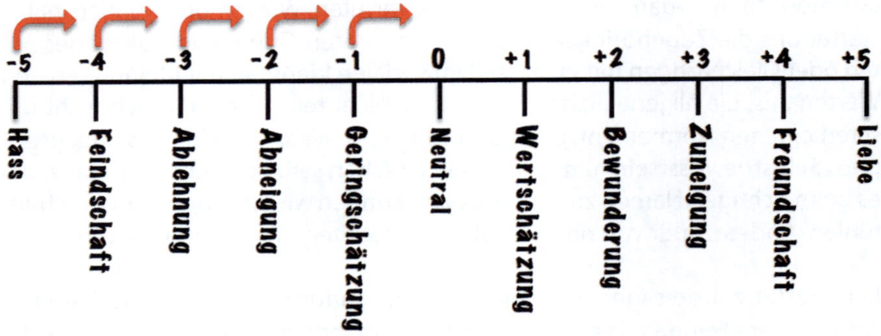

Das Beenden negativer emotionaler Investitionen

Ihre negativen Urteile und Gefühle loszulassen mag nicht ganz einfach sein. Schließlich verdienen ja diese Leute, aus Ihrer Perspektive, redlich, was sie von Ihnen bekommen. Tun Sie Ihr Bestes, um den negativen Aufwand, den Sie mit diesen Menschen betreiben, zu beenden. Sich selbst zuliebe.

Ich will Ihnen sagen, was mir dabei hilft:

- Ein Blick in meine eigene Biographie zeigt, dass es Zeiten gab, in denen ich selber ziemlich neben der Rolle war. Ich bin sicher, ich habe damals viele Menschen verletzt und war häufig unausstehlich. Wenn ich andere sehe, die sich heute ähnlich benehmen, erlaubt mir dieser Rückblick zu denken: „Ich hoffe, Du kommst aus dieser Nummer schneller wieder heraus, als ich damals". Das ist ein guter Wunsch, anstelle eines negativen Urteils.

- Oft waren die Leute, die ich hasste, verabscheute, ablehnte oder gering schätzte auch ohne mein Zutun schon gestraft genug. Wenn ich mir das Leben dieser Menschen genauer ansah, bemerkte ich, dass ich nicht der Einzige war, der auf diese Weise reagierte. Auch ihre übrigen Beziehungen hatten arg gelitten (die Ehe kurz vor der Scheidung, zwei Kinder auf Drogen, Geschäfte laufen schlecht - solche Sachen). Ich wäre nicht gerne an ihrer Stelle gewesen. Warum sollte ich mir selber schaden, indem ich auch noch negative Energie in sie investierte?

- Ich darf mir meine Gesellschaft frei auswählen. Ich brauche keine Beziehung zu pflegen mit Menschen, die mir unangenehm sind und die ich nicht um mich haben will. Sie können vielleicht irgendwann wieder angenehm werden, aber im Moment ziehe ich es vor, ihnen nicht nahe zu sein.

Jemandem Gutes zu wünschen ist einem abschließenden negativen Urteil eindeutig vorzuziehen. Es gibt so viel unnötige Negativität. Die verbreitetste Form ist wohl das Lästern hinter dem Rücken nicht anwesender Dritter, das sich in freundliches Lächeln verwandelt, so bald derjenige, der gemeint war, zur Türe hereinkommt. Wenn jemand versucht, mir etwas über eine abwesende Person zu erzählen, das über den Austausch von Nachrichten hinausgeht, habe ich es mir zur Gewohnheit gemacht, zu sagen: „Darüber möchte ich lieber nichts hören". Dabei weiß ich genau, dass ich wahrscheinlich das nächste Tratsch-Objekt sein werde, so bald ich weg bin. Häufig ist der Inhalt solchen Tratsches negativ. Warum sollte ich freiwillig Teil einer negativen Beziehung werden, indem ich mir negativen Tratsch anhöre und ihn dadurch validiere, auch wenn das Objekt dieser Negativität ein Anderer ist?

Es gibt viel Gehässigkeit gegenüber (und Leiden unter) ungeliebten Vorgesetzten, Kollegen, Lehrern, Nachbarn, Schwiegereltern... Hier kann eine Veränderung der Perspektive durchaus helfen.[100] Wenn wir unsere innere Haltung von *„Ich hasse diesen Menschen"* zu *„Niemand prüft meine Geduld so sehr wie sie/er. Ich will aus dieser Beziehung eine persönliche Übung machen"* verändern, dann machen wir den Anderen zu einem wertvollen Lehrer, zu unserem persönlichen Trainer, anstatt ihn weiterhin zu verabscheuen.

Einige Menschen, die auf der Skala unseres emotionalen Aufwands einen festen Platz auf der linken Seite haben, tun ihr Bestes um genau das zu rechtfertigen. Wir fühlen uns berechtigt, sie abzulehnen, zu verabscheuen oder zu hassen. Wenn wir sie aus unseren negativen Urteilen und Gefühlen entlassen wollen, müssen wir wohl darauf verzichten „im Recht" zu sein. Tatsächlich ist das Gefühl, im Recht zu sein, das einzige Plus, das bei negativen Gefühlen in unserer Kosten-Nutzen-Rechnung auftaucht. Es ist eine Form der Selbstgerechtigkeit, die sich nicht wirklich lohnt.

[100] siehe *„Love it, change it, leave it"*

Prominente, Politiker, Medienleute und andere öffentliche Personen, denen wir nie begegnet sind, neigen auch dazu, emotionale Reaktionen in uns auszulösen. 2003 hatte ich eine interessante Erfahrung mit George W. Bush, dem damaligen Präsidenten der Vereinigten Staaten. Er hatte beschlossen, die Welt in zwei Lager aufzuteilen. Auf der einen Seite war die Allianz der Staaten, die ihm bereitwillig in seinen „Krieg gegen den Terror" folgten. Auf der anderen war die „Achse des Bösen", Staaten wir Kuba, Libyen, Deutschland und Frankreich. Letztere waren die Ausgestossenen. Mir kam diese Haltung absolut lächerlich vor. Der Präsident des mächtigsten Landes der Erde zeigte Anzeichen einer sehr primitiven Urteilskraft. Also verbannte ich George W. Busch in den Winkel, den ich für meine eigenen „Ausgestossenen" reserviert hatte. Es dauerte eine ganze Weile, bis ich verstand, dass ich mir das Recht herausnahm, mit ihm genau das zu tun, wofür ich ihn verurteilte. Als es mir schließlich dämmerte, musste ich lachen. George W. Busch war für mich ein ausgezeichneter Lehrer und hielt mir den Spiegel vor wie kaum ein Anderer. Ich war ihm dankbar für diese Lektion und bin es immer noch. Als Folge dieser Erfahrung und meiner Dankbarkeit dafür, fiel es mir nicht schwer, ihn aus meiner negativen Ecke zu entlassen. Es wird wohl noch viele George W. Buschs geben, bis wir lernen, die kompetentesten Leute in die höchsten Ämter zu wählen. Und ich bin sicher, George W. Bush wird nicht der Schlimmste von ihnen gewesen sein.

Das Wort „nur"

Die unscheinbarste Art der Geringschätzung zeigt sich in unserer Verwendung des Wörtchens *nur*. Sie ist *nur* Empfangsdame, er fährt *nur* den und den Wagen, sie hat *nur* die Grundschule besucht, er verdient *nur* so und so viel, sie ist *nur* eine Frau, sie können sich *nur* einen Urlaub zu Hause leisten und alle möglichen anderen Beobachtungen, führen zu dieser subtilen Art der Geringschätzung. Andere herunterzumachen ist ein sehr beliebtes Spiel. Und obwohl die guten Manieren es verbieten, derartiges auszusprechen, ist die Andeutung in vielen unserer Gedanken vorhanden. Seit ich die subtile soziale Zerstörungskraft des unscheinbaren Wortes *nur* entdeckte, habe ich begonnen, mich selbst sorgfältig zu beobachten. Wo immer ich das Wort nur in Zusammenhang mit anderen Menschen verwende, und sei es nur in Gedanken, bemühe ich mich, darauf zu verzichten.

Ich vermute, dass jeder Mensch auf dieser Erde irgend etwas sehr viel besser kann als ich. Warum also sollte ich irgend jemanden gering schätzen? Ich habe studiert und habe sehr viele Bücher zu Hause. Aber ich kenne einen Schuster in der Nähe („Er ist *nur* Schuster..."), der wahrscheinlich nicht mehr als ein Dutzend Bücher besitzt. Er ist nicht gerade ein belesener Mann. Eines Tages zeigte er mir die Schuhe, die er für seine Meisterprüfung gemacht hatte. Sie waren einfach wunderbar. Er hätte sie bei Saks in der Fifth Avenue in New York jederzeit für tausend Dollar verkaufen können. Sollte ich ihn geringschätzen, weil er nicht weiß, wer Theodor Storm war oder Sigmund Freud? Seine Interessen sind andere als meine. Sozialer Narzissmus ist nicht die Haltung, die man ihm gegenüber einnehmen sollte. Oder sonst jemandem gegenüber. Sollte er mich weniger wertschätzen, weil ich keine Schuhe machen kann? Natürlich nicht. Wenn ich irgendetwas brauche, das mit Schuhen zu tun hat, kann ich mich an ihn wenden. Und er kann mich fragen, wenn das Thema psychologischer Natur ist.

Wir sollten andere Menschen nicht danach beurteilen, ob und wie sie in unser Wertesystem passen. Vielmehr sollten wir (durch Fragen) herausfinden, was ihre speziellen Interessen und Fähigkeiten sind und wie wir mit ihrer Hilfe unsere eigenen Schwächen ausgleichen können. In dieser Weise können wir uns vernetzen und voneinander profitieren, anstatt die Schwächen Anderer dazu zu verwenden, unser eigenes Überlegenheitsgefühl zu nähren.

Zusammenfassend bleibt zu sagen, dass wir keine auch noch so subtilen, negativen Gefühle in unsere Beziehungen investieren sollten, weder in Menschen, die wir persönlich kennen, noch in solche, die uns nur aus den Medien bekannt sind. Dieser negative Aufwand tut uns einfach nicht gut. Er verringert unsere Lebensqualität.

Gedanken zum Urteilen über Andere

Die Andersartigkeit anderer Menschen negativ zu beurteilen ist ein Luxus, den wir uns heute kaum noch leisten können. Durch die zunehmende Mobilität vermischen sich die verschiedenen Völker und Rassen immer mehr, egal ob wir das mögen oder nicht. Es ist heute sinnlos, die Freund- und Feindbilder früherer Zeiten weiter kultivieren zu wollen.

Zudem ist unsere ganze Lebensorganisation nicht gerade geeignet, Freundschaften zu pflegen, oder das zu haben, was wir (wie lange ist das her?) ein „Familienleben" nannten. Viele von uns leben in großen Städten, in denen wir unsere Nachbarn kaum kennen. Der nächste Freund wohnt vielleicht am anderen Ende der Stadt, Brüder und Schwestern haben die erwartete Mobilität aufgebracht und sind weggezogen, nicht zu vergessen die Eltern oder Großeltern, die oft alleine leben oder den Rest ihrer Tage in einem von den Kindern fernfinanzierten Pflegeheim verbringen.

Heute haben wir mehr Kontakte als Freunde, kurze Begegnungen, die einem genau definierten gegenseitigen Interesse dienen. Wir haben „Freunde" auf Facebook, Twitter oder Xing, kennen sie aber kaum oder gar nicht. Der Besitz eines Mobil-Telefons suggeriert ständige Erreichbarkeit. Aber wie nah, wie relevant, wie bedeutsam ist diese Kommunikation? Heute haben viele Menschen niemanden mehr, mit dem sie über die Dinge sprechen können, die ihnen wirklich wichtig sind.

Dennoch behandeln wir einander in unserem sozialen Narzissmus so, als ob wir Freunde erübrigen könnten. Respekt für die Andersartigkeit[101] Anderer, die Einsicht, dass niemand perfekt ist und dass wir alle uns auf einem Pfad ständigen Lernens befinden (und zwangsläufig Fehler machen, bevor wir es heraus haben), scheint uns nicht leicht zu fallen. Negative Urteile sind leichter zu fällen als aufzugeben. Zu lernen, auf negative Urteile zu verzichten, ist zweifellos eine der nützlichsten Übungen für uns alle. Sie kann erheblich zu unserem inneren und äußeren Wohlergehen beitragen, in der Nachbarschaft und im Bekanntenkreis ebenso wie global.

Streit

Wenn wir Menschen meiden, über die wir eine negative Meinung haben, vermeiden wir dadurch auch direkte Konfrontationen und Auseinandersetzungen. Wenn wir ihnen persönlich begegnen, vermeiden wir kontroverse Themen[102]. Manchmal aber können wir einer Konfrontation nicht aus dem Wege gehen (oder suchen sie sogar aktiv). Sehen wir uns an, was bei einer solchen Begegnung wahrscheinlich geschehen wird.

Zwei Menschen treffen sich, die unterschiedliche Bilder im Kopf haben über
- a) sich selber
- b) den Anderen
- c) irgendeinen Aspekt ihrer gemeinsamen Realität.

Der wichtigste Aspekt der Konfrontation ist die Diskrepanz in ihren inneren Bildern und die Tatsache, dass jede der beiden Parteien von der Wahrheit und Richtigkeit der eigenen Bilder überzeugt ist. Das Wort, mit dem wir das daraus folgende negative Urteil über die Bilder des Anderen bezeichnen, ist Vorurteil.[103]

Streit ist ein Dialog (wenn er diese ehrwürdige Bezeichnung überhaupt verdient), in dem zwei oder mehr unterschiedliche innere Bilder bzw. Vorurteile aufeinanderprallen. Beide Parteien geben sich der Illusion hin, dass ihre eigene Interpretation der Wirklichkeit inhärent richtig und die des Anderen daher notwendigerweise falsch ist. Jeder fühlt sich in seinem negativen Urteil dem Anderen gegenüber gerechtfertigt. Daher wird auch keiner der beiden Gesprächspartner geneigt sein zuzuhören, was der Andere zu sagen hat. Keiner wird Fragen stellen. Wozu auch? Alles, was der Andere sagen könnte, muss ja zwangsläufig falsch, abwegig, irregeleitet sein. Das Ergebnis solcher Konfrontationen ist noch mehr Frustration und ein noch negativeres Bild des Anderen. Bis zum nächsten Treffen und so weiter...

Wie kann man einen solchen Teufelskreis durchbrechen?

[101] Geschlecht, Rasse, Volkszugehörigkeit, Wohnort, Bildung, Beruf, Einkommen, Verhaltensweisen, Gewohnheiten, körperliche Merkmale usw.

[102] das rote Minus beim „Sozialen Narzissmus".

[103] In diesem Zusammenhang sehr lesenswert: Gordon W. Allport, *Die Natur des Vorurteils,* Kiepenheuer & Witsch 1971 (The Nature of Prejudice, Addison-Wesley 1954)

Es würde jedenfalls helfen, wenn beide Parteien sich darauf einigen könnten, dass sie einander zuhören. Ich meine *richtig* zuhören, nicht nur den Anderen reden lassen.[104] Richtiges Zuhören setzt allerdings eine Offenheit voraus, die sich nicht einstellen wird, so lange jede Partei ihre inneren Bilder als die einzige Wahrheit betrachtet. Ein gewisses Verständnis für die Relativität innerer Bilder könnte hier helfen und ein inneres Fragezeichen: *„Kann ich wirklich sicher sein, dass meine Sicht der Dinge die einzig Richtige ist?“* Die Bereitschaft, unser Urteil erst mal hintanzustellen und den Standpunkt des Anderen anzuhören, führt zu einer offeneren Haltung: *„Hören wir mal, was Du dazu zu sagen hast...“*. All das wird kaum geschehen, so lange beide Parteien von der ausschließlichen Richtigkeit ihrer eigenen Sichtweise überzeugt sind.

Als Coach, der gelegentlich beim Aussortieren ehelicher, betrieblicher und anderer Konflikte behilflich ist, erlebe ich die Weigerung, dem Anderen überhaupt zuzuhören, recht häufig. Erst wenn diese Weigerung echtem Interesse Platz macht (an dem, was der Andere zu sagen hat), kann ein Dialog beginnen. Die Weigerung durch Interesse zu ersetzen, ist der erste Schritt zum Dialog.

Der nächste Schritt ist es, die automatische, mentale Entwertung des anderen Beitrags zu stoppen. Diese Entwertung zeigt sich in der sofortigen Formulierung einer „Ja, aber...“-Antwort, so bald wir etwas hören, das unseren eigenen inneren Bildern oder Urteilen widerspricht. Das eigene (Vor-)Urteil hintan zu stellen, erfordert auch, diese Ja-aber-Reaktion zu stoppen.

Nehmen wir einmal an, das gelingt tatsächlich. Der darauf folgende Dialog kann nur fruchtbar sein, wenn beide Parteien verstehen, dass sie nicht über absolute Wahrheiten sprechen, sondern über ihre subjektiven mentalen Bilder. Das gemeinsame Ziel sollte es sein, diese Bilder auf beiden Seiten im Lichte des Gehörten zu korrigieren und eine Vereinbarung zu treffen. Man kann sich darauf einigen, wie man gewisse Dinge in Zukunft handhaben will. Diese Vereinbarung sollte zumindest einiges an Stress (oder den ganzen Stress) aus der Beziehung nehmen und die negativen Urteile und Gefühle, die beide Parteien einander entgegenbringen, minimieren.

Wir können sehen, warum das nicht sehr häufig geschieht. Zu einem echten Dialog zu kommen, setzt sehr viel Einsicht in die eigenen mentalen Vorurteilsmechanismen voraus und die Bereitschaft, angenommene Gewissheiten durch Fragezeichen zu ersetzen. Das ist viel verlangt, speziell, wenn alte Verletzungen im Spiel sind. Es kann sich besser anfühlen ein Treffen oder gar ein Gespräch mit dem Anderen zu meiden. Auf diese Weise können wir unsere Vorurteile schützen.

104 Als abschreckendes Beispiel mag der Deutsche Bundestag dienen, in dem Politiker der einen Fraktion denen der anderen (oft demonstrativ) nicht zuhören.

Projektion

„Wir können nur sehen was wir beobachten,
und wir beobachten nur Dinge, die bereits
in unserem Geist vorhanden sind."
Alphonse Bertillon[105]

„Die Welt ist ein Spiegel."
Baal Shem Tov

„I am you and what I see is me."
Pink Floyd (Echoes)

In seinem Denken über die Natur des Menschen kommt Alphonse Bertillon, der berühmte Kriminologe der vorletzten Jahrhundertwende, zu dem Schluss, dass wir nur Dinge sehen können, die bereits einen Platz in unserem Geist haben. Dieses Prinzip gilt überall. Wenn ein Architekt einen Raum betritt, wird er vielleicht die Statik oder die Proportionen des Raums bemerken, während einem Gärtner eher auffallen wird, dass die Blumen auf dem Tisch Wasser brauchen. Jeder, der den Raum betritt, wird zuerst die Dinge bemerken, mit denen er vertraut ist. Bertillon's Beobachtung passt auch zum schon erwähnten sozialen Narzissmus. Was wir an Anderen mögen, bewundern, lieben, ist nur das, was uns aus unserer eigenen Erfahrung, von unserer psychischen Disposition her vertraut ist. Aspekte anderer Personen, die nicht ein Teil unserer selbst sind, können uns misstrauisch machen, wenn wir sie überhaupt wahrnehmen. Bertillon ist nicht der Einzige, der zu diesem Schluss kam. Wir finden ähnliche Auffassungen in der jüdischen Philosophie, bei den Buddhisten, den Sikh und vielen anderen. Auch die Psychoanalyse kennt dieses Konzept (*die Übertragung*) und beschreibt es als einen unserer wichtigsten Verteidigungsmechanismen. Wir projizieren den Inhalt unseres eigenen Geistes auf die Außenwelt und nennen es *Wahrnehmung*.

Wenn es also tatsächlich unmöglich ist andere Menschen objektiv wahrzunehmen, das heißt ohne projizierte Voreingenommenheit aus unseren eigenen Erfahrungen, Werten, Urteilen etc., dann stellt sich die Frage, ob die Gefühle, die wir einander entgegenbringen, überhaupt eine reale Grundlage haben können. Ist nicht alles, was wir in anderen Menschen sehen, eine bloße Projektion unserer eigenen Geistesinhalte? Was meinen wir wirklich, wenn wir sagen: *„Ich liebe Dich"* oder *„Ich hasse Dich"*? Meint *„Dich"* wirklich den Anderen, so wie er oder sie ist? Oder meinen wir, ohne uns dessen bewusst zu sein, nur das, was wir von uns selber im Anderen erkennen?

Der Freudschüler und herausragende Schweizer Psychoanalytiker Carl Gustav Jung sagt, es gäbe in unserem Unbewussten ein idealisiertes, archetypisches

[105] Alphonse Bertillon, 1853 - 1914, *„On ne peut voir que ce que l'on observe, et l'on observe que ce qui se trouve déjà dans notre esprit"*. Im Englischen gibt es das Sprichwort: *„It takes a thief to catch a thief."* (Man muss ein Dieb sein, um einen Dieb zu fangen.)

Bild des jeweils anderen Geschlechts. Er nennt es *anima* (das weibliche Idealbild im Unbewussten der Männer) bzw. *animus* (das männliche Idealbild im Unbewussten der Frauen). Die Anziehungskraft dieses Bildes sei uns angeboren, sagt er. Ohne uns dessen bewusst zu sein projizieren wir dieses Bild auf geeignete Repräsentanten des anderen Geschlechts. Und wenn das Bild passt, nennen wir das sich daraus ergebende Gefühl *Liebe*. Wir meinen aber nicht den Anderen, können ihn gar nicht meinen. Wir benutzen ihn nur als Projektionsfläche für die Bilder unseres eigenen Unbewussten. Die Frage bleibt, ob wir mit unserer Liebe oder mit unserem Hass den Anderen auch wirklich meinen können?

Die Jüngeren unter meinen Lesern werden sagen: *„Na klar. Was für einen Unsinn erzählt der Typ da?"* Die Älteren werden die Frage vielleicht etwas länger erwägen, bevor sie mit Ja oder Nein antworten oder sie, mit mir, offen lassen. Ich biete keine Antwort an. Ich will nur eine legitime Frage aufwerfen.

Was auch immer Ihre eigene Antwort ist, tun Sie Ihr Bestes der Welt mit einem Lächeln zu begegnen. Sie wird zurück lächeln. Jede Gemütsstimmung, die wir aussenden, wird uns von außen zurück gespiegelt. Je mehr Aufwand wir mit negativen Gefühlen betreiben, desto negativer wird unser Erleben der Welt sein (Galton's walk). Wenn wir davon ausgehen, dass jeder Mensch irgend etwas sehr viel besser kann als wir, dann wird es uns nicht schwer fallen, allen Anderen gegenüber eine offene und wertschätzende Haltung einzunehmen. Wenn uns das gelingt, ist es nicht mehr so wichtig, ob wir Andere voreingenommen wahrnehmen oder tatsächlich so, wie sie sind. Unsere positiven Gefühle ihnen gegenüber müssen nicht der Prüfung eines Existentialphilosophen standhalten. Sie müssen nur aufrichtig sein.

Wichtig bleibt, dass wir uns unseren Umgang sorgfältig aussuchen. Das setzt keine urteilende Haltung Anderen gegenüber voraus. Wir brauchen uns nur an unserem Gefühl zu orientieren. In wessen Gegenwart fühle ich mich wohl? In wessen nicht? Der Haken daran ist, dass wir viel von, mit und bei denen lernen können, bei denen wir uns nicht so wohl fühlen. Ich sage immer, dass uns die Plagegeister unseres Lebens, die Menschen, mit denen wir nicht gut auskommen oder die uns auf die Nerven gehen, vom Himmel geschickt sind, damit wir sie als Lehrer nutzen. Wenn wir das wissen, können wir eine gesunde Balance finden zwischen schlichtem Wohlfühlen und dem Annehmen von Herausforderungen, einfach indem wir unsere Gesellschaft sorgfältig auswählen.

Einsichten aus der Projektion: Yin-Yang-Tao

Eine konstruktive Art, mit Projektionen zu arbeiten, bietet eine Art Psychospiel, das ich in den Siebzigern bei Arnold Keyserling[108] kennen lernte. Es heißt *Yin-Yang-Tao* und kann dabei helfen, Hindernisse in der persönlichen Entwicklung zu identifizieren und zu überwinden.

YIN	TAO	YANG

Die Matrix von Yin-Yang-Tao

Yin-Yang-Tao verwendet eine einfache Matrix, um die nötigen Daten zu sammeln und zu ordnen. In der obersten Zeile stehen die Namen der Spalten: YIN, TAO und YANG. Yin und Yang sind traditionelle Konzepte der chinesischen Philosophie und Medizin. Sie bezeichnen gegensätzliche und einander ergänzende Energieformen: die passive und die aktive, Wasser und Feuer, das Weibliche und das Männliche, dunkel und hell, kalt und heiss, weich und hart, Ruhe und Aktivität... Mit Tao (chin.: *der Weg*) ist eine Kombination der beiden gemeint.

Die Anleitung für die Datensammlung, mit der das Spiel beginnt, lautet folgendermaßen:

> *Nachdem Sie die drei Spalten mit YIN, TAO und YANG beschriftet haben, schreiben Sie in die erste Zeile die Namen von drei Personen, persönlich bekannte oder historische, politische oder literarische, die Sie für die Art und Weise, wie sie ihr Leben und ihre Aufgaben meistern, bewundern. Links unter YIN schreiben Sie den Namen von jemandem, der das YIN-Prinzip auf bewundernswerte Weise verkörpert, die sanfte Art, Ergebnisse zu erzielen. In der YANG-Spalte schreiben Sie den Namen einer Person, die das aktive, männliche Prinzip in besonderer Weise verkörpert. In die Mitte, unter TAO, schreiben Sie den Namen einer Person, die beides auf für Sie bewundernswerte Weise verbindet.*

Nach kurzer Überlegung werden Ihnen drei passende Namen einfallen. Es ist wichtig, dass Sie die genannten Personen auch wirklich bewundern. Wir suchen nach Vorbildern, nach Idolen.[107]

106 Arnold Keyserling, deutsch-österreichischer Philosoph (1922 - 2005)

107 aus dem Griechischen: eidolon = Bild

YIN	TAO	YANG
N	N	N

Namen eintragen

Im zweiten Schritt notieren Sie die am meisten bewunderte Eigenschaft der drei Personen in der nächsten Zeile (direkt unter dem Namen): stark, liebevoll, weise, oder was auch immer. Idealerweise ist es ein einfaches Eigenschaftswort und keine lange Erklärung.

YIN	TAO	YANG
N	N	N
+	+	+

Hinzufügen der positiven Eigenschaften (+)

Der letzte Schritt der Datensammlung besteht darin, den Schatten der jeweiligen Person zu identifizieren. Es gibt kein Licht ohne Schatten. (Man sagt mir, es werde daran gearbeitet, aber bis dahin wirft jedes Licht weiterhin Schatten.) Hier suchen wir die Eigenschaften, die Sie als negative Seite dieser Person empfinden, etwas, das Sie an ihm oder ihr nicht mögen. Im Fall von Dschingis Khan (Yang, stark) könnte es „brutal" sein. Buddha (Yin, weise) könnte als ziemlich „langweilig" erlebt werden, wenn er tagelang schweigend unter einem Baum sitzt. Jedenfalls suchen wir nach den Nachteilen, nach den Schattenseiten unserer Idole. Schreiben Sie sie in die dritte Zeile unter die positiven Eigenschaften, wieder in einfachen Eigenschaftsworten.

Jetzt haben Sie alle Informationen, die Sie benötigen. Das Ergebnis wird so aussehen.

YIN	TAO	YANG
N	N	N
+	+	+
-	-	-

Hinzufügen der negativen Eigenschaften (–)

Als nächstes müssen Sie die relative Bedeutung der Daten beurteilen. Suchen Sie unter den positiven Eigenschaften zwei, die einander ähnlicher sind als die dritte. Zum Beispiel sind *stark* und *erledigt Dinge sofort* einander näher als *weise*. Verbinden Sie beiden ähnlicheren mit einem doppelten Pfeil (siehe Bild unten).

Tun Sie jetzt dasselbe für die negativen Eigenschaften. Zum Beispiel passen *langweilig* und *depressiv* gut zusammen, während *brutal* etwas aus der Reihe tanzt. Wieder verbinden Sie die ähnlichen Eigenschaften mit einem Doppelpfeil.

Das Ergebnis wird entweder eine Spalte haben, auf die zwei Pfeile zeigen, oder beide Pfeile verbinden dieselben zwei Spalten. Die erste Variante sieht so aus:

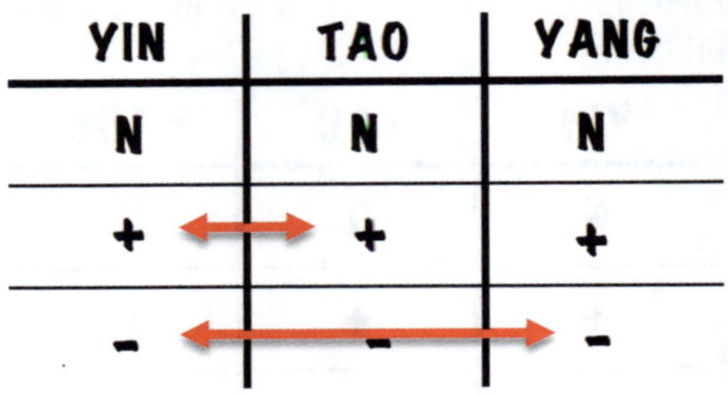

Die linke Spalte hat zwei Pfeile.

oder so:

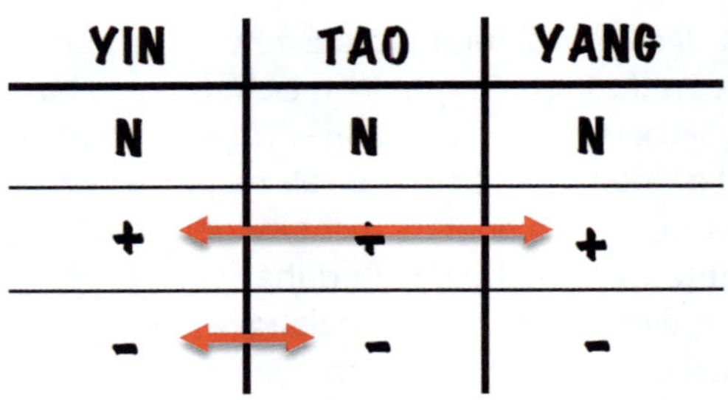

Auch hier hat die linke Spalte zwei Pfeile.

oder auch so:

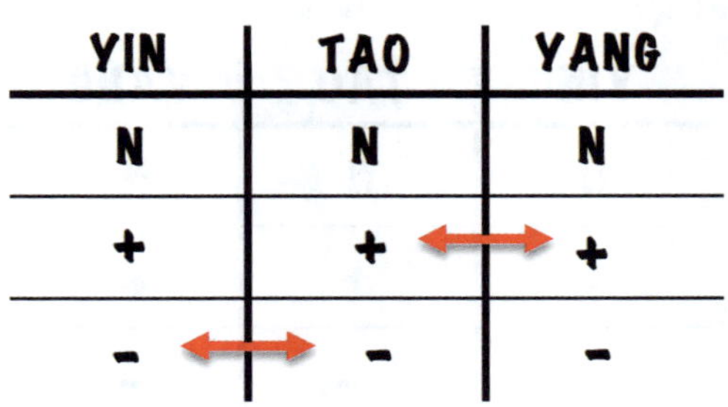

Hier hat die mittlere Spalte zwei Pfeile.

Bei der zweiten Variante sind zwei Spalten durch beide (lange oder kurze) Pfeile verbunden:

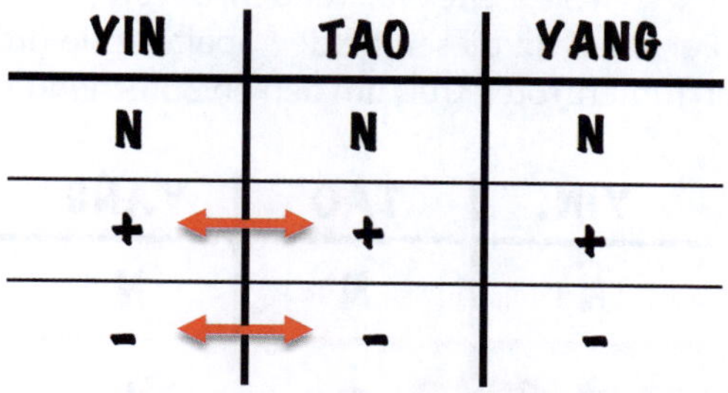

Die linke und die mittlere Spalte sind durch beide Pfeile verbunden.

Für die Auswertung brauchen Sie drei Eigenschaften: die zwei Positiven, die durch einen Doppelpfeil verbunden sind, und eine Negative.
Wenn die Pfeile unterschiedlich lang sind, nehmen Sie die negative Eigenschaft, die in der Spalte steht, auf die zwei Pfeilspitzen zeigen. Die entsprechenden Felder können wir farblich markieren.

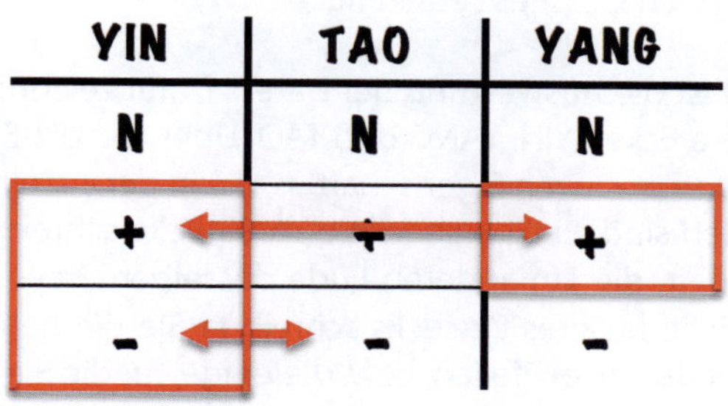

Oder so:

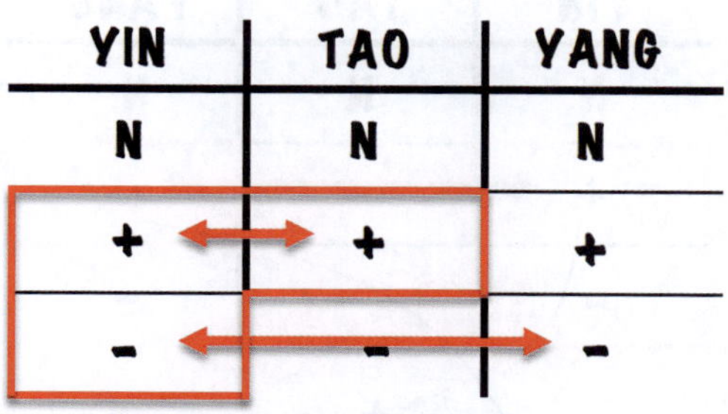

Das Identifizieren der relevanten Daten (für unterschiedlich lange Pfeile):
Nur die erste Spalte hat zwei Pfeile

Wenn die Pfeile gleich lang sind, nehmen Sie wieder die beiden positiven Eigenschaften, die durch einen Pfeil verbunden sind. Für die negative Eigenschaft können Sie die Pfeile nicht zur Orientierung nutzen, da es zwei Spalten mit je zwei Pfeilen gibt. Deshalb müssen Sie die Entscheidung, welche der beiden negativen Eigenschaften Sie weiter verwenden, davon abhängig machen, welcher der beiden Personen (in diesen beiden Spalten) Sie grössere Bedeutung für sich beimessen (unten: roter Kreis um den entsprechenden Namen bei YIN).

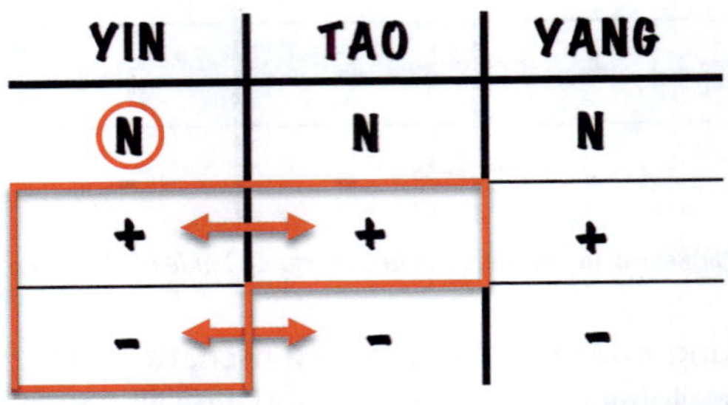

Bei gleich langen Pfeilen: Wir geben einem der Namen oben den Vorzug (N)

Dieser Teil des Spiels kann anfangs etwas verwirrend sein, aber wenn das Prinzip einmal verstanden ist, ist es sehr einfach.

Der letzte Schritt ist die Auswertung der Daten. Dafür zeichnen Sie ein Dreieck und benennen die Ecken YIN, YANG und TAO. Über die YIN-Ecke schreiben Sie die linke der beiden positiven Eigenschaften, die in der +-Zeile mit einem Doppelpfeil verbunden sind. Links neben die YANG-Ecke schreiben Sie die zweite positive Eigenschaft, die am anderen Ende desselben Pfeils steht. Und rechts neben die TAO-Ecke unseres Dreiecks schreiben Sie die negative Eigenschaft aus der Spalte mit den zwei Pfeilen, bzw. diejenige, für die Sie sich entscheiden, falls die Pfeile gleich lang waren.

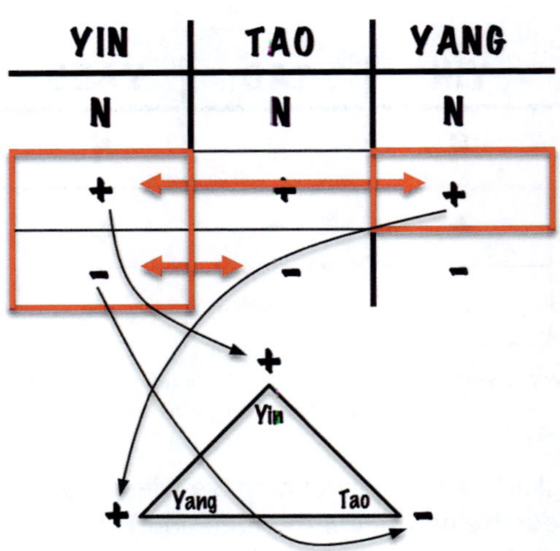

Die relevanten Eigenschaften werden an die Ecken des Dreiecks geschrieben

Das Wichtigste, das Sie verstehen sollen, ist, dass die positiven Eigenschaften, die Sie aufgeschrieben haben, Ihre eigenen sind. Sie projizieren sie lediglich auf Andere. Sie wären gar nicht in der Lage, sie an ihnen zu erkennen und wertzuschätzen, wenn sie nicht auch Ihre eigenen wären. Andererseits müssten Sie diese Eigenschaften nicht an Anderen bewundern, wenn sie in Ihnen selbst voll entwickelt wären. Sie sind bei Ihnen durchaus vorhanden, aber noch nicht zu voller Blüte gekommen. Warum ist das so?

Die Antwort, die Yin-Yang-Tao auf diese Frage gibt, ist: Weil Sie den Schatten noch nicht akzeptiert haben. Und der Schatten, den Sie nicht akzeptieren, ist genau die negative Eigenschaft, die Sie neben TAO an der rechten Seite des Dreiecks niedergeschrieben haben. Das ist etwas, das Sie eindeutig nicht mögen, vielleicht sogar etwas, das Sie empört von sich weisen würden, oder sogar verachten. Niemals würden Sie sich erlauben, diese Eigenschaft als einen Teil Ihres eigenen Charakters zu entwickeln. In Ihrem Wertesystem ist sie zu negativ besetzt. Aber so lange Sie diesen Schatten nicht akzeptieren, werden sich die positiven Eigenschaften, die Sie an diesen Anderen so sehr bewundern (und die ja letztlich Ihre eigenen sind), in ihrem eigenen Leben nicht voll entfalten können.

Deshalb besteht die nächste und letzte Aufgabe darin, für die Eigenschaft, die Sie nicht mögen, ein neues Wort zu finden. Sie müssen das Wort, mit dem sie die negative Eigenschaft beschrieben haben, durch ein anderes ersetzen. Das neue Wort soll zwar genau dieselbe Verhaltensweise beschreiben (NICHT das Gegenteil!), aber keinerlei negativen Beigeschmack mehr haben. *Langweilig* kann in *gleichmütig* umbenannt werden, *brutal* kann sich in *kompromisslos* oder *zielstrebig* verwandeln, *wichtigtuerisch* kann als *selbstsicher* bezeichnet werden, und ein *unaufrichtiger* Mensch wird vielleicht *diplomatisch.*

Sie müssen ein Wort finden, das keinerlei negative Reaktion in Ihnen auslöst. Ganz im Gegenteil: Das neue Wort soll eine akzeptable, ja sogar eine wertvolle Qualität beschreiben. Es muss etwas sein, gegen das Sie keinerlei Einwände haben.

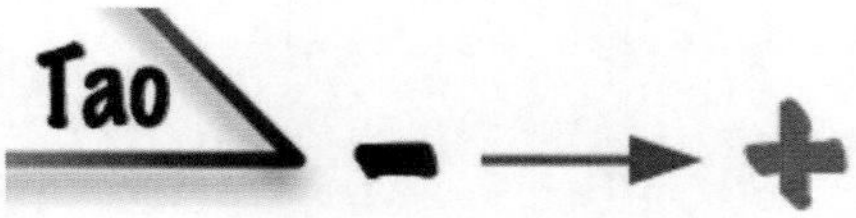

Der letzte Schritt: die Umformulierung des Schattens (– wird zu +)

Wenn es Ihnen gelingt, den Schatten umzuformulieren, ist ihr Weg frei, ihn anzunehmen und in Ihrem Alltag zu üben. Dadurch erlauben Sie den beiden positiven Eigenschaften, sich in Ihnen zur vollen Blüte zu entwickeln. Wenn Sie dieses kleine Spiel nach ein paar Jahren wiederholen, werden Sie wahrscheinlich feststellen, dass die Bewunderung, die Sie für die beim letzten Mal gewählten Personen empfunden haben, deutlich abgenommen hat oder ganz verschwunden ist. Inzwischen haben Sie ja in sich selber die Eigenschaften weiter entwickelt, die Sie an jenen so sehr bewunderten. Sie brauchen sie nicht mehr zu projizieren. Andere, neue Idole werden Ihnen den Weg zu Ihrem nächsten Schritt weisen.

Kommunikation

Lieber ein Leben ohne Worte, als Worte ohne Leben.
Margot Pennington

Neben der Wahrnehmung ist die Kommunikation die zweite Schnittstelle zur Außenwelt zwischen uns und anderen Menschen. Sie ist der Ausdruck unseres inneren Erlebens und die Brücke zu den anderen Menschen. Kommunikation ist eines der wichtigsten Merkmale unseres Lebens. Ohne Kommunikation wäre jede(r) von uns eine Insel.

Analysieren wir, wie Kommunikation funktioniert.

Zunächst haben wir ein Übersetzungsproblem. Um zu kommunizieren, müssen wir das, was wir mitteilen wollen, in Worte fassen, die eine Chance haben, von Anderen verstanden zu werden. Umgekehrt erwarten wir von anderen Menschen, dass sie Worte verwenden, die wir verstehen können. Aber woher wissen wir, dass ein Wort, das wir oder sie verwenden, tatsächlich so verstanden wird, wie es gemeint ist?

Um solche Probleme zu vermeiden, ist die Bedeutung von Worten in unserer mündlichen und schriftlichen Tradition genau geregelt. Viele Sprachen haben Wörterbücher, in denen die Bedeutungen genau definiert sind. Wir haben einen großen Teil unseres Wörterbuches im Laufe der Jahre auswendig gelernt. Wir taten das nicht, indem wir uns die Wörter aus einem Buch merkten, sondern durch unsere persönliche Kommunikationserfahrung während unserer Kindheit und Jugend. Je mehr Worte wir kennen (und je mehr wir uns mit Anderen über ihre Bedeutung einig sind), desto besser verstehen wir einander, desto besser können wir mit Anderen kommunizieren.

Der Umstand, dass in verschiedenen Lebensbereichen verschiedene Sprachen verwendet werden, bringt gewisse Schwierigkeiten mit sich. Nicht nur verwenden verschiedene Gegenden des selben Landes (und andere Länder, in denen die selbe Sprache gesprochen wird) verschiedene Wörter für die selbe Sache (Frankfurter bzw. Wiener Würstchen, Brötchen bzw. Semmel, Schrippen oder Rundstücke etc.). Bauern, Wissenschaftler und Geschäftsleute (um nur ein paar zu nennen) verwenden ebenfalls verschiedene Sprachen, obwohl alle sagen werden, es sei Deutsch. Deshalb können wir nie ganz sicher sein, dass wir genau das verstehen, was die andere Person meint, oder dass das, was wir sagen, von ihr auch richtig verstanden wird. Außerdem stellen wir in unserem Alltag fest, dass junge und alte Menschen ein ganz unterschiedliches Vokabular haben können. Es ist eine Art babylonischer Sprachverwirrung, wobei wir jedoch selbstverständlich davon ausgehen, dass wir alle die selbe Sprache sprechen, die wir Deutsch (Englisch, Französisch, Russisch etc.) nennen.

Im Laufe meines Lebens hatte ich das Glück, eine ganze Reihe dieser Varianten kennen zu lernen. Während meiner Kindheit lernte ich die Sprache des österreichischen Adels und wohlhabender Schichten kennen, ebenso wie die „normale" Sprache und einige Dialekte. In Frankreich lernte ich gleichermaßen gehobenes und umgangssprachliches Französisch, an der Universität die akademische und die Studentensprache, später hatte ich Gelegenheit, das Englisch der Arbeiter, der Bauern und der Geschäftsleute kennen zu lernen. Meine psychologische Arbeit war anfangs sehr von der heute etwas angestaubten Sprache des *New Age* geprägt. Als ich in Deutschland und der Schweiz begann, in Unternehmen zu arbeiten, musste ich die Sprache der dortigen Geschäftsleute und der Angestellten lernen, wenn ich ernst genommen werden wollte. (Wer das falsche Wort einmal zu oft gebraucht, kann seinen Job sehr schnell los sein.) Die genannten Beispiele zeigen, dass Kommunikation alles andere als einfach ist.

Um gut verstanden zu werden, ist es ratsam, die Sprache zu verwenden, die der Zuhörer oder Leser am besten versteht. Flexibilität in der Wahl des Vokabulars sollte nicht mit Heuchelei oder Arroganz verwechselt werden. In all ihren Variationen ist es doch unsere eigene Sprache. Mit den Jahren ist die meine reicher und anpassungsfähiger geworden. Beim Schreiben dieses Buches versuche ich eine Sprache zu verwenden, die wenn schon nicht allen, so doch den meisten Lesern leicht zugänglich ist. Ich bemühe mich, komplizierte oder spezialisierte Ausdrücke zu vermeiden und wo ich sie verwenden muss, erkläre ich sie in Fußnoten. Akademiker könnten deshalb mein Buch für allzu simpel halten, während Nichtakademiker es vielleicht zu theoretisch, akademisch oder philosophisch finden. Man kann es nicht allen recht machen. Mein Ziel ist es, die Leser zum Nachdenken über diese Themen anzuregen und sie ihre eigenen Schlüsse ziehen zu lassen. Ich hoffe, dass ich die richtige Sprache verwende, um dieses Ziel zu erreichen.

Worte und innere Haltung

Man kann Worte als Waffen verwenden, als Nebelwand, als Mauer, oder auch als Brücke zwischen den Menschen. Wie wir sie verwenden, hängt von unserer inneren Haltung anderen Menschen gegenüber ab. Diese Haltung wird nicht notwendigerweise in den Worten mitgeteilt. Sie zeigt sich in Subtilitäten, wie dem Ton der Stimme, dem Augenkontakt, der Körperhaltung usw. Wenn wir dem Anderen interessiert und respektvoll begegnen, wird das bemerkt und geschätzt. Unsere Chancen, erfolgreich zu kommunizieren, steigen. Respekt und Interesse gehen in der Regel Hand in Hand. Wir haben kein Interesse an Menschen, die wir nicht respektieren. Wenn wir verstehen, dass eine positive Haltung die Voraussetzung für gute Kommunikation ist, verpflichtet uns das, auch jenen, deren Ansichten wir nicht teilen, mit Respekt zu begegnen. Das ist nicht immer leicht.

Ein weiteres Element, das maßgeblich zum Erfolg unserer Kommunikation beiträgt, ist unsere Wortwahl. Hier müssen wir mehrere Aspekte berücksichtigen. Zunächst müssen wir Worte benutzen, die der/die Andere versteht. Mit einem Bauern akademisches Deutsch zu sprechen wird nicht zu einer guten Verständigung führen. Dasselbe gilt für den Gebrauch der Straßensprache im Gespräch mit den oberen Schichten und umgekehrt. Wenn wir die entsprechende Sprache nicht beherrschen, dann sollten wir sie entweder lernen, oder die Kommunikation denen überlassen, die mit dem entsprechenden Idiom mehr Übung haben.

Verschiedene Menschen haben zudem verschiedene Arten, die Welt wahrzunehmen. Manche haben eine sehr visuelle Wahrnehmung, während Andere eher akustisch sind, sinnlich oder taktil. Die Visuellen werden sagen *„Ich sehe das etwas anders als Du...";* während die Anderen vielleicht sagen würden *„Ich kann das nicht mehr hören"* oder *„Ich fühle mich damit nicht so wohl."* Wenn wir unsere Chancen auf erfolgreiche Kommunikation erhöhen wollen, ist es immer ratsam, sich den Wahrnehmungs- und Sprachgewohnheiten des Gesprächspartners anzupassen.[108]

Der sprachliche Giftschrank

Es gibt Worte und Ausdrucksweisen, die unsere Kommunikation miteinander erschweren. Es sind Worte, die wir, wenn überhaupt, mit Vorsicht gebrauchen sollten, wenn wir wollen, dass die sprachliche Brücke tatsächlich dem Zweck der Verbindung dient. Hier sind die wichtigsten von ihnen:

1. *„Aber..."*, speziell *„Ja, aber..."*: Das Wort *aber* entwertet, was auch immer zuvor gesagt wurde. *„Ja, aber..."* am Anfang der Antwort auf etwas, das ein Anderer gesagt hat, zu verwenden, ist zumindest unhöflich. Im Klartext bedeutet es: *„Nein. Was Du gerade gesagt hast, ist ein Irrtum, fehlgeleitet oder falsch."* Wenn ich diese Replik zu oft höre, neige ich dazu, mich stillschweigend aus dem Gespräch zurückzuziehen. Das Wort *„aber"* in den eigenen Sätzen zu verwenden, mag ein Stilmittel sein, entwertet aber den ersten Teil des Satzes. Es sollte also mit Vorsicht verwendet werden.

2. *Negationen:* Wenn ich Sie bitte, *nicht* an ein Trampolin zu denken, werden Sie unwillkürlich an ein Trampolin denken. In unserem Geist gibt es so etwas wie eine Negation nicht (*kein Trampolin*). Was auch immer verneint wird, wird zuerst erwähnt und bekommt damit eine Präsenz im Denken des Anderen. Oft zieht die Negation erst die Aufmerksamkeit auf das Verneinte. Wenn wir sagen *„Ich lüge nicht"* führen wir die Möglichkeit der Lüge ein. Besser ist es zu sagen: *„Ich sage die Wahrheit"*. Versuchen Sie, Negationen in Ihrer Kommunikation zu vermeiden. Doppelte Negationen sind ganz zu vermeiden. (*„Ich*

[108] Das wird „pacing" genannt und wurde in der NLP-Literatur ausführlich beschrieben.

sage nicht, dass ich es nicht erwägen werde.") Sagen Sie einfach und klar, was Sie zu sagen haben. Oder sagen Sie nichts.

3. *Man:* Wer? Einen man gibt es nicht.

4. *Vielleicht, möglicherweise, eventuell, eigentlich*: Ja oder nein? Alles ist möglich. Machen Sie Ihre Absichten klar und vermeiden Sie vage Aussagen.

5. *Immer, nie* und *wieder*: Das sind Worte, die oft in Vorwürfen Verwendung finden: *„Immer weichst Du diesem Thema aus", „Nie hörst Du mir zu", „Du tust es schon wieder"*. Die ersten zwei (*immer und nie*) sind in der Regel unwahr. Und ihre kategorische Natur lässt keinen Raum für Ausnahmen und Veränderung. Wir sollten sie möglichst nicht verwenden. Das Wort *wieder* ist an sich harmlos, bezieht sich jedoch auf Vergangenes, das im Moment nicht wirklich aktuell ist. Das kann in manchen Zusammenhängen Verwirrung oder Ärger erzeugen und ist dann nicht hilfreich.

6. *Warum? Weil:* Ich bin skeptisch, wenn jemand versucht zu erklären, *warum* (etwas nicht geklappt hat, er nicht rechtzeitig kommen konnte, etwas nicht machbar ist oder unbedingt gemacht werden sollte). *Warum* und *weil* sind kognitive und sprachliche Annäherungen an das letztlich unergründliche Phänomen der Kausalität. Warum war ich nicht auf Deiner Geburtstagsparty? Warum wohne ich zur Miete? In unserem Versuch, uns unserer Umwelt in einem günstigen Licht darzustellen, neigen wir dazu, aus der Fülle der Gründe jene auszuwählen, die uns gut aussehen lassen. Was auch immer nach *weil* kommt, ist in der Regel nur ein verschwindend kleiner Teil der Wahrheit, manchmal auch eine glatte Lüge.
   Erklärungen des Verhaltens anderer Menschen (*„Er macht das weil..."*) nennt man Attributionen. Häufig sind unsere Attributionen falsch (Projektionen).

7. *Bekanntlich*: Wenn etwas bekannt ist, brauchen wir es nicht zu sagen.

8. *Du-Aussagen:* Wie ein Anderer ist, denkt, fühlt und handelt, weiß der Andere in der Regel besser als ich. Er ist die Weltautorität über sein eigenes So-Sein und kann mir aus seinem besseren Wissen jederzeit widersprechen, wenn ich Aussagen über ihn mache. Ich kann aber Aussagen über mich selber machen, denen zu widersprechen für ihn schwierig ist. (Statt: *„Du siehst das falsch"* lieber *„Ich sehe das anders".*)

9. *Konjunktive:* Beim Aufstellen von Hypothesen sind sie unerlässlich. In allen anderen Kontexten in der Regel unnötig bzw. wenig hilfreich.

Beobachten Sie selber, welche Worte und Redewendungen das gegenseitige Verständnis im Gespräch beeinträchtigen. Verwahren Sie sie in Ihrem sprachlichen Giftschrank und verwenden Sie sie genauso, wie Sie toxische Mittel und Gifte anwenden. Sehr vorsichtig.

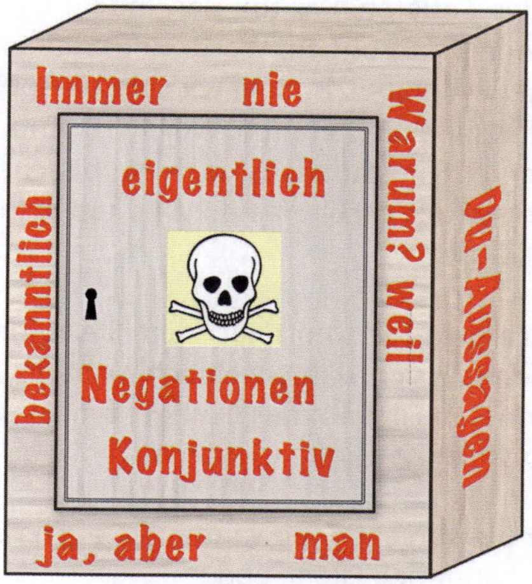

Der sprachliche Giftschrank

Die drei Elemente eines Dialogs

Jeder Dialog besteht, unabhängig von seinem Inhalt, aus nur drei Elementen:

(Symbol)

1. Aussagen !

Eine Aussage ist das sprachliche Element, mit dem wir einander über Fakten, unseren Standpunkt, unser Erleben und unsere Sicht der Welt informieren. Da jeder Dialog auf Informationen basiert, wäre ein Dialog ohne Aussagen undenkbar und absolut sinnlos. Aussagen sind ein essentieller Bestandteil jeder Kommunikation.

2. Fragen ?

Indem wir Fragen stellen, zeigen wir Interesse an unserem Gesprächspartner, bzw. an seinen Aussagen. Anders betrachtet könnten wir sagen, dass Fragen ebenfalls Aussagen sind, die Interesse ausdrücken („*Ich wüsste gerne...*", „*Mich interessiert, zu hören...*"). Eine Frage ist die Öffnung der Brücke in Richtung unseres Partners, eine Einladung an ihn, sie zu überschreiten, indem er uns (in einer Aussage) ein Stück seiner Welt, seiner Erfahrung zeigt.

3. Pausen ...

Wenn wir zuhören, was ein Anderer uns zu sagen hat, tun wir das auf zwei Ebenen. Die eine ist die akustische Ebene d.h. der Schall erreicht unsere Ohren. Die andere Ebene des Zuhörens ist das Herstellen einer inneren Beziehung zur Aussage des Anderen. Wir tun das, indem wir im Kontext des Gesagten unsere eigenen Erfahrungen, Werte und Erinnerungen abrufen. Wir lassen einen inneren Film laufen, in dem wir sehr persönlich auf die Aussage oder Frage des Anderen Bezug nehmen. Wenn der Andere zu sprechen aufhört, kann unser innerer Film durchaus noch ein bisschen weiter laufen. Wir müssen das Gesagte auf uns wirken lassen. Das kann einen Moment dauern. Dabei entsteht eine Pause.

Wenn Ihnen jemand antwortet, sofort nachdem Sie aufgehört haben zu sprechen, dann hat er oder sie sich wahrscheinlich nicht die Mühe gemacht, sich in einem eigenen, inneren Film auf das Gesagte einzulassen. Wenn er sie gar mitten im Satz unterbricht ist es offensichtlich.

Kurze Pausen bevor Sie sprechen, bewahren Sie auch davor, ihren konditionierten Reflexen nachzugeben (siehe ebd.).

Als mir in den achtziger Jahren klar wurde, dass jeder Dialog nur aus diesen drei Elementen besteht, machte ich es mir zur Gewohnheit, die Struktur der Gespräche, an denen ich teilnahm oder deren Zeuge ich war, mitzuschreiben. Meine Mitschriften sahen etwa so aus:

A	! ?		! ! ?		? !		? !		...
B		... ! ?		... !		... !		! ! !	

Mitschrift eines Gesprächs (ohne Berücksichtigung des Inhalts)

Ich fand diese Mitschriften faszinierend, weil oft die bloße Struktur des Gesprächs über die Beziehung der beteiligten Personen mehr aussagte, als die Worte selber.

Was kann über die beiden Sprecher oben gesagt werden? Was ist die Qualität ihrer Beziehung? Wir können klar erkennen, dass A vor dem Sprechen keine Pausen macht. In anderen Worten: A hört nicht wirklich zu (in dem Sinn, dass er einen inneren Film laufen ließe). Seine Beiträge basieren weitgehend auf konditionierten Reflexen, seine Fragen sind zum grössten Teil rhetorisch. B hingegen macht Pausen und scheint vor dem Sprechen kurz nachzudenken. Diese Ruhe geht B jedoch am Ende des Gesprächs verloren, als (in diesem Fall) sie die Geduld verliert (keine Pause mehr, drei Aussagen hintereinander). Das verschlägt A die Sprache (...). Auch ohne den Inhalt zu kennen, können wir an der Struktur des Dialogs erkennen, dass die Beziehung der beiden nicht gerade harmonisch ist.[109]

Hier sind zwei weitere Beispiele, die uns ebenfalls einen Einblick in die Qualität der Beziehung erlauben. Es wird immer wieder gesagt, dass „wer fragt führt". Sehen wir uns das genauer an:

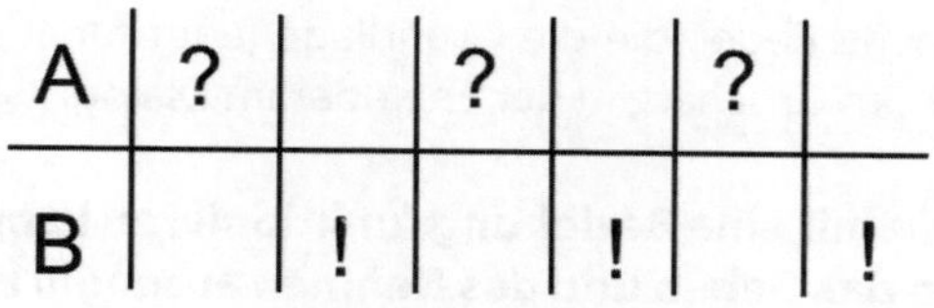

Der Fragende führt

In diesem Fall scheint der Fragende tatsächlich zu führen. Er zeigt Interesse an einer Aussage von B und bekommt sie auch.

Aber was ist damit:

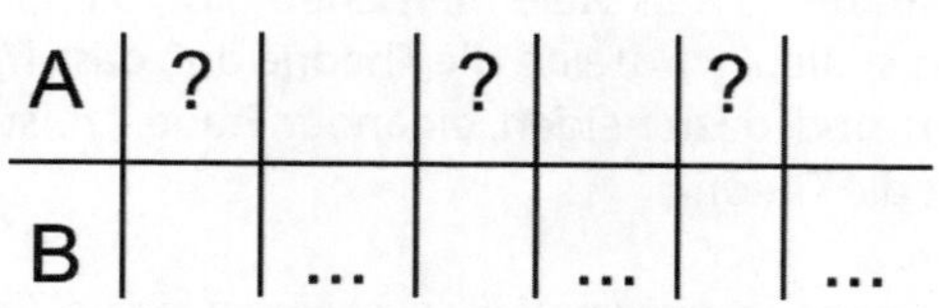

Hier gelingt es dem Fragenden nicht, zu führen

Auch hier fragt A nach einer Aussage von B, aber B verweigert sie. A versucht offensichtlich, fragend zu führen, aber B folgt ihm nicht. Man darf sich fragen, ob in diesem Fall nicht B der Stärkere von beiden ist.

Es gibt noch eine andere Art des Dialogs, die allerdings den Namen nicht wirklich verdient. Mitgeschrieben sieht sie so aus:

Monologe sind häufig ein Missbrauch der Ohren des Zuhörers

[109] Das Gespräch verlief ungefähr so:
Er: „Hallo, ich bin da. Was gibt's zum Essen?"
Sie: Oh..., ich wusste nicht, dass Du kommst. Bist Du hungrig?"
Er: „Ja, natürlich bin ich hungrig. Ich habe Dir gesagt, dass ich nach Hause komme. Warum hörst Du nie zu, wenn ich Dir etwas sage?"
Sie: „... Ich kann mich beim besten Willen nicht daran erinnern."
Er: „ Warum spreche ich bei Dir immer gegen eine Wand? Heute früh habe ich es Dir gesagt."
Sie: "...ich kann mich wirklich nicht daran erinnern, dass Du es mir gesagt hättest!"
Er: „Hast Du es wieder einmal vergessen? Es hat ja gar keinen Sinn, mit Dir zu sprechen."
Sie: „Wenn Du ein bisschen Grips im Kopf hättest, dann hättest Du angerufen. Wenn Du hungrig bist, mach Dir selber was. Und hör auf, mich zu herum zu kommandieren!"

A stellt eine einfache Frage, und B antwortet mit einem Wortschwall. Wenn A's Frage nicht die Bitte um einen ausführlichen Bericht war, dann ist B's Antwort ein Missbrauch der Ohren von A. Wie sollen wir uns in einem solchen Fall verhalten? Wenn uns nicht danach ist zu bleiben und über menschliche Zwanghaftigkeit zu sinnieren, dann ist jede Entschuldigung recht, um sich diesem Übergriff zu entziehen.

Es gibt eine einfache Regel, die die Grundlage jeder funktionierenden Beziehung bildet, sei es im Geschäft, in der Ehe oder im Dialog:

Damit eine Beziehung funktionieren kann, müssen das Geben und das Nehmen ausgeglichen sein.

In unserem letzten Beispiel sind das Geben und das Nehmen nicht ausgeglichen. Auf eine einfache Frage genügt eine einfache Antwort. Auch eine einfache Rückfrage ist noch in Ordnung. Von B kommt zu viel, aber keine einzige Frage, die ein Interesse an A zeigen würde.

Schon früh fiel mir auf, dass es viele Menschen gibt, die ihren Gesprächspartnern keine Fragen stellen. Ich stellte die Theorie auf, dass Menschen, die aneinander interessiert sind, dazu neigen, einander Fragen zu stellen. Meine Beobachtung bestätigt die Theorie.

Eine meiner Töchter nahm vierzehnjährig an einem meiner Seminare teil. Sie hörte sehr aufmerksam zu, als ich die drei Elemente des Dialogs und speziell die Funktion der Frage erklärte. Ein halbes Jahr später kam sie zu mir und sagte: „Papa, ich glaube ich habe etwas verstanden." „Was hast Du verstanden", fragte ich. „Wenn ich in einer Gruppe von Mitschülern war", sagte sie, „die mir keine Fragen gestellt haben, bin ich bis jetzt immer geblieben und habe gehofft. Heute war ich wieder in dieser Situation. Zum ersten Mal bin ich weggegangen und habe mir jemandem gesucht, der tatsächlich Interesse an mir hatte." Ja, sie hatte es verstanden.

Wenn wir Bekannte oder Freunde haben, die uns keine Fragen stellen und stattdessen ihren Teil des Dialogs auf endlose Geschichten aus ihrem Leben und aus dem Leben Dritter beschränken, sind sie nicht wirklich an uns interessiert. Sie missbrauchen lediglich unsere Ohren. Warum sollten wir solche Beziehungen pflegen? Dasselbe gilt auch andersherum. Wenn wir keine Fragen an sie haben, ist klar, dass wir kein echtes Interesse an ihnen haben.

Geschäftliche Besprechungen

In vielen geschäftlichen Besprechungen können wir beobachten, dass nur wenige Fragen gestellt werden. Aussage folgt auf Aussage. Es gibt so gut wie keine Pausen. Die Beteiligten scheinen zu befürchten, dass Ihnen eine Frage als Nichtwissen, als Informationsdefizit ausgelegt werden könnte. Zuviel Interesse zu zeigen, könnte auch als eine Einmischung in die Angelegenheiten Anderer interpretiert werden, oder als unangemessene Neugierde. Lieber nicht fragen. Dadurch kann der Austausch von Informationen bei geschäftlichen Besprechungen ernsthaft beeinträchtigt werden. Alle Beteiligten bemühen sich nur gut auszusehen.

Zusätzlich soll alles so schnell wie nur möglich erledigt werden. Der Konsens ist: Zeit ist Geld. An meiner Schule hatte ich einen Lehrer, der darauf bestand, dass wir schneller an unser Ziel kämen, wenn wir langsamer gingen. Damals hielt ich ihn für ziemlich verrückt. Langsamer kann nicht schneller sein! Inzwischen habe ich verstanden, dass das, was er sagte, stimmt.

Die höchste Kommunikationseffizienz, die ich jemals beobachten konnte, erlebe ich regelmäßig in einem Seminar, das ich in den 80er Jahren entwickelt habe und seither regelmäßig anbiete. Es heißt „Die Zeitlupe". Drei volle Tage lang sprechen und bewegen sich die Teilnehmer extrem langsam. Das Sprechen ist reduziert auf ein Wort pro Atemzug. Und, das können Sie mir glauben, nach zwei Tagen in Zeitlupe hat sich die Atemfrequenz drastisch reduziert.

Das führt zu mehreren Effekten, die die Effektivität der Kommunikation sehr erhöhen. Der erste ist, dass das meiste von dem, was man normalerweise sagen würde, in der Zeitlupe nie gesagt wird. Es ist nicht wichtig genug und daher den Aufwand nicht wert. Nur die wirklich wichtigen Themen kommen noch zur Sprache. Wiederholungen entfallen. Der zweite Effekt ist, dass die Sätze kurz sind. Da sehr langsam gesprochen wird, muss der Sprecher versuchen, die Aufmerksamkeit seiner Zuhörer zu halten und Schachtelsätze vermeiden. Die resultierende Einfachheit der Sprache macht das Verstehen um vieles leichter. Der Sprecher hat viel Zeit, sorgfältig zu formulieren, und die Zuhörer haben ebenso viel Zeit, das Gesagte zu verstehen. Ihre Antworten sind dann ebenso einfach und klar. In Zeitlupe werden auch die kompliziertesten und subtilsten Themen in sehr kurzer Zeit erschöpfend behandelt.

Sich auf das zu beschränken, was wirklich wichtig ist, scheint häufig nicht die Stärke derer zu sein, die an geschäftlichen Besprechungen teilnehmen. Ich habe bei solchen Besprechungen die Tendenz beobachtet, um relativ einfache Sachverhalte unnötig viele Worte zu machen. Man spricht weiter und weiter, auch wenn ein oder zwei Sätze genügt hätten, einen Standpunkt oder einen Sachverhalt klar zu machen. Statt Verständnis oder Begeisterung kommt Langeweile auf. Oft müssen Treffen vertagt werden, weil die dafür vorgesehene Zeit nicht ausgereicht hat. Ich bin sicher, dass kürzere Wortmeldungen, eine vertrauensvollere Atmosphäre, die mehr Nachfragen zulässt und gelegentliche Pausen zum gemeinsamen Nachdenken viel zur Effektivität solcher Besprechungen beitragen würden.

Unsere Aufmerksamkeitsspanne ist kurz

Wenn jemand zu sprechen beginnt, ist der Zuhörer in der Regel interessiert: *„Was wird er/sie sagen?"*. Die Aufmerksamkeit steigt am Beginn einer Wortmeldung sprungartig an, beginnt aber nach relativ kurzer Zeit wieder zu sinken. Wenn der Sprecher über das nötige Maß hinausgeht, verwandelt sich das anfängliche Interesse in Überdruss: *„Wann hört er/sie endlich auf zu reden?"*

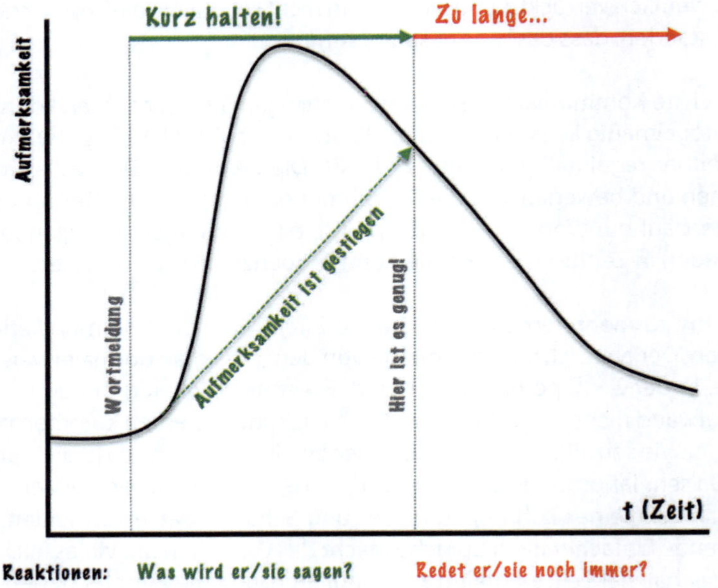

Wer zu lange spricht verliert die Aufmerksamkeit der Zuhörer

Wenn Sie einen effektiven Gesprächsbeitrag leisten wollen, halten Sie ihn kurz und klar. Hören Sie auf zu sprechen, so lange die Aufmerksamkeit der Zuhörer noch hoch ist. Wenn Sie zu lange sprechen, verlieren Ihre Zuhörer das Interesse, ganz gleich wie relevant oder interessant Ihr Beitrag ist. Die Aufmerksamkeit der Zuhörer wird wieder dorthin absinken, wo sie war, bevor Sie zu sprechen anfingen: Sie haben Power durch Dauer verschenkt.

Die Magie des Gesprächs

In der Kommunikation liegt eine gewisse Magie. Wenn Sie den Dialog dazu verwenden, in eine echte Begegnung einzutreten, kann das zu einer gemeinsamen und lustvollen Bewusstseinserweiterung führen.

Wenn A auf B trifft, haben beide einen bestimmten Raum, den sie mit ihrem eigenen Denken ausloten können. Dieser Raum ist begrenzt. Es kann gemeinsame Bereiche geben, Themen, bei denen das Denken beider sich deckt bzw. denselben Bereich ausleuchtet.

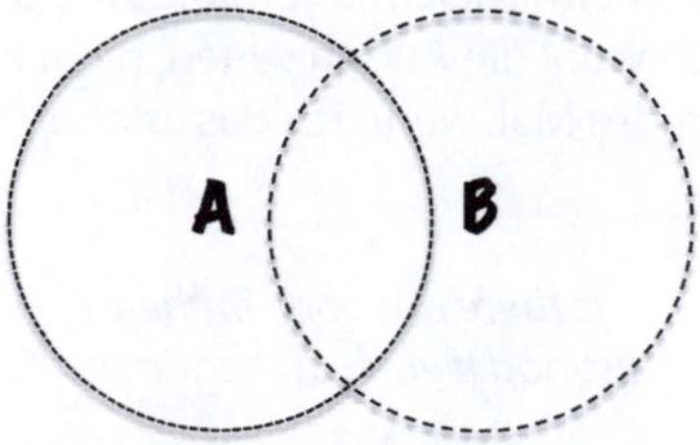

Die Kommunikation beginnt

Sobald sie in eine sinnvolle Kommunikation kommen, können wir beobachten, wie das Denken beider Partner sich erweitert und mit einem Male Gedanken beinhaltet, auf die keiner von ihnen von alleine gekommen wäre. Zusammen können sie eine viel grössere Bandbreite von Gedanken abdecken, als jeder für sich: Sie entwickeln ganz neue Ideen.

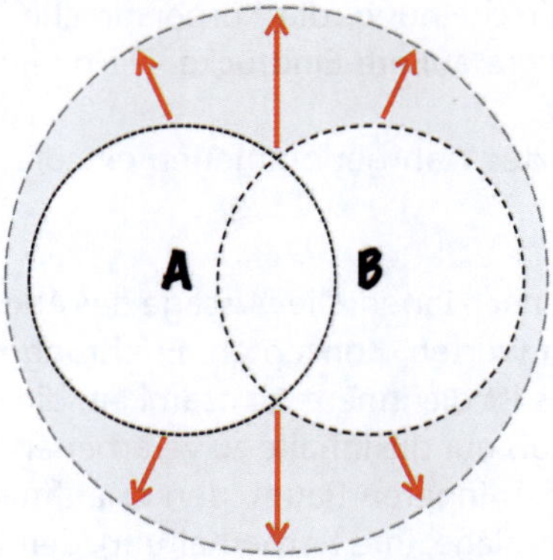

Erweiterung des geistigen Raumes während der Kommunikation

Diese Erweiterung des geistigen Raumes ist nicht etwas, das die beiden aktiv betreiben. Es geschieht ganz von alleine durch den Austausch von Gedanken. Die Andersartigkeit der Gedanken des Gesprächspartners stimuliert uns, eine neue Andersartigkeit innerhalb unserer eigenen Gedanken zu entwickeln. Es fallen uns Gedanken ein, zu denen wir sonst keinen Zugang bekommen hätten.

Wir alle haben diese Magie eines solchen Dialogs schon erlebt. Es ist wirklich eindrucksvoll, wie ein gutes Gespräch mit einem Anderen unserem Denken eine ganz neue Richtung geben, wie es uns zu völlig neuen Ideen und Plänen inspirieren kann. Im Gespräch mit anderen Menschen den eigenen Gedankenraum zu erweitern und gleichzeitig die weiche Wahrnehmung herzustellen, sind zwei Eckpfeiler echter Kreativität.

Mentale Präsenz während der Kommunikation

Haben Sie manchmal den Eindruck, mit jemandem zu sprechen, der gar nicht richtig da ist? Sie können wohl die Augen sehen, nicht aber den Menschen, den Sie dahinter erwarten. Jedes Mal, wenn ich das erlebe, fällt mir der Text von Pink Floyd ein:

Is there anybody in there?
Just nod if you can hear me...[110]

Was macht den Unterschied aus zwischen einem Dialog, bei dem beide Gesprächspartner wirklich präsent sind und einem, bei dem das nicht so ist? Ich meine, der Unterschied liegt in der Art und der Intensität der Aufmerksamkeit, die die Gesprächspartner in den Dialog investieren. Diese Aufmerksamkeit ist eine zweifache (wieder Janus!):

1. die Aufmerksamkeit nach außen: Sie ist auf die andere Person gerichtet. Sie erfasst die äußere Erscheinung, die Körpersprache, den Gesichtsausdruck, den Tonfall und andere äußere Eindrücke. Sie nimmt auch inhaltlich wahr, was der Andere sagt.
   Sich auf den Inhalt des Wahrgenommenen einzulassen, erfordert darüber hinaus

2. die Aufmerksamkeit nach innen: Die Aussage des Anderen wird innerlich verglichen mit eigenen Werten, Konzepten, Erfahrungen, Absichten, Hoffnungen und Ängsten. Es ist die innere Achtsamkeit, die das Gespräch lebendig macht. Sie tut mehr als nur die Inhalte zu verarbeiten. Sie verwaltet auch den Dialog selber und den inneren Raum, den er aufmacht, die Wahl der Worte, des Stils, der Stimmlage, Ihre Körperhaltung, den Zeitrahmen… Es ist die Meta-Aufmerksamkeit des Dialogs.[111] Wenn wir diese Meta-Aufmerksamkeit nicht aufbringen, dann führen wir kein Gespräch. Wir plappern nur und folgen gewohnten Assoziationen bzw. konditionierten Reflexen. Und wenn die innere Aufmerksamkeit bei unserem Gesprächspartner fehlt, bekommen wir den Eindruck, dass er (oder sie) nicht wirklich präsent ist. Es ist die Meta-Präsenz der Gesprächspartner, die den Unterschied ausmacht zwischen einem wirklichen Gespräch und bloßem Geschwätz.

[110] „Ist jemand da drinnen? Nicken Sie einfach wenn Sie mich hören können...", (Comfortably numb/ The Wall)

[111] siehe das Kapitel über die Metaebene

Gute asymmetrische Kommunikation (ein Vortrag oder eine Präsentation) erfordert eine ebensolche mentale Präsenz wie ein Dialog, wenn sie gut ankommen soll. Warum sind viele Vorträge so langweilig? Oft werden sie von einem Manuskript oder von einem Teleprompter abgelesen. Es gibt eine Diskrepanz zwischen dem Inhalt der Kommunikation (der leidenschaftlich sein kann) und der geistigen Disposition des Sprechers bzw. des Lesers. Als Zuhörer können wir das spüren. Sprecher und Inhalt passen nicht zusammen. Die freie Rede ist eine ausgezeichnete Alternative, aber sie erfordert gute Vorbereitung und eine während des gesamten Vortrags aufrecht erhaltene geistige Präsenz. Sonst kann sie noch viel schlimmer sein als ein abgelesener Vortrag.

Eine ähnliche Diskrepanz können wir häufig bei Interviews beobachten. Viele Interviewer haben eine Liste von Fragen, die sie „abarbeiten" sollen, sind aber persönlich nicht sonderlich an den Antworten interessiert. Wenn sie es wären, würde ihr eigenes Interesse die Zuhörer ihrerseits zum interessierten Zuhören animieren. Interesse ist ansteckend. Wenn ein Interviewer selber an seinem Thema nicht wirklich interessiert ist, kann er die Zuhörerschaft nicht mitreißen. Er macht nur seinen Job und schlecht noch dazu.

Hörbücher sind in dieser Hinsicht ebenfalls interessant. Manche Sprecher schaffen es, den Zuhörern einen Text wirklich nahe zu bringen. Sie sind während des Lesens spürbar präsent. Andere lesen einfach die Worte, ohne das geringste Zeichen geistiger Präsenz. Ihnen zuzuhören ist langweilig, ganz gleich wie gut der Text auch sein mag. Da sie nur die Worte lesen und sich nicht die Mühe machen, die im Text zum Ausdruck kommenden Gedanken selber mitzudenken, neigen sie dazu, viel zu schnell zu lesen. Der Zuhörer hat dann nicht die Zeit, mit dem Text in eine persönliche Beziehung zu treten und ihn zu verstehen. Auf diese Weise wird ein ansonsten vielleicht faszinierendes oder spannendes Buch zu bloßem Lärm.

Die Verwaltung des inneren Raumes beim Dialog

Echte Dialoge finden also in zwei „Räumen" gleichzeitig statt, dem äußeren, öffentlichen Raum und dem inneren, geistigen Raum der Gesprächspartner. Alles, was man bei einem Dialog beobachten, hören, aufnehmen oder filmen kann, findet im öffentlichen Raum statt. Der innere Raum der Gesprächspartner ist vom äußeren bzw. öffentlichen Raum klar unterschieden und von außen nicht einsehbar. Es ist der aufmerksame, ansprechbare und kreative Teil des Geistes, in dem das Gespräch entsteht und verwaltet wird. Hier beschließen wir unsere Herangehensweise an das Thema und an den Partner. Hier wählen wir unsere Worte, unsere Stimmlage, unsere Körperhaltung, hier bilden wir unsere Sätze und beschließen, ob wir eine Aussage machen, eine Frage stellen oder eine Pause zum Nachdenken machen wollen. Im inneren Raum wählen wir zwischen den verschiedenen Möglichkeiten, das Gespräch zu beginnen, weiterzuführen oder zu beenden.

Wir brauchen diese mentale Präsenz nicht nur zum Beobachten, zum Zuhören und um zu dem, was unser Gesprächspartner sagt, einen inneren Bezug herzustellen. Wir brauchen sie auch, um das Gespräch zu *führen*, d.h. um zu beschließen, in welche Richtung sich das Gespräch entwickeln soll. Ein Gespräch zu führen ist viel mehr, als sich zusammen zu setzen und zu reden. Es ist eine bewusste und fortwährende Bemühung, während des Gesprächs ganz präsent und ansprechbar zu sein, und oft auch ein Ziel zu erreichen. Wenn beide Partner auf diese Weise präsent sind, dann ist das Gespräch eine echte Begegnung zweier Geister auf der Brücke, die die Worte bilden. Es liegt an uns, für unsere Gedanken die richtigen Worte zu finden, und so während des Dialogs unsere Beziehung zueinander bewusst zu gestalten. Wir tun das, indem wir Optionen generieren und aus ihnen wählen.

Hier ist ein Beispiel für das Generieren und Auswählen von Optionen. Nehmen wir eine einfache Frage, für die die Auswahl an möglichen Antworten eher beschränkt zu sein scheint: *„Wie alt bist Du?"* Wir erwarten darauf eine einfache Information, eine Zahl. Tatsächlich gibt es aber viele Möglichkeiten, auf diese Frage zu antworten. Aus ihnen können wir die Antwort wählen, die uns im Moment am geeignetsten erscheint:

a) die einfache Wahrheit: „46 Jahre."
b) eine glatte Lüge: „42 Jahre" oder „48 Jahre."
c) der Versuch, sich jünger darzustellen, ohne zu lügen: „Ich war vor kurzem erst 30."
d) der Versuch, sich älter darzustellen, ohne zu lügen: „Bald 50."
e) vage ausweichend: „Ein paar Jahre jünger als Du, denke ich."
f) schroffe Abweisung: „Das geht Dich nichts an."
g) nicht ganz so schroff: „Das möchte ich lieber nicht sagen."
h) Frauen vor einem Englischen Gericht: „Über 20."
i) Rückfrage: „Warum willst Du das wissen?"
j) humorvoll ausweichend: „Ich kann's mir nicht merken. Es ändert sich jedes Jahr."
k) ausweichend mit Themenwechsel: „Auf die Fitness kommt es an, nicht auf das Alter."
l) philosophisch: „Es ist seltsam. Je älter ich werde, desto jünger fühle ich mich."
... und so weiter.

Auf diese Frage lassen sich mühelos noch weitere Antworten finden. Wir sollten uns darüber im Klaren sein, dass jede dieser Optionen die Qualität der Beziehung der Gesprächspartner, die sich im Dialog ausdrückt, auf die eine oder andere Weise beeinflusst und damit zu einer anderen Qualität im Dialog führen wird. Deshalb ist es wichtig, aus den verschiedenen Möglichkeiten bewusst eine (möglichst zielführende) Auswahl zu treffen.

Übung der Präsenz im Gespräch

In manchen meiner Seminare üben wir die mentale Präsenz im Gespräch. Wir führen ein strukturiertes Übungsgespräch, in dem niemand den Mund aufmacht, bevor er/sie nicht aus drei Optionen (zu fragen, zu antworten) eine gewählt hat. Welche? Natürlich die, von der der grösste Nutzen für das Gespräch zu erwarten ist.

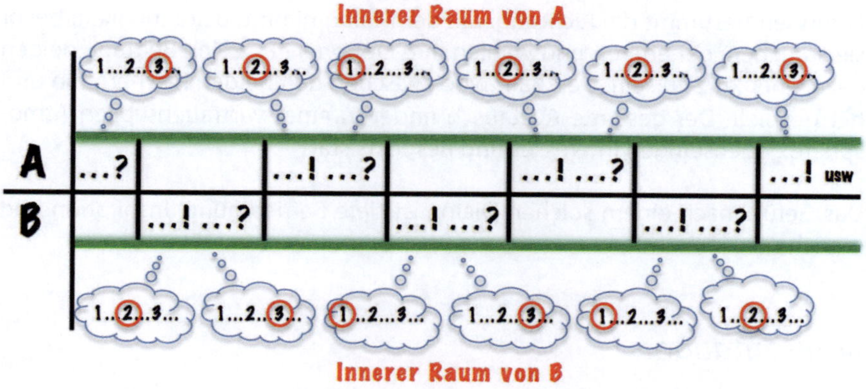

Anfangs verläuft ein solches Übungsgespräch sehr stockend. Das Generieren von drei alternativen Möglichkeiten und aus ihnen eine Auswahl zu treffen, braucht Zeit. Es entstehen lange Pausen. Aber im Laufe der Übung, speziell wenn man die Übung wiederholt, wird die wache Präsenz im inneren Raum geläufiger. Bei gut geübten Teilnehmern läuft sie quasi nebenher und verursacht kaum noch Pausen.

In normalen Gesprächen, die wir im Alltag zu führen haben, wird es kaum nötig sein, bei jeder Äusserung aus drei Optionen zu wählen. Andererseits gibt es in jedem Gespräch Scheidewege. Man kann in diese oder in jene Richtung gehen. An diesen Stellen ist es von Vorteil, wenn man zuvor ein wenig Präsenz und mentale Flexibilität geübt hat.

Die Essenz guter Gesprächsführung ist ja, dass in unserem inneren Raum nicht nur die Notbeleuchtung brennt. Das würde zu einem Gespräch führen, in dem Assoziationen und konditionierte Reflexe den Verlauf bestimmen. Nein, wir müssen alle Systeme auf „GO" schalten und hellwach das Gespräch verwalten, lenken und führen. Die Frequenz von Aussagen, Fragen und Pausen, die verschiedenen Optionen, die uns zur Verfügung stehen, die Qualität des Zuhörens, Tonfall und Körpersprache, der Zeitrahmen, die Annäherung an das Gesprächsziel... Es gilt vieles gleichzeitig zu beachten und zu verwalten. Es ist durchaus angebracht, gute Gesprächsführung als eine Kunst zu betrachten.[112]

[112] siehe Kasten Seite 196

Ein guter Dialog

Was geschieht, wenn beide Dialogpartner während des ganzen Gesprächs geistig präsent sind? Ich habe beobachtet, dass der Austausch sich deutlich verlangsamt und gleichzeitig vertieft. Aussagen und Fragen stehen in einem ausgewogenen Verhältnis, und gelegentliche Pausen erlauben jedem, den inneren Film fertig anzusehen, der durch den Beitrag des Anderen ausgelöst wurde. Beide lassen sich ganz auf das ein, was der Andere sagt. Gemeinsames Erkunden bestimmt die Richtung, die der Dialog nimmt. Beide denken, bevor sie sprechen, generieren und wählen ihre Optionen. Einzelne Beiträge neigen dazu, eher kurz zu sein. Der „Ball" wird zwischen den beiden Partnern hin und her gespielt. Der gesamte Austausch findet in einer vertrauensvollen Atmosphäre gegenseitigen Interesses und Respekts statt.

Das Gefühl nach einem solchen Dialog ist tiefe Befriedigung, Inspiration und manchmal ein Wundern.

Konfrontation

Konfrontation meint: sich hinstellen, sich Gehör/Respekt verschaffen, jemandem Grenzen setzen, sauber Nein sagen... Alles Dinge, die gelegentlich unausweichlich sind, vor denen aber viele Menschen Angst haben.

Kommunikation ist eine Brücke, auf der wir einander näher kommen können. Das ist wahr. Aber manchmal stellen wir fest, dass jemand uns zu nahe tritt und uns nicht mit Respekt behandelt, sondern unsere Freiheit beschneidet, unseren Bewegungsspielraum behindert. Das ist durchaus nicht ungewöhnlich. Wir müssen nur ein Auge darauf haben, und wenn es uns zu viel wird, unsere Bedürfnisse zum Ausdruck bringen und den Übergriffen Anderer Grenzen setzen.

In solchen Fällen ist unser Ausdruck immer eine Konfrontation. Der Andere meint vielleicht, dass sein Verhalten in Ordnung sei, aber wir sind damit nicht glücklich. Wenn wir ihm das sagen wollen, können wir nicht anders, als den Anderen zu konfrontieren.

Die Frage, die sich viele in einem solchen Fall stellen, ist: „Soll ich, darf ich das?" Oft schon haben wir gesehen, wie sich eine harmlose Konfrontation zu einem ausgewachsenen Konflikt entwickelte. Das ist nicht, was wir wollen. Also zögern wir, bevor wir uns hinstellen, unsere Wünsche anmelden, eine Grenze setzen, nein sagen. Dieses Zögern kann gefährlich sein, da die meisten Dinge, um die es dabei geht, emotionaler Natur sind. Wenn wir uns nicht beizeiten wehren, werden sich die Emotionen in uns hochschaukeln und inneren Druck aufbauen, bis wir schließlich so geladen sind, dass wir nicht mehr fähig sind, die Sache auf eine ruhige und sachliche Weise zu handhaben. Unter solchen Umständen können auch kleine Konfrontationen außer Kontrolle geraten.

Es ist wichtig, dass wir unsere Angst vor Konfrontationen verlieren und sie anpacken, bevor wir emotional werden. Schließlich greifen wir damit niemanden an, sondern machen nur klar, dass wir hier sind und gewisse Vorlieben, Abneigungen und Rechte haben, die der Andere berücksichtigen soll. Schuldgefühle sind dabei nicht angebracht. Woher soll der Andere denn wissen, dass er eine Grenze überschreitet, wenn wir es ihm nicht sagen?

Zum Glück gibt es ein sehr einfaches Verfahren, das bestens funktioniert.[112] Es kann uns helfen, Konfrontationen angstfrei und rechtzeitig anzugehen.

Der erste Schritt ist immer eine höfliche **Bitte**. *„Bitte wären Sie so freundlich, Ihren Wagen nicht auf meinem Parkplatz abzustellen"*, *„Bitte rauchen Sie hier nicht"*, *„Bitte bleiben Sie ruhig"*, bitte, bitte, bitte... Auf diese Weise gehen wir ganz unemotional und freundlich an die Sache heran. Sollte die Konfrontation später eskalieren, können wir wenigstens sicher sein, unser Bestes getan zu haben, den Anderen nicht zu provozieren.

Wenn der Andere uns respektiert, wird es keinerlei Problem geben. Die höfliche Bitte wird genügen, um die Reaktion zu bekommen, die wir wollten. Wenn aber der Respekt fehlt, ist es wahrscheinlich, dass unsere Bitte ignoriert wird. In diesem Fall müssen wir deutlicher werden. Wir verwandeln die Bitte in eine **Forderung**. *„Ich will meinen Parkplatz selber nutzen und wünsche nicht, Ihren Wagen jemals wieder dort zu sehen"* oder *„Ich möchte nicht, dass irgend jemand hier raucht und das schließt Sie mit ein."* Die höfliche Bitte wird durch eine klare Aussage und erhöhten Nachdruck ersetzt. Der Tonfall unserer Stimme verändert sich. Wir stellen sicher, dass die Botschaft diesmal unmissverständlich ist und machen damit klar, dass wir meinen, was wir sagen. Wir können auch am Ende hinzufügen: *„Haben Sie mich verstanden?"* oder *„Habe ich mich klar genug ausgedrückt?"*

Manche werden dann denken: *„Oh, ich glaube, er/sie meint es ernst. Ich halte mich besser an das, was er/sie sagt"* und wird sich unseren Wünschen fügen. Auf diese Weise hat uns die Forderung den Respekt eingebracht, den wir für die höfliche Bitte nicht bekamen. Andere aber werden denken: *„Was bildet der/die sich ein, dass er/sie so mit mir spricht?"* und weiterhin das tun, was wir verhindern wollen. Immer noch fehlt der Respekt. Was sollen wir also als nächstes tun?

Die Antwort ist einfach: Die Forderung wird mit einem **Ultimatum** verknüpft, mit einer Androhung von Konsequenzen: *„Wenn Du ..., dann werde ich ...!"* Aber wir müssen hier sehr vorsichtig sein und dürfen nichts Übereiltes sagen oder tun. Es ist besser eine Pause einzulegen und eine oder zwei Nächte darüber

[112] Ich verdanke dieses Verfahren - wieder einmal - Glyn Seaborn-Jones, der mich in den 70er Jahren darauf aufmerksam machte. In den Jahren seither habe ich es immer wieder erfolgreich getestet und nichts besseres gefunden.

zu schlafen, als eine vorschnelle, aber unwirksame Drohung auszusprechen. Es gibt bestimmte Kriterien, denen ein gutes Ultimatum entsprechen muss. Wenn unser Ultimatum diese Kriterien nicht erfüllt, wird die Reaktion sein: *„Mach nur. Das juckt mich doch nicht."* Das wäre kein gutes Ultimatum.

Kriterien für ein gutes Ultimatum

Sehen wir uns die Kriterien eines guten Ultimatums genauer an.

Zunächst müssen die angedrohten Konsequenzen für den Anderen **unangenehm** sein. Sind sie es nicht, wird der gewünschte Effekt ausbleiben.

Des weiteren müssen die Konsequenzen **angemessen** sein. Um Kinder dazu zu bewegen um acht Uhr im Bett zu sein, wäre es unangemessen und übertrieben, ihnen die Streichung des Taschengeldes für die nächsten sechs Monate anzudrohen. Das ist eindeutig eine zu drastische Konsequenz für ein einmaliges Verspäten.

Das nächste Kriterium ist, dass die Konsequenzen **zeitnah** auf das Delikt folgen müssen. Die Androhung, zu Weihnachten Geschenke zu streichen, ist im April wirkungslos. Hundebesitzer wissen, dass man einen Hund heute nicht für etwas bestrafen kann, das er gestern angestellt hat. Menschen funktionieren genauso.

Ein weiterer wichtiger Aspekt ist, dass wir die Konsequenzen **selber** in die Tat umsetzen. Die Drohung *„Wenn Du nicht ..., dann sage ich's dem Papa (dem Lehrer, der Polizei, meinem Anwalt)"* hat noch niemandem Respekt eingebracht. Schließlich wollen wir uns Respekt verschaffen. Der Papa hat ihn schon.

Und die Konsequenzen sollten sowohl **real** als auch **realistisch** sein. Den Kindern mit dem „Schwarzen Mann" oder einer ähnlichen Figur zu drohen, ist nicht nur vom erzieherischen Standpunkt fragwürdig. Es wird auch nicht ernst genommen. Durch Phantasiedrohungen verlieren wir eher Respekt, als dass wir ihn bekämen. Ebenso wird die Androhung unrealistischer Konsequenzen schnell durchschaut und erweist sich damit als kontraproduktiv.

Das letzte - und letztlich ausschlaggebende - Kriterium für ein gutes Ultimatum ist, dass wir für unsere Worte auch einstehen müssen. Noch bevor wir den Mund zu einem Ultimatum aufmachen, müssen wir entschlossen sein, unseren Worten auch die Tat folgen zu lassen, falls unseren Wünschen nicht entsprochen wird. Sind wir dazu nicht entschlossen, dann produzieren wir mit unseren Drohungen nur heiße Luft.

Hier ist also die Liste der Bedingungen, die ein gutes Ultimatum erfüllen muss:

- unangenehm
- angemessen
- zeitnah
- selbst implementiert
- real, realistisch
- ernst gemeint

Sehen wir uns ein Beispiel an. Eine Mutter sieht ihre Kinder um 19:30 Uhr in ihrem Zimmer spielen. Die vereinbarte Bettzeit ist 20:00 Uhr. Also sagt sie: *„Kinder, es ist halb acht, Zeit sich für's Bett fertig zu machen. Bitte räumt jetzt Eure Spielsachen auf und macht Euch auf ins Badezimmer."* Hier haben wir die höfliche und freundliche Bitte. Manche Kinder werden sich an die Regeln halten und tun was ihnen gesagt wurde. Andere werden auf dem Mutter-Ohr taub sein und einfach weiterspielen. Beim nächsten Mal ist die Mutter nicht mehr ganz so freundlich. *„Ich habe Euch vor zehn Minuten gebeten, Eure Sachen aufzuräumen und Euch für's Bett fertig zu machen. Also, macht schon, aber ein bisschen plötzlich!"* Das ist eine Forderung. Der Tonfall sollte sie unmissverständlich machen. Die meisten Kinder werden jetzt denken *„Hoppla, sie meint es ernst. Jetzt sollten wir wirklich los."* Manche Kinder allerdings, denen der Respekt für die Mutter fehlt, werden sich denken *„Lass sie doch reden. Ich mach' was ich will"* und weiterspielen.

Der nächste Schritt ist das Ultimatum. Es gibt in dieser Situation ein offensichtliches Ultimatum, das alle oben genannten Kriterien erfüllt: *„Wenn ihr um acht Uhr nicht im Bett seid, gibt es keine Gute-Nacht-Geschichte."* In diesem Fall ist es das ideale Ultimatum. Es ist eindeutig unangenehm (die Kinder lieben ihre Gute-Nacht-Geschichte), es ist durchaus angemessen, es ist zeitnah, die Mutter selber wird es in die Tat umsetzen, es ist real und (wir hoffen) sie meint es ernst. Wie werden die Kinder darauf reagieren?

Manche werden ins Bad flitzen und ein paar Sekunden vor acht (zu Recht) im Bett auf ihre Gute-Nacht-Geschichte warten. Andere (oder die selben Kinder bei einer anderen Gelegenheit) werden es darauf anlegen, ihre Mutter auf die Probe zu stellen. Sie werden zehn, vielleicht zwanzig Sekunden nach acht im Bett sein und abwarten wie ihre Mutter reagiert. Wenn sie sich jetzt trotzdem breitschlagen lässt, die Gute-Nacht-Geschichte vorzulesen, sollte sie sich nicht wundern, wenn am nächsten Tag weder ihre freundlichen Bitten, noch ihre Forderungen oder Ultimaten ernst genommen werden. Sie muss zu ihrem Wort stehen. Zehn Sekunden nach acht (an der Wanduhr abzulesen) ist zu spät. *„Es tut mir leid, Kinder. So lernt Ihr, dass ich meine, was ich sage. Heute gibt es keine Gute-Nacht-Geschichte."* Nicht vorzulesen kann für die Mutter schlimmer sein, als für die Kinder, besonders wenn ihre Weigerung Tränen und Geschrei auslöst. Aber sie hat ihre Kinder vor eine klare und einfache Wahl gestellt. Und die Kinder haben gewählt. Jetzt muss sie zu ihrem Wort stehen.

Mit ihrer Weigerung, die Geschichte vorzulesen, schickt sie ihren Kindern eine Botschaft, die um vieles wertvoller ist, als eine Gute-Nacht-Geschichte: *„Wenn ich etwas sage, könnt Ihr Euch darauf verlassen, dass ich es auch meine".* Kinder brauchen einen verlässlichen Rahmen.

Die Übersicht über dieses Verfahren sieht so aus:

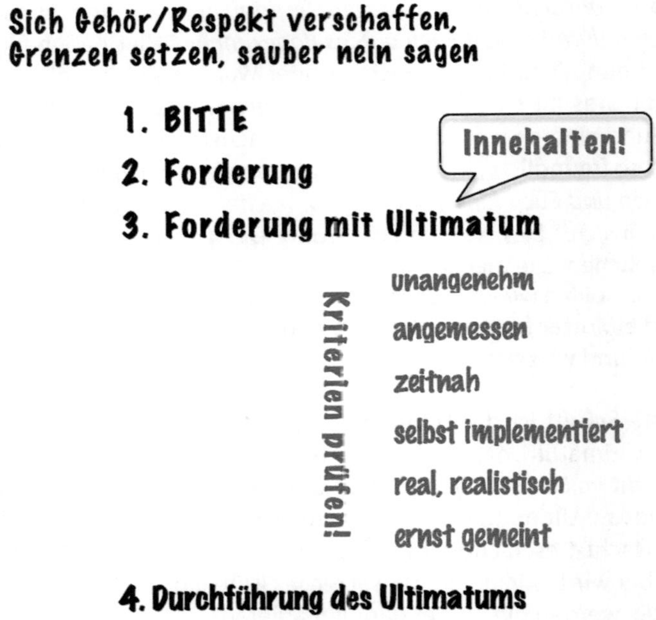

Vier Schritte, um einen Standpunkt klar zu machen

Und hier die kurze Version:

Sag, was Du meinst und tu, was Du sagst.

Wer dieses Motto[114] beherzigt, wird keine Schwierigkeiten damit haben, ernst genommen zu werden.

Mit Erwachsenen funktioniert das genauso. Vor Jahren, bevor das Rauchen aus allen Büroräumen verbannt wurde, schrieb ich einen Wettbewerb aus:

[114] engl.: „Walk your talk."

„Wer findet für die folgende Situation das beste Ultimatum? Ein Kollege kommt, eine Zigarre rauchend, in mein Büro. Ich sage „Würdest Du bitte Deine Zigarre draußen lassen. Ich halte den Geruch nicht aus." Brummend geht er hinaus. Am nächsten Tag kommt er wieder mit seiner Zigarre. Offensichtlich hat er nicht genug Respekt für mich, um meine Bitte ernst zu nehmen. Jetzt ändert sich mein Ton: „Ich habe dir gestern schon gesagt, dass ich den Geruch von Zigarren nicht mag. Geh hinaus und komm nie wieder mit einer Zigarre in mein Büro." Er lacht und geht hinaus. Aber ein paar Tage später ist er wieder da, mit Zigarre. Jetzt ist es Zeit für ein Ultimatum. Was schlagen Sie vor?"

Ich bekam sehr interessante Antworten. Ein Vorschlag war: *„Wenn Du noch einmal mit Deiner stinkenden Zigarre hereinkommst, dann kippe ich Dir meinen Kaffee in Deine Tastatur."* Es versteht sich, dass dieser Beitrag keinen Preis bekam. Es ist sinnlos, die Situation durch die Zerstörung von Firmeneigentum zu eskalieren.

Ein anderer Vorschlag war: *„Wenn Du noch einmal rauchend hereinkommst, trage ich Dich hinaus."* Warum sollte ich mich derart anstrengen, bloß weil dieser Mensch keinen Respekt hat? Der Andere könnte auch viel zu schwer sein, als dass ich ihn tragen könnte, ohne selber Schaden zu nehmen. Zudem gehört das in den Bereich der Handgreiflichkeiten.

Ein weiterer war: *„Wenn Du jemals wieder hier rauchst, dann gehe ich."* Warum sollte ich freiwillig ins Exil gehen, bloß weil jemand mein Büro zu seinem Rauchersalon erklärt? Das geht gar nicht.

Der Preis ging an eine Frau, die sagte: *„Wenn Du noch einmal mit Deiner Zigarre hereinkommst, dann mache ich sie für Dich aus. Und zwar damit..."*, und hielt ihm die Pump-Gun-Variante einer Spritzpistole vor die Nase, die Sorte, die einen über und über nass macht. Wir fanden, dass sie dem Anderen eine faire Wahl ließ und auch, dass sie die Lacher auf ihrer Seite hatte. Ihr Ultimatum war angemessen, sehr zeitnah, eindeutig unangenehm, ebenso real wie realistisch, sie würde es selbst tun und sie meinte es wirklich.

Bevor wir ein Ultimatum aussprechen, müssen wir unbedingt innehalten und alle Möglichkeiten sorgfältig durchdenken. Es kann eine Weile dauern, vielleicht einen oder zwei Tage, bis uns das Richtige einfällt. Bedenken Sie: Ein Ultimatum gibt dem Anderen eine faire Chance. Er oder sie kann sich frei entscheiden, uns ernst zu nehmen oder nicht. Indem wir unsere Drohung wahr machen, wenn der/die Andere uns nicht entgegenkommt, zeigen wir nur, dass wir meinen, was wir sagen. Das ist die einfachste Art, sich Respekt zu verschaffen.

Es kommt (zum Glück selten) vor, dass wir unserem Vorgesetzten gegenüber Stellung beziehen und uns Respekt verschaffen müssen. In solchen Fällen ist das Verfahren im Prinzip dasselbe, wie mit Gleichgestellten oder Untergebenen.

Aber die Sache sollte mit großer Umsicht gehandhabt werden, weil die Konsequenzen, sollten wir scheitern, verheerend sein können. Bevor wir unseren Chef vor ein Ultimatum stellen, sollten wir eine schnelle Kosten/Nutzen-Rechnung machen (siehe das Kapitel über *Entscheidungen*) und beschließen, ob es dafürsteht oder nicht. *Love it, change it, leave it* bietet bei solchen Gelegenheiten ebenfalls eine gute Orientierung.

Ich kenne den folgenden Fall:

Richard, ein erfahrener Projektmanager mit vier erfolgreich abgeschlossenen Projekten, bekam von seinem Vorgesetzten ein neues Projekt zugewiesen. Er überprüfte die Ressourcen, die Mittel, die Mitarbeiter, den Zeitplan und den ganzen Rest und fand, dass alles perfekt war, bis auf den Zeitplan. Es war unmöglich, das Projekt in der vorgegebenen Zeit zu Ende zu bringen. Also ging er zu seinem Vorgesetzten und bat ihn höflich, dem Projekt weitere drei Monate einzuräumen, um den Erfolg zu sichern. Der Vorgesetzte legte sich nicht fest, nichts geschah. Zwei Tage später ging Richard abermals zu seinem Vorgesetzten. Würde er bitte so freundlich sein, ihm seine Zustimmung zum erweiterten Zeitrahmen bis Donnerstag Mittag in schriftlicher Form zukommen zu lassen. Er blieb sehr höflich, legte aber deutlich mehr Nachdruck in seine Bitte. Wieder geschah nichts.

Ich sah Richard am Wochenende. Er erzählte mir von seiner Schwierigkeit und dass er keine Lust hatte, sich seine Personalakte mit einem Projekt zu verderben, das von vorne herein zum Scheitern verurteilt war. Und wie frustriert er war mit seinem nicht reagierenden Chef. Er wusste natürlich, dass es Zeit war für ein Ultimatum, aber er war sich auch der Gefahren bewusst. Wir diskutierten seine Situation ausführlich. Danach machte Richard einen langen Spaziergang. Bei seiner Rückkehr hatte er beschlossen, was er tun würde. Er würde seinem Vorgesetzten sagen: „Wenn ich Ihre schriftliche Zusage für den um 3 Monate erweiterten Zeitplan nicht bis Dienstag Mittag auf meinem Schreibtisch habe, sehe ich mich gezwungen, die Verantwortung für dieses Projekt niederzulegen." Ich wies ihn darauf hin, dass sein Chef ihm das Leben sehr unangenehm machen könnte, weil Vorgesetzte es in der Regel nicht gerne haben, wenn man ihnen die Pistole auf die Brust setzt. „Ja", sagte er, „das ist mir durchaus bewusst. Aber wenn er so reagiert, sehe ich mich lieber nach einer anderen Arbeitsstelle um. Meine Personalakte ist gut genug. Andere werden mich gerne nehmen. Ich kann gar nicht verlieren." Es war die klassische „Love it - change it - leave it"-Entscheidung, kombiniert mit einer sorgfältigen Abwägung der möglichen Konsequenzen.

Jetzt war ich neugierig, zu erfahren, wie sein Chef reagieren würde. Es stellte sich heraus, dass Richard nicht nur bis Dienstag die Zustimmung für den erweiterten Zeitrahmen in Händen hielt. Er schien von seinem Vorgesetzten jetzt auch mehr Respekt zu bekommen als zuvor. Während des darauf folgenden Jahres wurde er wiederholt gebeten, an Besprechungen teilzunehmen, die der Geschäftsleitung zugeordnet waren.

Sein Chef hätte auch auf sehr unangenehme Weise reagieren können. Aber auch das hätte Richard nicht erschüttert. Ein gutes Ultimatum ist immer erfolgreich. Es funktioniert wie eine Wette, die man gewinnt, ganz gleich, wie die andere Person reagiert. Richard bekam am Ende das, was er für das Projekt für notwendig hielt und einen Status, den er zuvor nicht hatte. Hätte sein Vorgesetzter die zusätzliche Zeit nicht bewilligt, oder hätte er Richard das Leben danach schwer gemacht, Richard hätte ihn ohne Zögern verlassen und sich eine bessere Stelle gesucht. Nach seinem langen Spaziergang am Wochenende war er entschlossen, nicht in einer Situation zu bleiben, in der sein Chef mehr an autoritärem Gehabe interessiert war als an guter Arbeit. In beiden Fällen konnte Richard nur gewinnen.

Heute wäre die normale Vorgehensweise, dem Vorgesetzten verschiedene Optionen zur Wahl anzubieten. Da das Produkt, so wie es geplant war, nicht in der veranschlagten Zeit fertiggestellt werden kann, könnte man vorerst auf eine oder mehrere der zeitraubenden Eigenschaften verzichten und das Produkt zum geplanten Zeitpunkt ohne sie fertig stellen, auch wenn es so nicht den ursprünglichen Spezifikationen entspräche. Im Laufe der Zeit könnte man dann ein Update (Version 1.1) auf den Markt bringen. Oder Richard hätte, im vollen Wissen um den ungenügenden Zeitrahmen, einfach anfangen können und hoffen, dass sein Vorgesetzter in eine andere Abteilung, eine andere Stadt oder ein anderes Land versetzt würde, bevor das Produkt fertig ist. Dann könnte er, ohne all zu viel Gefahr für sich selbst, die Fehler des Produkts seinem (früheren) Chef in die Schuhe schieben. Mir wurde gesagt, dass diese Vorgehensweise heute weit verbreitet ist. Richard war nicht zynisch genug, um sie zu wählen.

Mit Vorgesetzten müssen wir sehr vorsichtig sein. Wenn wir die höfliche Bitte in eine Forderung verwandeln, empfiehlt es sich, das „Geschenkpapier" nicht ganz zu entfernen. Wir müssen unsere Worte mit großer Sorgfalt wählen und unbedingt vermeiden, emotional zu werden. Emotionen haben damit nichts zu tun und sollten ganz außen vor bleiben. Die einzige brauchbare Basis, auf der wir uns Respekt verschaffen können, ist nüchternes Denken und eine klare Sprache.

Die Soft Skills am Arbeitsplatz

Alle Themen, die ich bisher behandelt habe, gelten ohne Abstriche auch und insbesondere für die Arbeitswelt. Aus diesem Grunde und um Wiederholungen zu vermeiden, fallen manche Beiträge in diesem Kapitel kurz aus. Ich beschränke mich auf das Wesentliche. Die fehlenden Details bitte ich weiter vorne nachzulesen.

In den siebziger und achtziger Jahren herrschte großes Interesse daran, das Bewusstsein und die Sensibilität für humanitäre Aspekte im beruflichen Kontext zu fördern. Man ging davon aus, dass die Arbeit für die Menschen da war, und dass die Menschen sich an ihrem Arbeitsplatz wohl fühlen sollten. Mit dem zunehmenden Einfluss der Börsen, kurz vor der Jahrtausendwende, änderte sich das. Jetzt waren die Menschen für die Arbeit da, und die frühere Betonung der humanitären Aspekte machte der kompromisslosen Profitmaximierung Platz. Arbeitgeber sahen ihre Mitarbeiter jetzt als „human resources" (menschliche Betriebsmittel, HR) und als Fixkosten, die es weitestgehend zu reduzieren galt. Nach der Ausdünnung der Belegschaft (*lean company*), wurde von den verbleibenden Mitarbeitern erwartet, die selbe Arbeit zu bewältigen, die zuvor eine deutlich grössere Gruppe erledigt hatte. Die Angst, *freigestellt* zu werden und keinen alternativen Arbeitsplatz zu finden, sowie der hohe Arbeitsdruck erstickten jedes mögliche Aufbegehren. In Zeitmanagement-Trainings lernten die gestressten Angestellten, wie sie mehr Arbeit in dieselbe Zeit quetschen konnten. Dieser Zustand hält bis heute an.

Immerhin scheint es in der Geschäftswelt eine zunehmende Einsicht darüber zu geben, dass die persönlichen und sozialen Kompetenzen der Mitarbeiter wesentlich, ja entscheidend zum Geschäftserfolg beitragen. Unsere Schulen und Hochschulen nehmen dieses Bedürfnis viel langsamer zur Kenntnis und bleiben bislang entsprechende Angebote schuldig. Auch versuchen manche Unternehmen immer noch die Konsequenzen aus dieser Einsicht zu ignorieren. Allzu kompetentes Selbstmanagement könnte die Angestellten davon abhalten, sich auf dem Altar des goldenen Kalbes zu opfern.[115]

Meine eigene Herangehensweise in diesem zwiespältigen Kontext ist pragmatisch. Ich unterrichte die Soft Skills, um den Mitarbeitern dabei zu helfen, unter oft extrem schwierigen Umständen, geistig wie körperlich gesund und leistungsfähig zu bleiben. Die Mitarbeiter sollen genau wissen, was sie können und was nicht, und sie sollten in der Lage sein, ihre Bedürfnisse wirksam zu kommunizieren. Sie sollen sich mit den Zielen des Unternehmens identifizie-

[115] Die Philosophie des Deutschen Technologie-Unternehmens, von der ich in einem früheren Kapitel berichtete, ist ein typisches Beispiel dieser Haltung. Siehe dazu: G. Pennington, *Soft Skills in the business and personal world,* Global Focus, Vol. 07/03, p.52ff (Online auf: www.efmd.org unter Global Focus)

ren, oder sich nach einer geeigneteren Stelle umsehen. Andererseits sollten die Arbeitgeber in der Lage und willens sein, ihre Ziele klar zu kommunizieren und ihre Angestellten mit Respekt und Rücksicht behandeln. All das ist nicht immer gegeben. Die Übung der Soft Skills macht beiden Seiten bewusst, wo es noch Raum für Verbesserungen gibt. Ich bin dankbar dafür, in diesem Prozess mitwirken zu dürfen. Dabei liegt mir das Wohlergehen des Unternehmens ebenso am Herzen, wie das der Mitarbeiter.

Hier ist ein Beispiel für die Verbesserung der Kommunikationskultur unter den 24 Führungskräften eines Deutschen mittelständischen Unternehmens durch ein 6-monatiges Training der Soft Skills. Links sehen wir die Qualität der internen Kommunikation unter den Abteilungsleitern, bevor das Training begann. Die mittlere Säule zeigt einen gewissen Grad an Begeisterung am Ende des Prozesses, während die rechte Säule das Ergebnis nach drei Monaten zeigt, als die Begeisterung sich wieder gelegt hatte. Der gegenseitige Respekt und das Vertrauen zueinander hatten deutlich zugenommen, ebenso die Bereitschaft zu kommunizieren und zu kooperieren. Auch die Identifikation mit den Unternehmenszielen war am Ende des Prozesses deutlich höher als zu Beginn. Die Umsatzzahlen stiegen. Jeder profitierte von der Verbesserung der Soft Skills. Später hörte ich, dass das allgemeine Klima im Unternehmen sich auch nach dem Prozess noch weiter verbessert habe. (Der Mann, der seinen Punkt links ganz unten geklebt hatte, war damals schon entschlossen, das Unternehmen zu verlassen. Er blieb.)

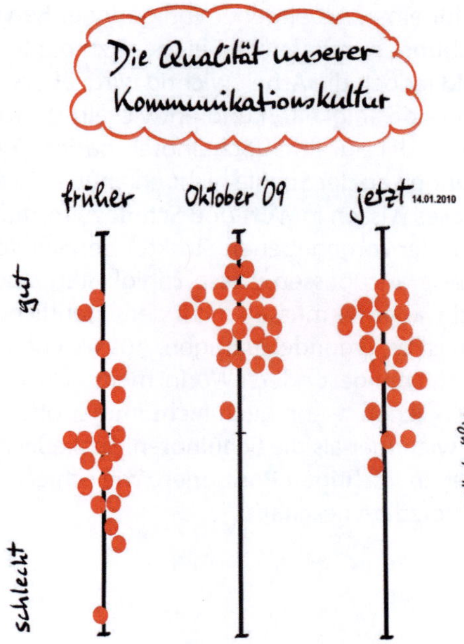

Die Beurteilung der eigenen Anlagen

Die meisten von uns müssen für unseren Lebensunterhalt arbeiten. Wo, für wen und wie wollen wir das tun? Die Unternehmen, die uns anstellen könnten, haben recht gute Auswahlverfahren um herauszufinden, wer für die vorhandenen Arbeitsplätze geeignet ist und wer nicht. Schließlich kennen sie die Jobs, die sie zu vergeben haben, am besten und wissen, welche Qualifikationen die Anwärter mitbringen sollten. Es liegt im Interesse des Unternehmens, nur die geeignetsten Anwärter einzustellen.

Mit durchschnittlichen Qualifikationen müssen wir auf einem engen Arbeitsmarkt froh sein, überhaupt einen Job zu bekommen. Hier sollten wir uns fragen: „Gibt es einen Bereich, in dem meine Qualifikation über dem Durchschnitt liegt?" Sie können sicher sein, dass jeder Mensch in irgendeinem Bereich hoch kompetent ist. Das Problem besteht darin, diesen Bereich zu identifizieren. Ein junger Mann, der seine Tage damit verbringt, auf Twitter Freunde zu sammeln, könnte als guter Networker ein ausgezeichneter Aussendienstmitarbeiter werden, auch wenn seine Lehrer ihm sagten, dass er damit nur seine Zeit verschwendet. Jemand, der Musik liebt und viel Zeit auf itunes und ähnlichen Plattformen verbringt, kann, ohne es zu wissen, eine Begabung für Datensammlungen und das Katalogisieren entwickelt haben. Ein Anderer hat vielleicht großes Interesse an Fussballergebnissen und ist sich vielleicht seines guten Gedächtnisses und seiner Begabung für die Bewertung von Chancen gar nicht bewusst. Solche Interessen werden normalerweise als nebensächlich angesehen und scheinen auf den ersten Blick für einen Arbeitgeber von geringer Bedeutung. In jungen Jahren werden Begabungen in Bereichen eingesetzt, die für junge Leute von Interesse sind. So bald jedoch die Arbeit wichtig wird, übersehen viele ihre natürlichen Neigungen und Fähigkeiten und entwickeln stattdessen einen Minderwertigkeitskomplex, der auf ihren Schulnoten basiert. Tatsächlich werden viele unserer Begabungen an der Schule nicht erkannt. Dort zählen das Wissen und die Fähigkeit, dieses Wissen in Wort und Schrift zu formulieren. Und natürlich die Fähigkeit, sich der vorgegebenen Struktur der Schule auf eine positive und konstruktive Weise anzupassen. Diese Fähigkeiten sind für Arbeitgeber natürlich auch wichtig, aber sie müssen nicht der eigentlichen Begabung entsprechen. Am besten ist es, Freunde zu fragen. Aus welchem Grund magst Du mich? Was schätzt Du an mir besonders? Worin, meinst Du, bin ich wirklich gut? Das sind dann die wirklichen, wenn auch nicht immer offensichtlichen, Begabungen. Oft sind sie wichtiger als die Schulnoten. Schließlich hören wir immer wieder von Menschen in wichtigen Positionen, wie schlecht sie in der Schule waren. Sie haben es trotzdem geschafft.

Intrinsische Motivation und Führung

Unter den Angestellten scheint es zwei Typen zu geben. Mitarbeiter des ersten Typs lassen sich gerne sagen, was sie tun sollen und tun es dann in der Regel auch. Die meisten von ihnen sind ausgezeichnete Arbeiter, verlässlich und gewissenhaft, entwickeln aber kaum jemals eigene Initiative. Auch wenn sie nicht sehr kreativ sind, macht sie ihre ausdauernde und verlässliche Arbeit zum Rückgrat jedes Unternehmens. Ohne sie wären viele geschäftliche Vorgänge undenkbar.

Mitarbeiter des zweiten Typs sind kreativer und bereit, eigene Initiative zu entwickeln. Ohne dass man es ihnen sagen muss, entwickeln sie ungewöhnliche innovative Ideen und scheuen sich auch nicht sich zu exponieren, um sie zu kommunizieren und zu verwirklichen. Sie tun mehr, als von ihnen erwartet wird und sind frustriert, wenn ihre Bemühungen und Ideen nicht erkannt und anerkannt werden.

Beide Typen von Angestellten (oder von Motivation) sind für Unternehmen wertvoll. Dennoch begegne ich immer wieder frustrierten Vorgesetzten, die darüber klagen, dass die Einen nicht so sind wie die Anderen.

Erinnern Sie sich: Ein Fisch ist ein Fisch und ein Vogel ist ein Vogel. Sicher wäre es schön, wenn Fische fliegen oder Vögel schwimmen könnten. Aber das ist nur selten so. Wir müssen lernen, zu schätzen was wir haben: Die Fische für ihre hohe Kompetenz in wässrigen Umgebungen, und die Vögel für Ihren Flug und ihren Gesang. Sollten sie nicht in ihrem eigenen Element sein, können sie mit anderen, besser geeigneten Aufgaben betraut werden.

Führung beinhaltet nicht, die Angestellten dazu zu bringen, dass sie arbeiten. Die Angestellten sollten den Willen zu arbeiten, ihre Motivation von Anfang an mitbringen. Führung heißt lediglich, ihre Anstrengungen in die richtigen Bahnen zu lenken. Es gibt verschiedene Vorstellungen, wie das zu bewerkstelligen ist. Manche halten sich an die Kombination von Belohnung und Bestrafung. Andere praktizieren eine kooperativere Form der Führung, die mehr Respekt und Vertrauen erzeugt. Sie basiert auf einer dreifachen Idee: **einladen, ermutigen und inspirieren**. Gerade für kreative Angestellte macht dieser zweite Ansatz mehr Sinn. Er schafft eine Atmosphäre, in der ihre Kreativität weder durch die Erwartung einer Belohnung korrumpiert, noch durch die Angst vor Sanktionen erstickt wird. Meine (und nicht nur meine[116]) Beobachtung zeigt, dass ihre Identifikation mit den Unternehmenszielen und ihre Fähigkeit, ihr Bestes zu geben, um sie auch zu erreichen, im zweiten Fall viel stärker ist.

[116] Forscher fanden heraus, dass bei Routinearbeiten Belohnungen und Anreize förderlich sind, bei kreativen Aufgaben jedoch kontraproduktiv: Glucksberg, S. (1962), *„The influence of strength of drive on functional fixedness and perceptual recognition"*. Journal of Experimental Psychology 63: pp36–41

Eine amerikanische Studie zum Thema „Arbeitsplatzzufriedenheit" (*job satisfaction*) ergab, dass die zufriedensten Mitarbeiter diejenigen sind, die sich den ganzen Tag lang mit den Dingen beschäftigen, die sie am besten können und am liebsten tun. Wie die Fische im Teich. Sie brauchen weder Zuckerbrot noch Peitsche. Geld spielt nur eine untergeordnete Rolle. Mit Geld können wir die Dinge bezahlen, die wir brauchen. Niemals ist es die Grundlage echter Motivation. Die kommt von innen: Persönliches Interesse an einem Thema, mit Anderen geteilte Freude und körperliches Wohlergehen sind die drei primären Motivatoren, die die Welt in Bewegung halten. Geld wird nur wichtig, wenn wir uns in den Teufelskreis von Angst und Gier ziehen lassen. Eine Angst einflößende Atmosphäre am Arbeitsplatz zerstört die Befriedigung, die wir dort erfahren könnten und verlangt nach angemessener finanzieller Entschädigung.[117] Ein hohes Gehalt kann echte Zufriedenheit am Arbeitsplatz nicht ersetzen, aber es kann als die zweitbeste Option betrachtet werden. Hier kommt die Gier zum Zug. In unserer Konsumwelt können wir uns mit Geld alle möglichen Annehmlichkeiten kaufen, von denen wir hoffen, dass sie uns für den fehlenden Enthusiasmus am Arbeitsplatz entschädigen werden. Je mehr, desto besser. Wir vergessen dabei, dass durch diese künstliche Ersatzbefriedigung die Arbeit und das „eigentliche" Leben voneinander getrennt werden.

Work-Life-Balance

Der Begriff „work-life-balance" ist in meinen Augen eine Perversion. Arbeit IST Leben. Wir sollten lieber vom Gleichgewicht zwischen dem privaten und dem beruflichen Anteil unseres Lebens sprechen, also von „private-life-and-work-life-balance", anstatt Arbeit und Leben zu trennen und dann nach einem Gleichgewicht zwischen den beiden zu suchen. Einige Kapitel dieses Buches geben hier eine gute Orientierungshilfe.

Eine unbefriedigende Arbeit macht unser Privatleben zum Ersatz, zur Kompensation. Oberflächlich scheint alles bestens. In klaren Momenten haben wir das vage Gefühl, dass etwas fehlt, aber die Alltagsgeschäftigkeit wird diese Einsicht wirksam überdecken. Ersatz wird normal. Viele Menschen beschleicht dann das vage Gefühl: „Das kann doch nicht alles sein". Die Lebensfreude fehlt.

Wir können natürlich die Arbeit als ein notwendiges Übel verstehen, mit dem wir uns Geld verschaffen, das wir wiederum als ein Mittel begreifen, uns Befriedigung anderer Art zu kaufen. Diese Konstruktion kann nicht funktionieren. So lange die Arbeit selbst nicht befriedigend ist, bleiben wir ihr - und uns selber - entfremdet. Auch noch so viel Geld und bezahlbare Annehmlichkeiten können das Fehlende nicht wirklich kompensieren.[118] Ein Fisch bekommt seine Befriedigung aus dem Schwimmen und aus den anderen Aktivitäten, die seine „Fischigkeit" ausmachen. Wenn ein Fisch beschließt, dem Geld zuliebe, das er

[117] Aus dem Gehalt wird dann ein *pretium doloris*: Schmerzensgeld

[118] Pink Floyd: ***„New car, caviar, four star daydream, think I'll buy me a football team."*** (Money/Dark side of the Moon)

dort bekommt, sein Arbeitsleben auf einer Weide zu verbringen, wird er keine Befriedigung finden. Was sollte er mit diesem Geld kaufen, das auch nur annähernd so befriedigend sein könnte, wie ein Leben im Teich? Nur Ersatz.

Mentale Organisation

Viele Menschen im Geschäftsleben haben keine Ordnung unter der Schädeldecke. All ihre Verantwortungen und Aufgaben, ihr Geschäftsleben und ihre privaten Interessen schwirren gleichzeitig in ihrem Kopf herum wie ein wild gewordener Bienenschwarm. Wenn ein Thema in den Vordergrund kommt, drängen und schieben alle anderen im Hintergrund herum beim Versuch, ebenfalls Aufmerksamkeit zu bekommen. Unter solchen Umständen ist volle Konzentration auf die momentane Aufgabe schwierig. Kein Wunder, dass so viele Menschen im Geschäftsleben die innere Spannung nicht aushalten und Stress-Symptome entwickeln.

Dieser Mensch ist desorganisiert: Er hat keine Mitte.

Ich schlage vor, dass Sie sich in der Mitte dieses Durcheinanders Ihren *Home Ground*[119] einrichten, eine persönliche innere Basis mit schaltbaren Verbindungen zu all Ihren Verantwortungen und Interessen. Die Qualität dieser inneren Basis sollte still und heiter sein, entspannt, präsent und sehr lebendig, ein Sein ohne Tun, mit andern Worten: eine weiche Qualität von Aufmerksamkeit. Nur von einem solchen Ort aus können Sie effektiv Prioritäten setzen. (Wenn Ihnen das nicht gelingt, gibt es immer mehrere Prioritäten gleichzeitig und ein großes Durcheinander.) Wenn es z.B. Zeit ist, eine Präsentation zu erstellen, wird das zur ersten Priorität. Während Sie sich dieser Aufgabe widmen, bleiben alle anderen möglichen Verbindungen abgeschaltet. Ist die Aufgabe erledigt, lösen Sie sich wieder davon und suchen kurz ihren *Home Ground* auf, ihre entspannte innere

[119] siehe das Kapitel „Den *„home ground"* kultivieren"

Mitte, bevor Sie eine neue Aufgabe zur Priorität machen. Eine To-do-Liste kann dabei helfen, die Prioritäten zu sortieren.

Dieser Mensch packt - aus der Mitte heraus - eine Sache auf einmal an.

Diese Vorgehensweise wird a) Ihre geistige Gesundheit bewahren, b) Ihnen ermöglichen, jeder Ihrer Aufgaben und Verantwortungen, so lange sie dauert, Ihre ganze Aufmerksamkeit zu widmen und c) sicher stellen, dass scheinbare Belanglosigkeiten wie ein Buch zu lesen, Klavier zu spielen, oder mit Ihrem Partner einen Spaziergang zu machen, auch von Zeit zu Zeit drankommen und dann ebenfalls Ihre ganze Aufmerksamkeit erhalten.

Mentale und körperliche Belastbarkeit

Während der letzten 15 Jahre ist die Arbeitslast vieler Angestellter deutlich gestiegen. Erst kürzlich hörte ich, dass einer meiner Klienten zur Verringerung der Fixkosten an einem seiner Standorte dreihundert Arbeitsplätze abbaut. Die Arbeitslast bleibt dieselbe. Die „Glücklichen", (die nicht freigestellt = entlassen werden), müssen jetzt die Arbeit der Entlassenen mit verrichten. In dieser Situation stellt sich die Frage, wie viel ein Einzelner leisten kann, ohne persönlich oder sozial Schaden zu nehmen. Das neue Wort, das in diesem Kontext gebraucht wird, ist *Resilienz*. In der Physik bezeichnet dieser Begriff die Fähigkeit von Materialien, Energie zu absorbieren, wenn sie elastisch verformt werden und sie wieder abzugeben, wenn die Last entfernt wird. Im Arbeitsumfeld sprechen wir von mentaler und körperlicher Belastbarkeit. Dieser Begriff bezeichnet die Fähigkeit von Menschen, mit hohem Arbeitsdruck, Stress und Widrigkeiten umzugehen, ohne Schaden zu nehmen.

Auf den Druck, der von aussen auf uns lastet, haben wir nur selten Einfluss. Die Marktlage ist wie sie ist, die Konkurrenz schläft nicht und die Entscheidungen der Geschäftsleitung liegen weit ausserhalb unseres Einflussbereiches.[120] Der einzige Druck, den wir tatsächlich abbauen können, ist der innere Druck, unter dem wir stehen. Die Soft Skills und ihre Anwendung sind hierfür ein wertvolles Hilfsmittel. Die Fähigkeit, stressträchtige Denktunnel der täglichen Arbeitswelt mit der Übung der weichen Aufmerksamkeit auszugleichen, mindert unsere Anfälligkeit für Stress. Perfektionisten, die den Zeitrahmen zur Erreichung ihrer Ideale erweitern, verringern ihren selbst gemachten Leistungsdruck. Entscheidungen sofort zu treffen, beendet den inneren Konflikt zwischen „Soll ich?" und „Oder soll ich doch lieber nicht?" und setzt die dort gebundenen Energien frei. Wer seine Emotionen gut verwaltet, baut innerlich keinen Stau auf. Wer beizeiten klar Nein sagt, vermeidet innere und äussere Konflikte. Und Fische, die in ihrem Teich zu Hause sind, neigen ohnehin nicht zu innerem Stress. Es geht darum, den inneren Druck zu verringern.

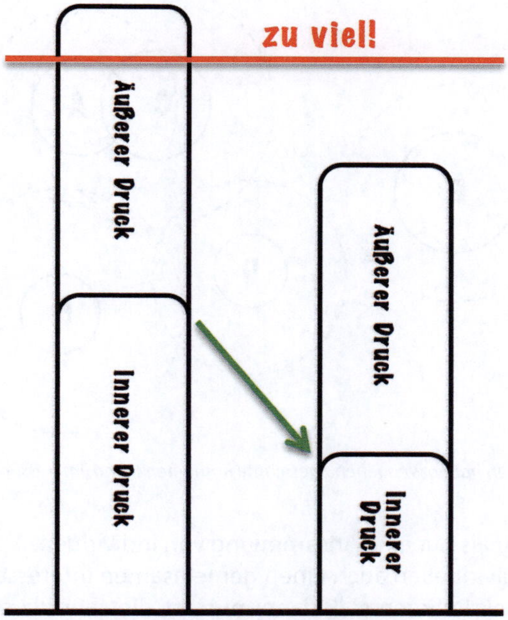

Den inneren Druck verringern!

Allerdings hat auch die grösste Belastbarkeit ihre Grenzen. Seien Sie wachsam: Wenn Sie bemerken, dass Sie Ihre Grenze erreicht haben, handeln Sie.

[120] siehe das Kapitel über Territorien

Teams

Jahrelang habe ich Teams beobachtet und versucht herauszufinden, was gute Teams erfolgreich macht und schlechte Teams versagen lässt. Ich bin dabei auf drei Faktoren gestoßen, die gute Teams auszeichnen:

1. eine angstfreie Atmosphäre, in der gute Kommunikation entsteht

2. Klarheit über die einzelnen Verantwortungen und Aufgabenbereiche

3. ein klares Einverständnis über die gemeinsamen Interessen und Ziele

In einem zusammengewürfelten Haufen von Individuen haben alle sehr individuelle Einfluss- und Interessenbereiche, die sich überlappen können oder auch nicht.

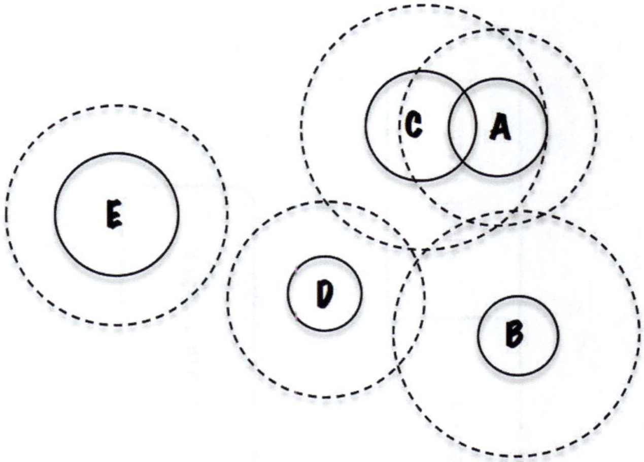

Individuen haben weitgehend getrennte Kompetenz- und Interessenbereiche

Ein Team ist mehr als nur eine Ansammlung von Individuen. Als Team haben sie neben ihrem individuellen auch einen gemeinsamen Interessenbereich. Wenn ein Team gut funktionieren soll, dann muss es ein sehr klares, gemeinsames Verständnis geben über die gemeinsamen Interessen seiner Mitglieder. Es muss klare Vereinbarungen geben bezüglich der Reichweite und der Grenzen der Rolle, die jeder Einzelne bei der Verfolgung ihrer gemeinsamen Ziele spielen soll. Dafür sind klare Arbeitsplatzbeschreibungen (*job descriptions*) unverzichtbar: Jedes Team-Mitglied hat seine klar umrissene und gegenüber den Anderen klar abgegrenzte Aufgabe, Zuständigkeit bzw. Verantwortung. Das gemeinsame Interesse verbindet sie.

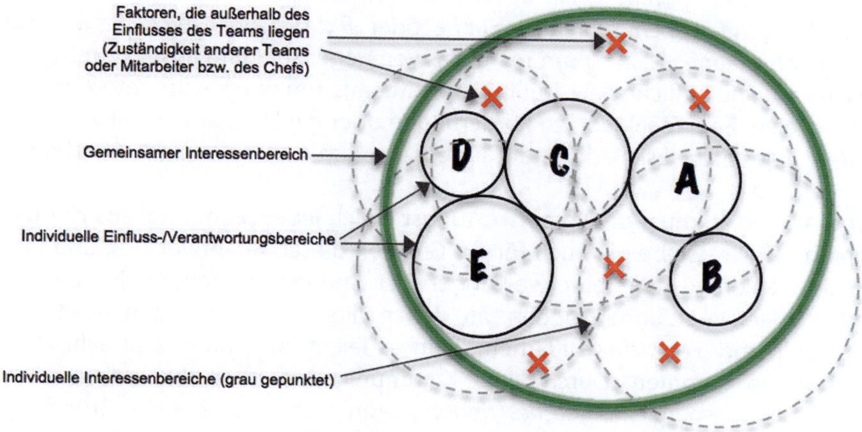

Das gemeinsame Interesse verbindet die Individuen zu einem Team

In der obigen Zeichnung haben wir ganz klar abgegrenzte Zuständigkeiten für jedes Teammitglied (wohl Berührungspunkte, aber keine Überschneidungen der Einflussbereiche). Und ein klar definiertes, gemeinsames Interesse (grün eingerahmter Bereich). Dieser gemeinsame Interessenbereich geht hier deutlich über die individuellen Zuständigkeiten und Kompetenzen der Teammitglieder hinaus, d.h. er erfordert die Zusammenarbeit mit anderen Teams und Personen, die jene Bereiche abdecken, die nicht in der Zuständigkeit dieses Teams liegen. Das dürfte in grösseren Unternehmen der Normalfall sein. In kleinen Unternehmen, die nur aus einem einzigen Team bestehen, sollte der gemeinsame Interessenbereich nicht viel grösser sein als die Summe der individuellen Zuständigkeiten.

Um Individuen zu einem funktionierenden Team zusammen zu schweissen, ist angstfreie Kommunikation das wichtigste Werkzeug. Wie wir bereits festgestellt haben, funktioniert Kommunikation am besten, wenn sie auf gegenseitigem Respekt und Vertrauen basiert.

In einem Team sollte es keinen Wettbewerb oder Neid geben. Ist nicht der Erfolg eines Team-Mitglieds der Erfolg aller? Diese positive Haltung setzt eine gewisse Vertrautheit untereinander voraus (nicht zu viel), sowie Wohlwollen (nicht zu wenig), gepaart mit Respekt für die Kompetenzen der Anderen. Die Stärken und Schwächen jedes Einzelnen sollten allen bekannt sein, so dass sie genau wissen, was sie realistischerweise voneinander erwarten können und was nicht. So werden interne Reibungen vermieden. Die Frage, die sich jeder stellen sollte, ist: „Was brauche ich von den anderen Mitgliedern meines Teams (um ihnen vertrauen, mich auf sie verlassen zu können etc.)". Wenn wir wissen, was wir von den Anderen brauchen, dann ist die Formel, die wir verwenden sollten: „Bitte..."[121] („*Bitte schau, dass ich die wöchentlichen Berichte jeden Montag um 10 Uhr auf meinem Schreibtisch habe*" oder „*Bitte versprich mir nichts, was Du nicht halten kannst*"). In einem Team, das von gegenseitigem Respekt getragen ist, reicht eine höfliche bzw. freundliche Bitte aus, um die gewünschte Wirkung zu erzielen. Eine Eskalation zu Forderungen oder gar Ultimaten ist nicht nötig. Wenn eine solche Eskalation stattfände, wäre vom *team spirit* nicht viel übrig.

Von Anfang an muss der Verantwortungsbereich jedes Teammitglieds klar definiert sein. Dasselbe gilt auch für die Grenzen dieser Verantwortung und ihre Schnittstellen zu den Verantwortungen der Anderen. Es sollte keine Lücken oder Überschneidungen geben, an denen die Verantwortungen nicht klar geregelt sind. Fehlt diese Klarheit, kann es leicht zu Pannen und Schuldzuweisungen kommen. Durch klare Kommunikation über die individuellen Zuständigkeitsbereiche, (*job description*), kann dies schon bei der Gründung des Teams vermieden werden und durch regelmäßige Anpassungen während des Fortschritts der gemeinsamen Arbeit.

Teammitglieder sollten die regelmäßige Kommunikation untereinander bewusst pflegen. Wöchentliche Meetings sind zu empfehlen. Bei virtuellen Teams, die über den Globus verteilt zusammenarbeiten, sollte die wöchentliche Telefon-Konferenz selbstverständlich sein. Ich empfehle die Verwendung von Video wenn das möglich ist, weil es immer besser ist, den Anderen zu sehen und nicht nur zu hören. Zusätzlich zu den regelmäßigen Treffen, in denen es um Aktuelles geht, sollten jährliche Teamtreffen stattfinden (2-tägige Auszeiten), bei denen es weniger um das Tagesgeschäft geht, als vielmehr um Kommunikation und gemeinsames Lernen. Themen, die während des Jahres aufgetaucht sind, für die aber angesichts der täglichen Arbeit keine Zeit war, können jetzt gemeinsam erforscht und vertieft diskutiert werden. Es ist eine gute Idee, solche Themen (Kommunikation, Umgang mit Stress, Konflikten oder schwierigen Kunden etc.) mit einem guten Team-Coach oder Trainer zu bearbeiten. Diese Treffen sollten heitere und interessante Veranstaltungen sein, so dass sich jeder Teilnehmer am Ende schon auf das nächste Treffen freut.

[121] siehe im Kapitel über Konfrontation

Kommunikation und Gesprächsführung

Wenn ein Unternehmen, sein Management, ein Team oder eine Projektgruppe gut funktionieren sollen, dann müssen ihre Mitglieder gut kommunizieren. Das scheint selbstverständlich zu sein, ist es aber nicht. Rundum zufrieden stellende Vereinbarungen, die getroffen werden sollten, werden vereitelt von der Angst, offen zu sprechen, durch heimliche Hintergedanken und Komplotte (*hidden agendas*), oder einfach durch fehlenden Respekt für Andere. Ängste, undeklarierte Ambitionen und fehlender Respekt sind, so meine ich, die grössten Hemmnisse guter Kommunikation. Und immer auch fehlende Achtsamkeit. Notwendigkeiten werden manchmal zu spät erkannt. Dieser letzte Punkt ist nur menschlich, wird immer wieder einmal passieren, sollte aber in einer vertrauensvollen Atmosphäre kein großes Problem sein. Ängste, Ambitionen und Respektlosigkeit bleiben das eigentliche Problem.

Fragetechniken, aktives Zuhören, die Erstellung von guten Präsentationen und andere Fertigkeiten, die die Kommunikationsqualität verbessern, können wir leicht trainieren. Aber damit beseitigen wir die konterproduktiven Auswirkungen von Ambitionen oder Ängsten nicht. Diese Dinge wurzeln tief in der Psyche und können nur dadurch überwunden werden, dass man in einem persönlichen Reifungsprozess ein neues Verständnis entwickelt. Nur auf dieser Basis ist ein Training kommunikativer Kompetenzen sinnvoll.

Das Zuhören zum Beispiel ist keine Technik. Es hat mit bewusster Wahrnehmung zu tun. Während eines Gesprächs kann ein Mensch, der an einem Seminar über „Aktives Zuhören" teilgenommen hat, gelegentlich nicken und die richtigen Geräusche machen. Aber wenn er nicht wirklich zuhört, wird er diese Zeichen höchstwahrscheinlich im falschen Moment setzen und dadurch zu erkennen geben, dass es nur angelernte Techniken sind. Um sie sinnvoll einsetzen zu können, müssen wir zuerst unsere Wahrnehmung öffnen. Und das wird nur geschehen, wenn wir wirklich an dem interessiert sind, was der Andere sagt. Das wiederum setzt Respekt voraus. Wir können uns Interesse nicht antrainieren, aber wir können durch einen persönlichen Reifungsprozess lernen, Andere, auch wenn sie ganz anders sind als wir selber, zu respektieren. Dadurch werden wir automatisch mehr Interesse an ihnen haben. Und sie an uns.

In meinem Verständnis ist der Erwerb persönlicher und sozialer Kompetenzen (Soft Skills) eher ein Reifungsprozess als ein Training. Gute Kommunikation, ob im geschäftlichen Kontext oder zu Hause, basiert mehr auf den persönlichen und sozialen Kompetenzen, als auf angelernten Techniken.

Im folgenden gebe ich einen Artikel wieder, den ich als Leitfaden zum Thema Gesprächsführung geschrieben habe. (Kasten)

Die Kunst der Gesprächsführung

Wer regelmäßig Gespräche zu führen hat, weiß, dass Gesprächsführung alles andere als einfach ist. Zum Glück gibt es in Gesprächen bestimmte Regeln und Gesetzmäßigkeiten, an die man sich halten kann, um ein Gespräch zu einem guten Ende zu bringen. Dieser Artikel soll einen kurzen Überblick geben über die Faktoren, die man beim Führen von Gesprächen beachten sollte.

Gesprächsplanung

Zunächst muss Klarheit darüber bestehen, was mit dem Gespräch erreicht werden soll. Bei komplexeren Gesprächen lohnt es sich, mit Bleistift und Papier vorab eine Art „Gesprächsplan" zu erstellen. In ihm sollten die Ziele des Gesprächs klar formuliert sein. Die Ziele des Gesprächspartners sollten, soweit sie vorher bekannt sind, ebenfalls aufgelistet werden. Alle zusätzlichen Gedanken und Überlegungen, die beim Erstellen des Gesprächsplans auftauchen, sollten als Randbemerkungen gleich hinzugefügt werden. Sie können während des Gesprächs, bei dem dieser Plan dann als Leitfaden dient, hilfreich sein.

Das Setting

Auch sollte man sich überlegen, wo das Gespräch geführt werden soll. Für manche Gespräche eignet sich eine „zufällige" Begegnung auf der Straße oder auf dem Gang bestens. Für andere, wichtigere Gespräche sollte der Ort mit Bedacht gewählt werden. Das eigene Büro schafft eine andere Atmosphäre, als das Büro des Gesprächspartners oder ein Besprechungsraum. In manchen Fällen ist ein neutraler Treffpunkt vorzuziehen, etwa ein Lokal oder ein gemeinsamer Spaziergang.

Im Büro macht es auch einen Unterschied, ob der „Einladende" hinter seinem Schreibtisch hervorkommt, um sich z.B. mit dem Anderen an einen Tisch zu setzen, oder ob er hinter dem Schreibtisch sitzen bleibt, quasi als Demonstration seiner Amtsfunktion. (Wenn der Schreibtischstuhl auch noch etwas höher ist, als der Besucherstuhl, ist die Botschaft schon klar, bevor überhaupt ein Wort gefallen ist: „Ich habe hier das Sagen!" Solche Erniedrigungen des Gesprächspartners haben mit guter Gesprächsführung nichts zu tun.)

Die Wahl des richtigen Zeitpunktes ist ebenfalls wichtig. Am Anfang des Tages sind Menschen in einer anderen Verfassung, als abends, wenn sie müde sind und nur noch nach Hause wollen. Nach dem Essen sind alle Menschen mental deutlich weniger fit, als eine Stunde davor oder danach. In jedem Fall sollte genügend Zeit für das Gespräch eingeplant werden. Unter Zeitdruck lässt sich nur schwer ein gutes Gespräch führen.

Der Gesprächsbeginn

Gemeinsam legen die Gesprächspartner den Zeitrahmen fest, prüfen, ob alle benötigten Unterlagen vorliegen und ob vielleicht noch jemand hinzu gezogen werden soll. Ist das alles soweit in Ordnung, kann das Gespräch beginnen.

Den Anfang sollte derjenige machen, der zum Gespräch eingeladen hat, und zwar mit einem kurzen Überblick über sein Anliegen und sein angestrebtes Gesprächsziel. Danach sollte sein Gesprächspartner ebenfalls Gelegenheit haben, seine eigene Perspektive darzulegen. Während dieser Anfangsphase ist es klug, kontroverse Punkte noch nicht zu betonen. Es ist ein erstes Abstecken des Themas und der Absichten, nichts weiter. Erst danach nimmt das eigentliche Gespräch seinen Lauf.

Gesprächsführung

Im Verlauf des Gesprächs findet das statt, was wir Gesprächsführung nennen. Das Wort sagt es schon: Das Gespräch wird geführt, d.h. es nimmt die Richtung, die wir ihm geben. Es ist wie beim Reiten. Einen guten Reiter erkennt man daran, dass das Pferd dahin geht, wohin er es lenkt und nicht wohin das Pferd will. Die Schwierigkeit dabei ist, dass Gespräche häufig eine Dynamik entwickeln, die uns nicht unberührt lässt. Wenn wir auf Aussagen des Gesprächspartners emotional reagieren, verlieren wir leicht den Überblick über unsere eigentliche Absicht, sagen „spontan" das erste, was uns passend erscheint und zerbrechen möglicherweise eine Menge Porzellan, ohne es zu wollen. Genau das zu verhindern ist die Absicht einer guten Gesprächsführung.

Gesprächsführung ist ein mentaler Prozess, d.h. sie setzt voraus, dass wir unseren Geist und unsere Emotionen während des Gesprächs sehr bewusst verwalten. Als äußeren Anhaltspunkt haben wir den anfangs besprochenen Gesprächsplan, der in schriftlicher Form vor uns auf dem Tisch liegt. Zusätzlich müssen wir in jedem Moment einen inneren „Gesprächsfaden" verwalten, der uns nicht abhanden kommen darf, ganz gleich wie sich das Gespräch entwickelt und wie emotional es wird. Das erfordert Übung und einen hohen Grad an innerer Disziplin.

Der Schlüssel zur guten Gesprächsführung liegt in einer kleinen Pause, einem kurzen Innehalten bevor wir den Mund aufmachen. Diese Pause erfüllt zwei Funktionen. Zum einen brauchen wir diese Pause zum zuhören. Zum anderen gibt sie uns die Zeit, die wir brauchen, um den Gesprächsfaden zu verwalten und das Gespräch auch wirklich zu „führen" (im Gegensatz zu „laufen lassen").

Zuhören

Dass jemand auch wirklich zuhört, merkt man an der kurzen Pause, die er macht, bevor er spricht. Wenn einer der Gesprächspartner mit dem Sprechen fertig ist, ist es der Zuhörer (wenn er wirklich zuhört) noch nicht. Wenigstens nicht sofort. Zuhören heißt, das Gesagte innerlich mit eigenen Erfahrungen, Bildern und Konzepten in Bezug zu setzen, um eigene Schlüsse daraus zu ziehen und um es im Lichte der eigenen Erfahrung zu bewerten. Dieser Prozess dauert einen Moment. Und während dieses Momentes kann man nicht schon weiter sprechen.

Wer sofort nachdem der Andere ausgesprochen hat, weiter spricht (oder dem Anderen gar ins Wort fällt), gibt dadurch zu erkennen, dass er nicht wirklich zuhört, nicht wirklich mitdenkt, sondern irgend ein Wort seines Gesprächspartners als Aufhänger für seine freien Assoziationen nutzt. Der Andere, der das merkt, wird sich unweigerlich innerlich aus dem Gespräch zurückziehen.

Die eigenen Optionen verwalten

Die kleine Pause ermöglicht uns auch, das, was wir gerade sagen wollen, nochmals kurz auf seine Tauglichkeit hin zu überprüfen. Komme ich mit dieser Aussage (mit dieser Frage) meinem Gesprächsziel näher? Oder wäre eine andere Aussage oder Frage geeigneter?

Wir haben bei jeder Aussage, die wir machen, verschiedene Optionen. Wir können auf der Sach-Ebene bleiben, wenn es dem Gespräch dient. Genauso können wir auf die Beziehungsebene wechseln, und versuchen, dort die Voraussetzungen dafür zu schaffen, dass es auf der sachlichen Ebene weiter geht. Wir können uns auf Ich-Botschaften beschränken, und zum Beispiel die Aussage „Sie sehen das ganz falsch!" durch „Ich sehe das etwas anders" ersetzen. Und wir können unseren Gesprächsstil ändern, wenn er nicht hilfreich zu sein scheint.

Eine kleine Pause zu machen, ist nicht immer leicht, zumal uns in der Regel schon etwas auf der Zunge liegt, was wir sagen wollen. Aber das, was uns zuerst einfällt, ist nicht immer das Beste. Besser ist es, zumindest an wichtigen Stellen des Gesprächs einen Moment innezuhalten und abzuwarten, bis uns Alternativen eingefallen sind, unter denen wir diejenige auswählen, die uns zur Erreichung unseres Gesprächsziels am besten geeignet erscheint, und erst dann zu sprechen. Die kleine Pause, die wir dafür machen müssen, ist der Ort, an dem Gesprächs-Führung stattfindet. Wer darauf los spricht, ohne die verschiedenen Optionen bewusst zu verwalten, plappert nur. Gerade bei Konfliktgesprächen ist diese kleine Pause besonders wichtig und auch besonders schwer.

Im Gespräch bleiben

Der Gesprächspartner merkt an der kleinen Pause, die der Andere immer wieder macht, dass dieser auch wirklich zuhört und mit seinen Gedanken ganz beim Gespräch ist. Dieser Eindruck wird noch verstärkt, wenn der Andere sich immer wieder auf das eben Gesagte bezieht, es in eigenen Worten wiederholt und nachfragt, ob er es auch richtig verstanden hat. Dieses aktive Zuhören motiviert den Anderen, seinerseits mit seiner Aufmerksamkeit präsent zu bleiben und sich nicht, wie es so oft geschieht, schon vor dem Ende des Gesprächs innerlich zurück zu ziehen. Genau das darf nicht geschehen. Ein gut geführtes Gespräch ist dadurch gekennzeichnet, dass beide Partner bis zum Schluss im Gespräch bleiben. Wenn sich unser Gesprächspartner innerlich zurückzieht oder resigniert, dann ist etwas schief gelaufen. Wir haben ihn verloren.

Gegenseitiger Respekt

In Gesprächen geht es immer wieder um den Austausch von Meinungen. Nun haben wir Menschen die fatale Neigung, diejenigen hoch zu schätzen, die unsere eigene Meinung teilen, und deutlich weniger von denen zu halten, die einen anderen Standpunkt vertreten. Im Spiegel eines anderen sehen wir am liebsten unser eigenes Bild. Diese sehr menschliche Eigenart führt dazu, dass wir in Gesprächen anders denkende Gesprächspartner unwillkürlich geringer schätzen, als solche, mit deren Haltung wir übereinstimmen. Wir antworten ihnen öfter mit „Ja, aber..." (was soviel heißt wie „Nein!"), und geben ihm auf solche Weise subtil zu verstehen, dass wir seine Meinung weder teilen noch respektieren.

Wir sollten uns dabei vor Augen halten, dass der abweichenden Meinung des Anderen ebenso redliche und gewissenhafte Denkprozesse zugrunde liegen können, wie unserer eigenen. Seine Denkprozesse basieren aber auf anderen Erfahrungen, Werten und Prioritäten. Dem Anderen sind seine Werte und Prioritäten genau so wichtig, wie uns die unseren. Wir sollten uns wenigstens die Mühe machen, ihn anzuhören, um herauszufinden, was sie für ihn so wichtig macht.

Dass ein Gesprächspartner uns respektiert, merken wir daran, dass er wirklich zuhört (also gelegentlich kleine Denkpausen macht, nicht mit „Ja, aber..." antwortet, sich auf Sach- und Ich-Aussagen beschränkt), und dass er Fragen stellt.

Fragen

In vielen Gesprächen ist mir aufgefallen, dass wenig Fragen gestellt werden. Dabei ist die Frage ein wunderbares Mittel, um dem Gesprächspartner Interesse zu signalisieren und ihn so im Gespräch zu halten. Mit einer Frage laden wir ihn ein, uns etwas über sich zu sagen. Wenn sie ehrlich gemeint ist - und das sollte sie sein -, wird unser Gesprächspartner dieses Interesse spüren und uns etwas über sich erzählen. Und wenn wir zuhören, erfahren wir vielleicht etwas Wichtiges.

Das hört sich sehr banal an. Aber ich habe viele Gespräche erlebt, die an nicht gestellten Fragen zu scheitern drohten. Die Zwischenbemerkung des Anderen „Aus meiner Sicht sieht das ganz anders aus" sollte uns nicht Anlass geben, die eigene Position noch weiter mit Sachargumenten zu erhärten, sondern uns zu der Frage veranlassen: „Wie denn?" Wer nicht fragt, macht den Eindruck, am Gesprächspartner nicht wirklich interessiert zu sein. Das wird zur Folge haben, dass der andere ebenfalls aufhört, zuzuhören und sich unwillkürlich aus dem Gespräch zurückzieht. Ein gutes Gespräch ist eines, in dem Aussagen, Fragen und (Denk-)Pausen in einem ausgewogenen Verhältnis vorkommen.

Der letzte Eindruck

Das Ende eines Gesprächs ist besonders wichtig. Selbst wenn der Gesprächsverlauf sehr emotional war und unvereinbare Gegensätze zum Vorschein brachte. Der letzte Eindruck bleibt als „Nachgeschmack" erhalten. Er wird das prägen, was der Gesprächspartner Dritten über das Gespräch berichtet. Das kann sehr wichtig sein, manchmal wichtiger als das eigentliche Gespräch. Außerdem stellt der letzte Eindruck die Weichen für das nächste Gespräch.

Wenn das Gespräch auf einer versöhnlichen, verständnisvollen Note endet, dann bleibt ein guter Eindruck erhalten, auch wenn es während des Gesprächs sehr unangenehme oder gar feindselige Momente gab. Deshalb sollte man das Ende eines Gesprächs mit besonderer Sorgfalt gestalten. Auch ausgesprochene Feinde können nach einem kontroversen Gespräch in gegenseitigem Respekt auseinander gehen. Oder unversöhnlich entzweit. Das liegt ganz am letzten Eindruck den das Gespräch hinterlässt, also daran, wie das Ende gestaltet wurde.

Gespräche: Potenzial und Realität

Ein Gespräch kann etwas Wunderbares sein. Zwei Menschen gehen aufeinander zu und tauschen ihre Ideen, Wertvorstellungen und Wünsche aus. Unsere Sprache, mit der wir sowohl sehr handfeste als auch äußerst subtile Sachverhalte beschreiben und verstehen können, ist ein sehr feines Werkzeug und zu diesem Zweck bestens geeignet.

Wie kommt es, dass so viele Menschen Angst vor Gesprächen haben und dazu neigen, persönlichen Annäherungen anderer Menschen misstrauisch gegenüber zu stehen oder ihnen ausweichen? Vielleicht haben sie mit Gesprächen schlechte Erfahrungen gemacht. Vielleicht haben wir dieses Mittel zu oft als Waffe eingesetzt oder als Bollwerk gegen Andere, statt als Mittel der Annäherung.

Je näher man andere Menschen an sich heran lässt, desto größer wird auch die Gefahr einer Verletzung. Deshalb sollten wir bei aller möglichen Kontroverse eine prinzipielle Haltung gegenseitigen Respekts und Wohlwollens pflegen, privat ebenso wie beruflich. Nur so kann es gelingen, das Gespräch als das zu nutzen, was es ist: eine Brücke zwischen den Menschen.

Konfliktkompetenz

Konflikte sind notwendig. Ohne Konflikte gäbe es keine Entwicklung, nur Stagnation. Die allererste Geschichte, die wir in den ältesten Büchern der westlichen Welt lesen können, handelt von einem Konflikt. Adam und Eva haben einen inneren Konflikt: *„Sollen wir diesen Apfel essen oder nicht?"* Äußere Konflikte folgen. Yahwe wirft sie aus dem Garten Eden, Kain erschlägt Abel und so weiter bis heute. Leben ohne Konflikt ist undenkbar. Das zeigt nur, dass Konflikte an sich nichts Schlechtes sind, sondern lediglich ein jeder psychischen und sozialen Dynamik zugrunde liegendes Prinzip. Wichtig ist dabei nur, wie wir mit ihnen umgehen.[122]

Auch bei Konflikten sind die Soft Skills wichtiger als Tools und Techniken. Eine gute Wahrnehmung, innen und außen, ein gewisser Abstand zu den eigenen konditionierten Reflexen, mentale Flexibilität, emotionale Stabilität, gegenseitiger Respekt und der Wille, kommunizierend nach einer Lösung zu suchen, die alle Beteiligten zufrieden stellt und bei der keiner sein Gesicht verliert. Erst auf dieser Basis können dann auch Techniken hilfreich sein.

Ohne die Soft Skills ist die Wahrscheinlichkeit hoch, dass Konflikte in Schlammschlachten ausarten, die alle Beteiligten am Ende frustriert zurücklassen. Wenn Konflikte inkompetent gehandhabt werden, haben sie auch kein Ende. Sie scheinen bereinigt, schwelen aber im Untergrund weiter, um bei der leisesten Provokation wieder neu aufzuflammen. Der Konflikt wird dann von einer freundlich-verlogenen Fassade überdeckt. Alle wissen darum, alle fühlen sich damit unwohl, aber keiner getraut sich, das heiße Eisen anzupacken. In vielen Gruppen, ob privat oder geschäftlich, ist das der normale Stand der Dinge.

Als Konflikt-Coach bin ich für eine konstruktivere Art der Konflikthandhabung. Würden wir Konflikte nicht als Problem, sondern als eine Herausforderung an unsere persönliche und soziale Kompetenz begreifen, dann würden wir viel konstruktiver und angstfreier mit ihnen umgehen.

[122] genauere Informationen finden Sie in den Kapiteln: Das Unbewusste, Konflikte - innen und aussen, Mentale Flexibilität, „Love it - Change it - Leave it", Entscheiden

Führung

Authentisch führen kann nur ein Mensch, der mit sich selbst im Reinen ist. Deshalb baut gute Führung ebenfalls gänzlich auf jener Art von persönlicher Reife auf, die mit den persönlichen und sozialen Kompetenzen Hand in Hand geht. Die Analysen verschiedener Führungsstile füllt viele Bücher. Aber jeder Führungsstil kann gute Resultate bringen, sowohl das Geschäftsergebnis, als auch die zwischenmenschlichen Beziehungen betreffend, wenn er den Geführten aus seiner eigenen Reife heraus mit Interesse und Respekt begegnet.

Von Antoine de St. Exupéry haben wir folgenden Hinweis auf gute Führung bekommen:

Wenn du ein Schiff bauen willst, so trommle nicht Menschen zusammen,
um Holz zu beschaffen, Werkzeuge vorzubereiten,
Aufgaben zu vergeben und die Arbeit einzuteilen,
sondern lehre die Menschen die Sehnsucht
nach dem weiten, endlosen Meer![123]

Er spricht von Kommunikation auf einer tieferen Ebene, vom Erwecken eines gemeinsamen Traumes, einer gemeinsamen Leidenschaft. Kein Führungsstil kann das bewirken. Dazu braucht es einen authentischen Menschen, der nicht nur kommuniziert, sondern begeistert.

Ein CEO sagte mir einmal: *„Die Leute brauchen mich nicht zu lieben. Sie sollen nur tun, was ich ihnen sage"*. Natürlich ist Führung kein Sympathiewettbewerb. Aber es macht einen großen Unterschied im Unternehmensklima, ob die Mitarbeiter sich lediglich als Befehlsempfänger und ausführende Organe begreifen, oder ob sie die Unternehmensziele mit Feuer und Flamme verfolgen, weil sie sich mit ihnen identifizieren. Letzteres erreichen nur Führungskräfte, denen es gelingt, ihre Mitarbeiter emotional einzubinden und zu begeistern. Gute Führung ist eine mentale und eine emotionale Aufgabe. Sie erfordert hohe persönliche und soziale Kompetenz und Reife, lange bevor Organisation und Logistik ins Spiel kommen.

Zu den Führungsaufgaben gibt es ein Diagramm, das klar unterscheidet zwischen dem, was wichtig und dem, was dringend ist:

[123] Antoine de St. Exupéry, Citadelle (Die Stadt in der Wüste)

Führungsaufgaben

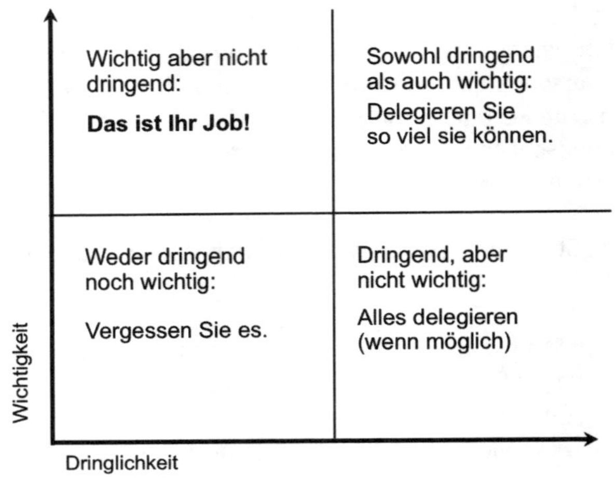

Die Führungsaufgaben stehen in der oberen Reihe, besonders auf der linken Seite.

Die eigentlichen Führungsaufgaben sind diejenigen, die *wichtig* sind. Die *dringend aber nicht wichtig* sind gehören zum Tagesgeschäft und sollten an die Mitarbeiter delegiert werden. Die Aufgaben, die *sowohl dringend als auch wichtig sind*, erfordern die persönliche Aufmerksamkeit der Führungskraft, gewiss, aber ihre Hauptverantwortung liegt in denjenigen Aufgaben, die *wichtig aber nicht dringend* sind. Diese wird niemand sonst erledigen.

Um sich nicht im Mikromanagement von täglichen Dringlichkeiten zu verzetteln, ist es nötig, zu delegieren. Idealerweise geschieht das in einer Atmosphäre gegenseitigen Vertrauens, im schlimmsten Fall ist es eine bloße Erteilung von Anweisungen, ohne viel Einfühlungsvermögen. Viele Führungskräfte haben Angst zu delegieren. Es könnte Ihnen als Faulheit ausgelegt werden, oder Widerstand hervorrufen wegen Arbeitsüberlastung. Es ist wahr: Wenn viele Angestellte eingespart werden (*lean business*), bleibt für die restlichen Mitarbeiter mehr zu tun. Ihre Arbeitslast ist ohnehin schon beträchtlich. Warum also noch mehr Arbeit auf Schultern laden, die ohnehin schon genug zu tragen haben? Unter solchen Umständen kann schnell Ärger aufkommen. Als Grundlage für problemloses Delegieren ist deshalb die Herstellung einer vertrauensvollen und offenen Atmosphäre zu den nächsten Mitarbeitern unerlässlich. Das erfordert hohe soziale Kompetenz, in anderen Worten: gute Gespräche vor dem Delegieren.

Entscheidungen treffen

Entscheidungen sind eine Gefahrenzone. Man braucht dazu Initiative, Kommunikation und Mut. In manchen Unternehmen ist der Angst-Level hoch. Niemand will für Entscheidungen die Verantwortung übernehmen. Ich habe erfahrene Führungskräfte erlebt, die genau wussten, was sie wollten (bzw. was die Aktionäre forderten), die aber hohe Summen für Untersuchungen ausgaben, mit denen sie die nötigen unpopulären Entscheidungen rechtfertigen konnten. Sie wussten die Ergebnisse natürlich im voraus, sie hatten sie ja in Auftrag gegeben. Aber das schriftliche Urteil der „unabhängigen" Berater stellte sicher, dass man dem Management hinterher keine Schuld geben konnte. Schließlich zeigte die Untersuchung ganz klar, dass 20% der Belegschaft freigestellt werden müssen, dass Bulgarien der bessere Produktionsstandort sei, oder dass die Gehälter gekürzt oder wenigstens eingefroren werden mussten.

Auch bei Innovationen erfordert das Treffen von Entscheidungen Mut. Eine vertrauensvolle Atmosphäre erleichtert das Übernehmen persönlicher Verantwortung. Das Management mancher Unternehmen ist geprägt von destruktiven Feindbildern. Man wartet regelrecht darauf (und tut oft auch alles dafür), dass eine Entscheidung sich zum Flop entwickelt, um den Entscheider dadurch zu diskreditieren. Wer will ein solches Risiko auf sich nehmen? Es gibt Unternehmen, die für eine Null-Toleranz eintreten, wenn es um Management- oder Produktionsfehler geht. Das ist illusorisch. Es erzeugt lediglich eine Atmosphäre der Angst, in der jeder versucht, seinen Ball flach zu halten und die Aufmerksamkeit von sich selber abzulenken. In einem solchen Klima wird niemand riskieren, die Verantwortung für innovative Entscheidungen zu übernehmen.

Ich hoffe doch, dass jeder Fehler macht. Fehler sind der Nährboden des Lernens. Ohne Fehler gibt es keine Evolution, keine Innovation. Viele Erfindungen, die heute ein Segen für die Menschheit sind, gehen auf Fehler zurück. Wir verdanken unsere flauschigen Handtücher einem Lehrling, der beim Einstellen des Webstuhls einen Fehler machte. Die Entdeckung des Penizillins verdanken wir mangelnder Sauberkeit in einem Labor, die Post-It-Zettel sind das Ergebnis eines gescheiterten Klebstoffs und so weiter. Anstatt dem Schuldigen Vorwürfe zu machen, wenn ein Fehler passiert, könnten wir uns fragen: *„Was ist die Botschaft dieses Fehlers? Was können wir daraus lernen? Was können wir verbessern, ja vielleicht sogar nutzen?"* Der Geräuschpegel der Schuldzuweisungen behindert oft die nüchterne und konstruktive Nachbereitung von Fehlern, die uns unterlaufen sind.

Wir müssen auch nicht jeden Fehler selber machen. Aus den Fehlern Anderer zu lernen, kann uns selber eine Menge Schwierigkeiten ersparen. Deshalb sollten wir uns jede Häme verkneifen und lernen, Anderen für ihre Fehler dankbar zu sein.

Kreativität

Um kreativ zu sein, müssen wir die eingefahrenen Spurrinnen unseres Denkens und Tuns verlassen. Wir brauchen dazu einen Freiraum in unserem Geist und Zeit, um neue Ideen entstehen zu lassen. Google's „Kreativ-Tag", an dem einmal pro Woche die Belegschaft ermutigt wird, an persönlichen Projekten zu arbeiten und nicht an Mainstream-Entwicklungen, brachten die Google Maps hervor, Google's Goggles und viele andere wertvolle und interessante Innovationen.

Niemand hat jemals eine neue, kreative Idee durch konzentriertes Nachdenken an seinem Schreibtisch produziert. Das Denken ist sequentiell, d.h. der nächste Gedanke folgt logisch dem vorhergehenden und baut auf ihm auf. Wie könnte er neu sein? Eine neue Idee wird viel eher in einer Periode der Stille auftauchen, oder aus einer Verwirrung, wenn die gewohnte und logische Folge der Gedanken durcheinander geraten ist. Der Musiker Peter Gabriel fährt gerne mit dem Zug, wenn er einen kreativen Impuls braucht. Wenn wir unsere gewohnte Umgebung (den Schreibtisch, unser Zuhause) verlassen, sind unsere Chancen grösser, auch aus unseren gewohnten Gedanken auszusteigen. Aus der Sicht der Soft Skills brauchen wir für Kreativität einen weicheren Wahrnehmungsmodus und eine gute Zwiesprache mit unserem Unbewussten. Und wir müssen lernen, Fehler als kreative Impulse zu nutzen. Was ging schief? Wie kann ich diesen Fehler in Zukunft vermeiden? Was lässt sich aus ihm lernen?

> *Eine Gruppe von Schülern[124] beobachtete die Landung eines kleinen Flugzeugs. Einer der Reifen platzte bei der Landung. Es gab keinen grösseren Schaden, aber die jungen Leute nahmen das Ereignis als eine Herausforderung ihrer Kreativität: Wie kann man das in Zukunft vermeiden?*
>
> *Eine der grössten Belastungen für die Reifen, dachten sie, ist der Umstand, dass sie bei der Landung in Sekundenbruchteilen von null Umdrehungen auf Landegeschwindigkeit beschleunigt werden. Sie entwickelten die Idee, kleine Lufttaschen aus Gummi seitlich an die Räder zu vulkanisieren. Diese würden die Reifen noch vor der Landung in die entsprechende Rotation bringen. Die Rotationsgeschwindigkeit der Reifen hinge von der Luftströmung an den Reifen ab. Sie könnte demnach durch Vergrösserung oder Verkleinerung der Lufttaschen so bemessen werden, dass sie der Landegeschwindigkeit entsprach. Sie entwickelten diese Idee weiter und reichten sie bei einem Wettbewerb ein. Eine Delegation dieser Klasse wurde nach Japan eingeladen, um einen Preis dafür entgegen zu nehmen. Einen zusätzlichen Preis verlieh ihnen die Bayerische Landesregierung. Das ist nur ein Beispiel dafür, wie ein kleiner Unfall oder Fehler Kreativität stimulieren kann. Ein anderer Schüler der selben Schule hatte Schwierigkeiten mit seiner Fahrradkette. Als er nach Hause kam, machte seine Mutter ihm Vorhaltungen, weil er seine Kleidung verschmutzt hatte. Daraufhin funktionierte er die Zuckerzange seiner Mut-*

[124] Es waren Schüler des Maristengymnasiums Fürstenzell, Bayern, einer Schule, die das Unterrichtsfach „Erfinden" anbietet. Dort wird kreatives Denken systematisch gelehrt und ermutigt. Diese Initiative führte zu vielen Erfindungen, Preisen, Patenten und Fernsehauftritten.

ter in ein einfaches Werkzeug um, mit dem er seine Fahrradkette wieder einfädeln konnte, ohne sich auch nur die Finger schmutzig zu machen. (Seine Mutter war darüber auch nicht sehr glücklich.)

Jeder Mensch macht Fehler. Die einen sehen ihre Fehler als eine Katastrophe und ergehen sich in Schuldgefühlen oder Selbstvorwürfen. Für Andere ist ein Fehler ein Anstoss zur Entwicklung kreativer Lösungen. Ich nehme an, dass jeder Mensch die Anlage zur Kreativität hat. Ob sie zur Blüte kommt und zu nützlichen Innovationen führt, oder ob sie unentwickelt bleibt, hängt weitgehend davon ab, wie wir mit unseren Fehlern umgehen, ob in der Familie, in der Schule oder am Arbeitsplatz.

Ich meine, der einzige wirklich unverzeihliche Fehler ist der, den man zweimal macht.

Praktische Übungen

Wir tun viel für unsere körperliche Fitness. Die folgenden Übungen dienen der geistigen Fitness. Sie werden wahrscheinlich zu positiven Verhaltensänderungen führen. Zum Teil sind diese Übungen eine echte Herausforderung, viele von ihnen machen auch Spaß. In jedem Fall sind sie wirksam. Alle diese Übungen sind mir aus meiner eigenen täglichen Erfahrung über die Jahre wohlvertraut. Da jede/r LeserIn sich in einer anderen Phase der persönlichen Entwicklung befindet, wird sich jede/r von anderen Übungen angesprochen fühlen. Ich schlage vor, dass Sie geradewegs diejenigen Übungen anpacken, von denen Sie sich im Moment den grössten Nutzen versprechen und die anderen erst mal überspringen. Sie können ja später auf sie zurück kommen.

Ich habe diese Beschreibungen kurz gehalten. Wenn Sie genauere Informationen brauchen, lesen Sie sich bitte das entsprechende Kapitel noch einmal durch.

Wahrnehmung und Achtsamkeit

Identifizieren und **trainieren Sie Ihren schwächsten Wahrnehmungsbereich** (sehen, hören, spüren) und setzen Sie dort einen Anker, der diese Art der Aufmerksamkeit verstärkt.
Sollte das Hören am schwächsten sein, so achten Sie (innerhalb der drei Panoramen) ganz besonders auf Geräusche. Installieren Sie zusätzliche Geräusche (wie eine tickende Uhr, einen tropfenden Wasserhahn oder Verkehrsgeräusche vom offenen Fenster her) und achten Sie dann (neben Ihrer sonstigen Beschäftigung) auf diese Dinge, um diesen Bereich der Wahrnehmung möglichst präsent zu halten und zu stärken.
Im visuellen Bereich achten Sie besonders auf das periphere Sehen. Es öffnet den gewohnheitsmäßigen Tunnelblick und bringt (zusammen mit den anderen Bereichen der Wahrnehmung) den inneren Dialog zur Ruhe.
Wenn Ihre körperliche Wahrnehmung schwach ausgeprägt ist, verwenden Sie den Atem als Verankerung für Ihr körperliches Spüren. In Situationen, in denen die Gefahr besteht, dass Ihre Wahrnehmung gefährlich eng wird, können Sie Ihre Atemzüge auch zählen.

Im weichen Modus spazieren gehen: Beobachten Sie, wie Ihre Aufmerksamkeit von allen möglichen Geschehnissen angezogen, verengt und ins Denken gebracht wird (ein vorbeifahrendes Auto, ein herabfallendes Blatt, ein seltsames Geräusch usw.). Wenden Sie Ihre (verengte) Aufmerksamkeit dem Ereignis oder Objekt für eine kurze Weile zu und dann gehen Sie bewusst wieder in den weichen Modus, bis es wieder geschieht. Die wiederholte Beobachtung dieses Umschaltens zwischen weicher und fokussierter Aufmerksamkeit schult das bewusste Erleben der verschiedenen Wahrnehmungsmodi.

Mit dem **Zählen der Atemzüge** können Sie Ihre Fähigkeit, das erweiterte Gewahrsein im Alltag über eine bestimmte Zeit aufrecht zu erhalten, sowohl überprüfen als auch trainieren. Es gibt von dieser Übung verschiedene Varianten, die man parallel zu vielen Verrichtungen des Alltags praktizieren kann. Die einfachste ist das kontinuierliche Zählen der Atemzüge beim Ausatmen (1, 2, 3...). Falls das kontinuierliche Zählen zu schnell automatisch wird (und das wird es unweigerlich werden) machen Sie es etwas komplizierter. Zählen von 1 bis 10 und statt 11 wieder 1 bis 10 und so weiter. Letztere Variante erfordert mehr Geistesgegenwart. (Als ich diese Übung vor vielen Jahren zum ersten Mal machte, war ich weit über 100 angelangt, bevor ich bemerkte, dass ich die 11 verpasst hatte.) Oder kehren Sie die Reihenfolge der Zahlen immer wieder um: 1 - 10, dann 9 - 1 und wieder von vorne. Wenn Sie die Übung noch herausfordernder gestalten wollen, können Sie das Zählen auch nach Ihren eigenen Vorstellungen weiter komplizieren. (Eine zusätzliche Komplikation kann die Übung seltsamerweise sogar leichter machen anstatt schwerer.) Wichtig ist dabei die Verbindung des Zählens mit dem gleichzeitig gefühlten Atem. Sie brauchen dazu den festen Entschluss, Ihre Aufmerksamkeit über einen klar definierten Zeitraum bei der Übung zu halten. Probieren Sie es für den Anfang mit 5 Minuten. Seien Sie nicht erstaunt, wenn Sie trotzdem feststellen, dass Sie Ihre Aufmerksamkeit nur sehr kurzfristig aufrecht halten können. Der menschliche Geist ist ein sehr flüchtiges Ding und es gibt viele Ablenkungen.[125]

Eine andere gute Übung ist der feste Beschluss, jede Schwelle zu fassen, **jede Schwelle ganz bewusst wahrzunehmen**, die Sie im Laufe einer bestimmten Zeit (eines Vormittags, eines Tages) überschreiten. Jedes Mal, wenn Sie durch eine Türe gehen, nehmen Sie still zur Kenntnis: „Wieder eine Schwelle..." und nutzen den Moment zu einem kurzen Check von Körper und Geist. Diese Übung ist extrem schwer. Die meisten Menschen, die sie versuchen, erleben die ersten zwei oder drei Schwellen noch bewusst und fragen sich dann am Abend, was danach aus der (eigentlich fest vereinbarten) Übung geworden ist. Sie stellen fest, dass es gar nicht so leicht ist, eine noch so feste Vereinbarung mit sich selber einzuhalten.

Suchen Sie nach einem vierblättrigem Klee. Im engen Wahrnehmungsmodus geht das nicht. Um ihn zu finden muss man grössere Flächen scannen und darauf warten, dass das Unbewusste den Blick an die richtige Stelle zieht. Eine interessante Erfahrung. (Gleitsichtgläser sind für diese Übung nicht geeignet. Der Bereich, der Entfernungen von einem bis zwei Metern scharf abbildet, ist bei ihnen zu schmal für das weiche Scannen.)

[125] In Indien wird der menschliche Geist gelegentlich als „wild monkey" bezeichnet (wilder Affe). Wenn Sie Ihr eigenes Denken sorgfältig beobachten und diese Übungen machen, werden Sie schnell feststellen, warum diese Bezeichnung ganz gut passt.

Aus dem Denken aussteigen

Überall, jederzeit und (mit ein wenig Übung) sekundenschnell: Öffnen Sie Ihre Wahrnehmung so, dass sie das visuelle, akustische und körperliche Gewahrsein mit einschließt. Nutzen Sie in diesem weichen Gewahr-Sein Ihren hör- und spürbaren Atem als zentralen Anker. Die Idee ist, sich aller sinnlichen Wahrnehmungen gleichzeitig bewusst zu sein, sich aber jedes mentalen Kommentars zu enthalten. Stille Präsenz stellt sich ein.

Die Metaebenen-Wahrnehmung

Verlassen Sie gelegentlich ganz bewusst Ihren momentanen Denktunnel. (Sie können Ihr Handy damit beauftragen, Ihnen dazu in unregelmäßigen Abständen Signale zu senden.) Erweitern Sie Ihre Wahrnehmung, so dass sie das periphere Sehen, das Hören und das Fühlen mit einschließt, besonders den Atem. Betrachten Sie sich von der Metaebene aus: Was tun Sie gerade? In welcher Stimmung, in welchem Wahrnehmungsmodus sind Sie? Wie fühlt sich Ihr Körper an? Und so weiter. Was auch immer Sie feststellen: Es ist nichts falsch daran. Sie dürfen sich so vorfinden, wie Sie gerade sind. Es ist kein „sollte" dabei. Machen Sie eine kurze Bestandsaufnahme. Und dann kehren Sie zu Ihrer vorherigen Aufgabe zurück.

Aus konditionierten Reflexen aussteigen

Wann immer Sie merken, dass Sie in Gefahr sind, einem gewohnten konditionierten Reflex zu erliegen, stellen Sie ein persönliches STOP-Schild auf.

> *Als ich 30 war betrachtete ich das Autofahren als einen Sport, in dem ich meinte, recht gut zu sein. Tatsächlich war mein Fahrstil aggressiv, manchmal rücksichtslos, gelegentlich auch gefährlich. Ich selber mochte die aggressive Stimmung nicht, in die ich am Lenkrad manchmal verfiel. Das STOP-Schild, das ich aufstellte, war eine feste Vereinbarung mit mir selber. Jedes Mal, wenn ich bemerkte, dass ich in Stress kam und aggressiv zu fahren begann, hielt ich bei der nächsten Gelegenheit an, stieg aus und ging einmal um den Wagen herum, bevor ich weiterfuhr. Das hört sich leicht an. Aber wenn ich von 20 Autos, die auf der Landstraße hinter einem Laster herfuhren, schon 19 überholt hatte, war es eine sehr schwierige Übung. Ich habe mich immer an meinen Vorsatz gehalten und im Laufe der Zeit sehr davon profitiert.*

Sie wissen selber am besten, wo Ihre Schwachstellen sind und wo und wann Sie in einen konditionierten Reflex verfallen könnten. Treffen Sie eine feste Vereinbarung mit sich selber, die genau für diese Situationen passt, nämlich etwas zu tun, das Ihren konditionierten Reflex gerade noch rechtzeitig stoppt. Dann erweitern Sie Ihre Wahrnehmung und warten Sie bis der innere Drang sich gelegt hat.

Mentale Flexibilität

Identifizieren Sie die Bereiche, in denen Sie zu mentaler Rigidität neigen und versuchen Sie sich in einer etwas entspannteren Perspektive. Hören Sie denen, deren Ansichten Sie nicht teilen, genau zu und beobachten Sie Ihre mentalen Urteilsmechanismen. Üben Sie sich darin, Ihr Urteil auszusetzen. Die andere Person könnte ein gutes Argument haben, das Ihnen entgangen ist. Üben Sie sich darin, in einem weicheren Wahrnehmungsmodus zuzuhören. Sie können sich zur Übung auch noch weitere Argumente für den Standpunkt des Anderen einfallen lassen.

Umgang mit Idealen

Unsere Ideale müssen sich heute (noch) nicht verwirklichen. Nicht alle müssen heute schon perfekt sein. Vergessen Sie nicht: Wir üben alle noch. Auch Sie.

Umgang mit Territorien

Egal wie sehr Sie sich über die Verhaltensweisen anderer Menschen ärgern mögen, halten Sie inne und überlegen Sie, ob dieses Verhalten in Ihrem Einflussbereich liegt. Wenn nicht, dann üben Sie sich in Geduld und Gleichmut. Wenn doch: Tun Sie etwas dagegen (z.B. konfrontieren).

Neigung, Motivation, Talent

Tun Sie das, was Sie gerne tun und worin Sie gut sind. Sollte Ihre Arbeitssituation Ihnen nicht angenehm sein, tun Sie alles, was Sie können, um sie zu verändern. Sollte Ihre private Situation Ihnen nicht angenehm sein, tun Sie alles, was Sie können, um sie zu verändern. Vergessen Sie nicht: Es gibt am Ende des Lebens keine Preise oder Medaillen für Masochismus oder ausdauernde Selbstaufopferung.

Emotionen

Sorgen Sie dafür, dass Ihre emotionalen Ausdruckskanäle offen sind. Sollten sie es nicht sein: Öffnen Sie sie. Sie müssen dazu vielleicht Hemmungen überwinden, die durch eine gut gemeinte Erziehung installiert wurden.

Sollte eine Träne über Ihre Wange rollen, während Sie einen gut gemachten Hollywoodfilm ansehen oder etwas beobachten, das Sie berührt, verbergen Sie sie nicht und wischen Sie sie nicht gleich weg. Stehen Sie dazu: Es ist keine Schande, berührbar zu sein.

Sollte Ihre Stimme auf Grund Ihrer Erziehung auf die sanfteren Töne beschränkt sein, gehen Sie zu einem Fussballspiel und schreien Sie sich die Seele aus dem Leib, nur zur Übung. Es ist gut zu wissen, dass Sie schreien könnten, wenn es notwendig sein sollte (was sehr selten der Fall sein wird).

Achten Sie darauf, innerlich keinen emotionalen Stau aufzubauen. Falls es nötig sein sollte, nutzen Sie die nächste Gelegenheit, Dampf abzulassen. Achten Sie darauf, dass Sie dabei weder sich selbst noch Anderen schaden. Wenn Sie ärgerlich oder zornig sind, nutzen Sie die Privatsphäre Ihres Autos oder einen Waldspaziergang, um sich abzureagieren, und nicht Ihre soziale Umgebung, der vielleicht das Verständnis dafür fehlt.

Sollten Sie weinen müssen, lassen Sie die Augen offen und betonen Sie das Ausatmen, damit die Stimme des Weinens herauskommt bzw. e-movieren kann. Es wird Ihnen hinterher viel besser gehen, wenn Sie die Ausatmung und die Stimme nicht zurückgehalten haben. Die Augen offen zu lassen, beugt späteren Kopfschmerzen vor.

Wenn Sie etwas freut, sagen Sie es. Üben Sie sich darin, Ihre Gefühle ehrlich auszudrücken, besonders Ihren Lieben und Ihren Freunden gegenüber.

Das Unbewusste

Überprüfen Sie, ob Sie eine Altlast mit sich herumtragen, z.B. einen inneren Konflikt mit irgendeinem Aspekt Ihrer Vergangenheit. Falls Sie etwas finden, suchen Sie einen Ihnen gemäßen Weg, diese Altlast zu befrieden. Ganz abgesehen davon, dass eine Altlast unwillkommene Symptome im Alltag mit sich bringt, zehrt sie an Ihrer Kraft und verringert Ihre Lebensfreude. Die Hilfe eines erfahrenen Therapeuten oder Coaches in Anspruch zu nehmen, kann eine gute Idee sein. Aber stellen Sie sicher, dass er/sie nicht länger als nötig dafür braucht. (Fünf Jahre auf der Couch sind unnötig lange für einen einfachen Hausputz.)

Pflegen Sie den Dialog mit Ihrem Archivar. Die besten Zeiten dafür sind gleich nach dem Aufwachen, kurz vor dem Einschlafen und zu allen Zeiten, in denen Ihre Aufmerksamkeit weich ist und Ihr Denken auf stand-by geschaltet ist. Geben Sie ihm (oder ihr) Dinge zu tun, harmlose Übungen, wie Sie rechtzeitig aufzuwecken, und auch wichtigere Aufgaben wie die Vorbereitung eines Examens oder einer Präsentation, ein Musikstück zu perfektionieren, oder Ideen zu generieren.

Klares Denken in unklaren Situationen

Der erste Schritt: Setzen Sie sich hin und entspannen Sie sich.

Dann sehen Sie sich die Situation an. Wer ist beteiligt? Worum geht es? Was ist Ihre Rolle darin? Eine Konfliktlandkarte zu zeichnen könnte helfen.

Muss ein Beschluss gefasst werden? Steht eine Ja-oder-Nein-Entscheidung an? Oder ist es eher eine Love-it, Change-it, Leave-it-Angelegenheit? Oder beides? Halten Sie auf jeden Fall Ihre Emotionen heraus und versuchen Sie, mit der Situation so nüchtern wie nur möglich umzugehen. Falls es nötig ist, sichern Sie sich die Hilfe einer Person, die emotional nicht eingebunden ist und die nicht aus Loyalität Ihre Partei ergreift. Sie brauchen ein Paar absolut unparteiische Augen.

Wenn Handlungsbedarf Ihrerseits besteht, handeln Sie. Aber oft gibt es nicht viel, was Sie tun können. In solchen Fällen üben Sie sich in Gleichmut und Geduld so gut Sie können.

Meditation

Zu diesem Thema habe ich, auch in anderen Büchern, schon viel geschrieben. Wenn Sie dieser Weg des Lernens und der Geistesübung interessiert, suchen Sie sich ein Meditationszentrum aus, in dem Sie eine gute Einführung bekommen. Nach welcher Methode Sie meditieren (Zen, Vipassana etc.), spielt dabei nicht so eine große Rolle. Sie können auch die Tafeln von Chartres verwenden, zu denen ich eine besondere Beziehung habe.[126] Es ist ein langer Weg, der eine starke Motivation erfordert, der aber auch sehr lohnend ist.[127]

Kurzmeditation

Gelegentlich kann es eine gute Idee sein, sich (ohne ein bestimmtes Thema) hinzusetzen und die Wahrnehmungspräsenz auf allen Kanälen zu erhöhen (weiche Aufmerksamkeit), d.h. aus dem Modus des Tuns auszusteigen und eine Weile nur zu SEIN. Eine Minute oder zwei davon, (fünf oder mehr, wenn Sie die Zeit dazu haben), werden Ihnen helfen, sich zu entspannen und sie in die Lage versetzen, Ihre Aufgaben danach mit frischer Energie anzupacken. Es kann auch eine Gelegenheit für den Archivar sein, Ihnen eine gute Idee zu schicken.

Wenn Sie ein bestimmtes Thema plagt, nehmen Sie sich etwas mehr Zeit. Setzen Sie sich hin, erweitern Sie Ihre Wahrnehmung und bleiben Sie an dem Thema dran. Beobachten Sie Ihre damit verbundenen Gefühle. Je nach Thema kann das auch recht unangenehm sein, jedenfalls unangenehmer, als sich davon abzulenken. Aber ein unerfreuliches Thema frontal anzugehen ist ein weit besserer Weg damit zurande zu kommen, als es zu verdrängen. Die bloße Betrachtung verringert die Macht, die ein solches Thema über Sie hat. Und denken Sie daran: Sie müssen in der Sache gar nichts unternehmen, jedenfalls nicht so lange Sie sie nur betrachten.

Der Körper

Achten Sie auf Ihre körperlichen Bedürfnisse und tun Sie was nötig ist, um ihnen gerecht zu werden. Stellen Sie sicher, dass Ihre Sitzmöbel, ob zu Hause oder bei der Arbeit, Ihren Körper gut stützen. Dasselbe gilt für ihr Bett, Ihren Autositz und für Ihre Schuhe.

[126] G. Pennington, *Die Tafeln von Chartres*, Walter 1994/Patmos 2013

[127] Sollten Sie das ernsthafte Bedürfnis nach länger andauernder Meditation haben, dann finden Sie gute Unterstützung unter www.dhamma.org im Internet. Ich schätze diese Vipassana Kurse, weil sie sehr nüchtern und klar durchgeführt werden. Es gibt auch viele ausgezeichnete Zen-Zentren. Hüten Sie sich vor jeder Art von Meditationsromantik, die allzu heilig oder esoterisch daherkommt, eventuell sogar mit Meditationsmusik. Stille Betrachtung bedarf keines Soundtracks.

Essen Sie, was Ihnen schmeckt[128] und trinken Sie ausreichend (ein Minimum von 1,5 Litern Wasser am Tag wird empfohlen).

Strecken Sie sich nach dem Aufwachen und entspannen Sie sich vor dem Einschlafen. Sollten Sie noch keine persönliche Entspannungsroutine haben, dann legen Sie sich eine zu, die für Sie funktioniert. Mit ein bisschen Übung wird Ihre Entspannungstechnik zu einer wertvollen persönlichen Routine, besonders an und nach anstrengenden Tagen. Regelmäßige Entspannung wird Ihre Schlafqualität verbessern und macht Sie weniger anfällig für Stress und Sorgen.

Machen Sie sich tagsüber von Zeit zu Zeit Ihr körperliches Stressniveau bewusst. Sie können das in Form eines kleinen Dialogs mit Ihrem Körper tun: *„Ich habe in der letzten Zeit nicht so sehr auf Dich geachtet. Wie geht's Dir denn so?"* Ihr Rücken wird vielleicht antworten: *„Na ja, die zwei Stunden bei dieser Besprechung herumzusitzen, war ein bisschen anstrengend. Ich hätte jetzt gerne etwas Bewegung"*, und Ihr Magen könnte sagen *„Wie wär's mit was zu essen? Und ich habe Durst".* Die Grundlage einer guten Beziehung zum eigenen Körper ist seine bewusste Wahrnehmung im Alltag. Das muss man üben.

Soziale Beziehungen

Achten Sie darauf, dass Sie wenigstens einen Menschen haben, mit dem Sie über persönliche oder sensible Themen sprechen können. Sollten Sie keinen solchen Freund haben, dann identifizieren Sie denjenigen, mit dem Sie sich am besten fühlen und versuchen Sie, das Vertrauensniveau der Freundschaft zu erhöhen. Das kann eine Weile dauern. Der Freund muss es wollen und das Vertrauen muss gegenseitig sein. Im besten Fall ist dieser Freund natürlich Ihr Lebenspartner.

Hüten Sie sich vor negativen Urteilen über andere und andersartige Menschen. Ganz gleich, wie gut Sie Ihre Urteile zu verbergen suchen, die Anderen spüren sie trotzdem und reagieren entsprechend. Lernen Sie, anstelle negativer Urteile, Fragezeichen zu setzen.

Wählen Sie Ihre Gesellschaft mit Sorgfalt.

[128] Das Essen und Trinken ist in letzter Zeit unberechenbar geworden. Vermeiden Sie Fertiggerichte, Fleisch und Fisch aus intensiver Haltung, Gemüse und Obst, das gespritzt oder vor der Reife geerntet und mit Gas nachgereift wurde, Getränke mit hohem Zucker- oder Süßstoff-Gehalt. Sie finden viel gute (und schlechte) Literatur zu diesem Thema in Ihrem Buchladen. Deshalb gehe ich hier nicht weiter darauf ein.

Kommunikation

Dieselbe Augenhöhe ist die Vorbedingung für jede gute Kommunikation. Üben Sie sich im Respekt für Andersartige.

Üben Sie sich auch im Zuhören. Zeichen des Zuhörens zu geben (Nicken und Geräusche) ist nur sinnvoll, wenn Sie auch tatsächlich zuhören.

Hüten Sie sich vor der *„Ja, aber..."* Reaktion und anderen sprachlichen „Giften". Nehmen Sie sich die Zeit, die Sie für Ihre Antwort brauchen. Sie können etwas Zeit gewinnen, indem Sie sagen: *„Was Sie eben gesagt haben ist interessant. Lassen Sie mich einen Moment darüber nachdenken".*

Generieren Sie mehrere alternative Antworten in Ihrem Geist und wählen Sie dann diejenige, die Ihnen am konstruktivsten erscheint.

Stellen Sie Fragen. Fragen zeigen der anderen Person, dass Sie Interesse an ihr haben und am Thema. Beobachten Sie auch, ob Ihr Gesprächspartner Ihnen Fragen stellt. Menschen, die Ihnen keine Fragen stellen, sind nicht wirklich an Ihnen interessiert.

Beobachten Sie, wie Sie sich nach einem Gespräch fühlen. Vielleicht fühlen Sie sich ausgelaugt, (dann war es kein wirklich gutes Gespräch), vielleicht auch inspiriert oder dankbar. Versuchen Sie, Gespräche, die Sie regelmäßig auslaugen, zu vermeiden.

Beobachten Sie auch das Tempo von Gesprächen. Manche sind einfach stressig, ohne Pausen zum Denken. Sie werden danach erschöpft sein. Andere Gespräche sind wie ein gemeinsamer Spaziergang durch eine mentale Landschaft. Ihr Gesprächspartner und Sie werden solche Gespräche genießen.

Brettspiele

Manche Brettspiele sind ausgezeichnete Übungsfelder für die Handhabung des Geistes und der Emotionen, ebenso wie für die Wahrnehmung und das Urteilsvermögen. Bei solchen Spielen liegt der Unterschied zwischen gutem und schlechtem Spiel nicht so sehr in der Strategie oder Taktik, sondern in der Qualität der persönlichen und sozialen Kompetenz. Wer stolpert, stolpert in der Regel über die eigenen Füße. Deshalb sind diese Spiele sehr gut, um sich selber besser kennen zu lernen und die Soft Skills zu üben. Hier sind meine Favoriten:

Pente

Die Idee des Spiels ist es, fünf Steine in eine Reihe zu setzen (*Pente* = fünf), oder 5 x 2 „Gefangene" zu machen (10 Steine des Gegners paarweise einzuschließen und vom Spielbrett zu nehmen).[129]

Wird **Pente** nach den Wettkampfregeln gespielt, sind die Chancen zu gewinnen für beide Spieler genau gleich. Glück spielt dabei keine Rolle. Der Spieler, der mehr sieht, gewinnt. Da alles auf dem Spielbrett jederzeit sichtbar ist, sollte das eigentlich kein Problem sein.

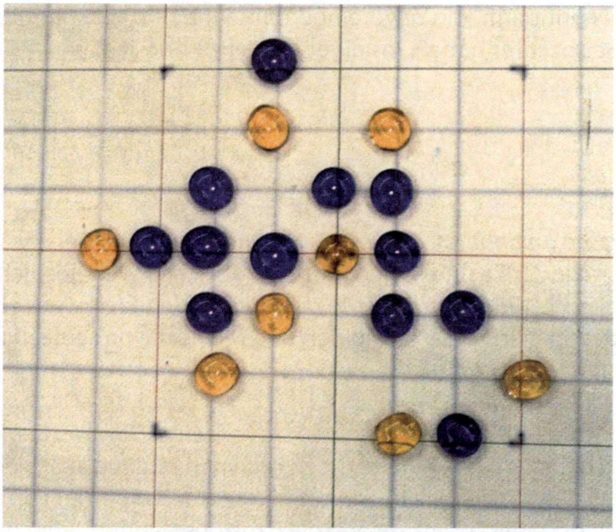

Typische Situation bei Pente. Wo soll Blau den nächsten Stein setzen?

[129] Die Regeln finden Sie auf: http://www.brettspielnetz.de/spielregeln/pente.php

Wenn Sie in diesem Spiel gewinnen wollen, sollten Sie die grundlegenden Prinzipien sozialer Interaktion beherzigen, zum Beispiel erkennen, was Ihr Gegner vorhat (mentale Flexibilität, Beobachtung) und die Emotionen heraushalten, allzu selbstsichere („*Ha, jetzt habe ich Dich!*"), ebenso wie eingeschüchterte („*Gegen den habe ich ohnehin keine Chance.*"). Weichere Wahrnehmungsmodi sind hilfreicher als zu viel Fokus oder Denken.

Der Verlierer kann sich nach dem Spiel fragen: *„Womit war ich beschäftigt, anstatt damit, zu gewinnen?"* Normalerweise war er damit beschäftigt, mit einer engen Wahrnehmung schlaue Pläne zu schmieden, anstatt mit weicher Wahrnehmung die Absichten des Gegners zu erspüren. Es gibt viele Formen der Unachtsamkeit. Bei Pente können wir sie alle erleben. Wenn Sie das Spiel als einen Spiegel nutzen, in dem Sie die Qualität Ihrer eigenen Präsenz beobachten, dann ist das Verlieren oft interessanter als das Gewinnen. Es sind immer die Verlierer, die Gelegenheit haben, aus einem Spiel zu lernen. Wer nicht verlieren kann, kann auch nicht lernen. Verlieren ist lernen.

In manchen meiner Seminare spielen wir dieses Spiel. An jedem Tisch sind drei oder vier Spieler. Da man zu zweit spielt gibt es immer Beobachter. Beobachter und Spieler wechseln sich ab. Die Beobachter sind im laufenden Spiel nicht Partei und neigen daher dazu, mehr und klarer zu sehen, als die Spieler. Ihre Aufgabe besteht darin, die unvoreingenommene und entspannte Sichtweise, die sie als Beobachter haben, ins eigene Spiel zu bringen, wenn sie wieder am Brett sitzen.

Mankala

Mankala (oder *Kalaha*) ist ein weiteres Spiel, das den Geist ausgezeichnet schult. Es wird in Afrika und in der ganzen Arabischen Welt gespielt. Die Spieler machen vierzehn Mulden in die Erde und verwenden Steine oder Bohnen zum spielen. Jeder Spieler hat sechs Mulden und rechts davon seine „Bank", in der er die gewonnen Steine sammelt.

Zu Beginn liegen in jeder der 12 Mulden sechs Steine. Die zwei Banken sind leer. Ein Spielzug besteht darin, eine der sechs eigenen Mulden auszuleeren und die Steine gegen den Uhrzeigersinn auf die folgenden Mulden zu verteilen, (wobei auch einer in die eigene Bank gelegt, die Bank des Gegners jedoch ausgelassen wird). Sollte der letzte Stein in die eigene Bank fallen, darf man noch einmal spielen. Fällt der letzte Stein in eine leere eigene Mulde, darf man alle Steine, die in der gegenüberliegenden Mulde des Gegners liegen, einsammeln und in die eigene Bank legen. Das Ziel des Spiels ist es, so viele Steine wie nur möglich in der eigenen Bank zu sammeln.

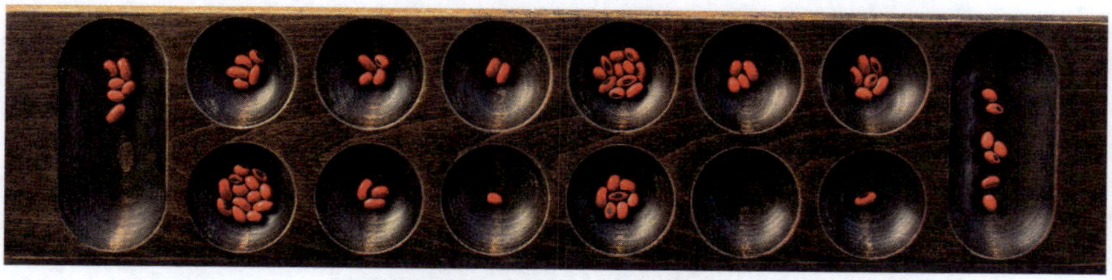

Typische Situation beim Mankala-Spiel

Während Pente das räumliche Wahrnehmungs- und Organisationsvermögen schult, geht es bei Mankala um die Orientierung in der Zeit und im Wandel. Mit jedem Spielzug ändert sich alles. Langfristige Pläne funktionieren bei Mankala nur selten. Gut gespielt ist es mehr ein Tanz als ein Strategiespiel.

Wer das ultimative Mentaltraining sucht, kann **GO** spielen. Das Go-Spiel ist etwa 2500 Jahre alt und damit eines der ältesten Brettspiele der Menschheit. Der Landesmeister im Go-Spiel war früher immer einer der engsten und vertrautesten Berater der chinesischen und japanischen Kaiser. Aus einem einfachen Grund: Wer so gut Go spielt, muss intelligent und weise sein.

Go und Pente werden auf dem selben Spielplan gespielt, wobei Pente-Spiele in der Regel aus einfachen Materialien gemacht sind, Go-Bretter hingegen kunstvoll aus Edelhölzern und die Spielsteine aus Porzellan gefertigt werden. Go ist um ein vielfaches komplexer als Pente. Um darin Meisterschaft zu erlangen, muss man ein Leben lang üben.

Erfolg

Erfolg ist schon auf viele Arten definiert worden. Ich erinnere mich an ein Gespräch, das ich mit meiner älteren Tochter während einer langen Autofahrt hatte. Das Thema unseres Gesprächs war: „Was ist im Leben wirklich wichtig?"

Wir besprachen Geld (viele Menschen sind mit wenig Geld glücklich), Gesundheit (manche todkranke Menschen haben ein Leuchten in ihren Augen), Familie (keine Notwendigkeit, manchmal eher ein Fluch als ein Segen), Karriere und Ruhm (wir hatten unsere Zweifel, dass dies für ein erfülltes Leben wirklich wesentlich ist), Macht (für manche sicher befriedigend, meist aber verbunden mit viel Stress und einem aufgeblasenen Ego), soziales Engagement und noch einige Themen. Wir ließen die Religionen außen vor. Sie sind widersprüchlich, und die Zugehörigkeit zu einer von ihnen, egal welcher, scheint kein Garant für ein erfülltes Leben zu sein.

Knapp bevor wir unser Ziel erreichten, kamen wir zu dem Schluss, dass das einzig Wichtige sei, gut drauf zu sein, d.h. jeden Moment des Lebens voll auszukosten, gute Laune und eine positive Einstellung zu pflegen. Eine gute Zeit zu haben und dazu beizutragen, dass andere Menschen um uns herum ebenfalls eine gute Zeit haben. Keine der obigen Kategorien spielte eine große Rolle, auch wenn wir zugeben mussten, dass einige von ihnen das Leben sicher einfacher machen und die Freude am Leben mehren können.

Wiederholt bin ich über die „Vier S" gestolpert, die versuchen, zwischen vier verschiedenen Stufen von Lebenserfüllung zu unterscheiden. Es ist mir nicht gelungen, herauszufinden, von wem diese vier S herstammen. Hier sind sie:

Survival	Überleben
Stability	Stabilität
Success	Erfolg
Significance	Bedeutung/Sinnhaftigkeit

Überleben ist reiner Existenzkampf. Im Zustand der Stabilität ist der Existenzkampf vorbei. Wenn es keine harten Schicksalsschläge gibt, ist hier Gemütsruhe möglich. Wo soll man die Grenze zwischen Stabilität und Erfolg ziehen? Für manche ist Stabilität bereits Erfolg, für andere noch lange nicht. Was fehlt ihnen noch zum Erfolg? Anerkennung vielleicht, Karriere, materielle Güter? Wie viel davon braucht es für „Erfolg"? Und gibt es da eine Grenze?

In der letzten Stufe geht es um die Verwirklichung persönlicher und ethischer Werte. Sie machen unser Leben erst *sinnvoll.* Wir müssen allerdings nicht zuerst materiell erfolgreich sein, um die Ebene des Sinns anzupacken. Sie sehen: Es wird schnell kompliziert, wenn man versucht, Erfolg bzw. Lebenserfüllung in ein System zu packen.

Ich selber zäume das Pferd lieber vom Schwanz her auf. Wenn wir einmal auf unserem Sterbelager liegen und auf unser Leben zurückschauen, dann sollte auf unseren Lippen ein kleines Lächeln sein. Wenn es in Ihrem heutigen Leben etwas gibt, auf das Sie später nicht mit einem Lächeln zurückschauen können, ändern Sie es. Jetzt.

Meine liebste literarische Definition von Erfolg ist die von Ralph Waldo Emerson:

Erfolg

Oft zu lachen und viel zu lieben,
den Respekt intelligenter Menschen
und die Zuneigung der Kinder zu gewinnen,
sich die Anerkennung ehrlicher Kritiker zu verdienen
und den Verrat falscher Freunde zu ertragen;
Schönheit zu schätzen, das Beste in allem zu finden,
die Welt ein wenig besser zurücklassen,
ob durch ein gesundes Kind, einen kleinen Garten
oder einen verbesserten gesellschaftlichen Zustand;
zu wissen, das nur ein Leben leichter war, weil du gelebt hast,
mit Begeisterung gespielt, gelacht, und
aus vollem Herzen gesungen zu haben:
das ist Erfolg.

Ralph Waldo Emerson

Liebe

Als ich jung war kam mir das Wort Liebe nicht leicht über die Lippen. Ich war nicht sonderlich vertraut damit und hatte nicht das Gefühl zu wissen, worüber ich sprach. Inzwischen hat das Wort Liebe in meinem Geist und in meinem Herzen sehr an Bedeutung und Tiefe gewonnen und gewinnt noch weiter hinzu, während mein Leben fortschreitet. Die normale Bedeutung des Wortes, die Liebe, die wir für einen anderen Menschen empfinden können, ist zu einer kleinen Facette einer viel umfassenderen inneren Haltung geworden.

Anstatt selber viel über die Liebe zu sagen, will ich lieber Lao-Tse zu Wort kommen lassen. Ob ihm dieses Stückchen Weisheit zu Recht zugeschrieben wird, weiß ich nicht. Aber es ist es wert, zitiert zu werden - und ein passendes Ende für mein Buch.

Liebe

Pflichtbewusstsein ohne Liebe macht verdrießlich
Verantwortung ohne Liebe macht rücksichtslos
Gerechtigkeit ohne Liebe macht hart
Wahrhaftigkeit ohne Liebe macht kritiksüchtig
Klugheit ohne Liebe macht berechnend
Freundlichkeit ohne Liebe macht heuchlerisch
Ordnung ohne Liebe macht kleinlich
Sachkenntnis ohne Liebe macht rechthaberisch
Macht ohne Liebe macht grausam
Ehre ohne Liebe macht hochmütig
Besitz ohne Liebe macht geizig
Glaube ohne Liebe macht fanatisch

Lao-Tse zugeschrieben, ca. 500 a.D.

Vom selben Autor:

DVD: **Bewusst Leben - Psychologie für den Alltag**
Auditorium Netzwerk

Shadowrider - Field Notes of a Psychonaut
Lenzwald 2013

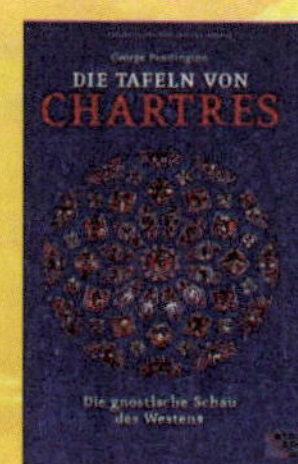

Die Tafeln von Chartres
Patmos 2002

Das Taoistische Gebet
Kösel 1995

CD: **Konflikt als Chance** (Vortrag)
Lenzwald 2013

CD: **Endlich Stille im Kopf** (Vortrag)
Lenzwald 2013

Zum Thema Altlasten (Seite 99 ff.):

Margot Pennington:
Herbes Erwachen (Roman)
Lenzwald 2013

Erhältlich auf www.lenzwald.de und im Buchhandel